21 世纪应用型精品规划教材·旅游管理专业

导 游 业 务

臧其猛　主　编

清华大学出版社
北　京

内 容 简 介

本书系统地阐述了合格的导游员应具备的素质、知识和技能。全书分两大部分：第一部分知识篇，包括第一～四章。第一章与第二章为基础理论，主要介绍导游服务、导游人员的基本概念。通过这两章的学习，系统了解导游工作的性质、特点、导游服务原则以及导游员组成和职责等。第三章为导游员加强自身修养应具备的知识，包括心理学知识、美学知识和服务礼仪知识。第四章为导游员在导游服务中常用的基础知识，包括旅行社知识、饭店知识、交通知识、货币知识、入出境规定等旅行知识。第二部分为技能篇，包括第五～八章，主要内容为导游工作程序、带团技能、导游语言、常见问题和事故的应对以及旅游者个别要求的处理。通过技能篇的学习，熟悉导游工作程序，掌握全面的导游技能，能够及时灵活地预防和处理导游工作中各种问题，提高导游水平、应变能力和操作技能，成为职业道德好、业务素质强的合格导游。

本书既适合应用型本科学生用书，也适合相关旅游从业人员学习和培训。

本书封面贴有清华大学出版社防伪标签，无标签者不得销售。

版权所有，侵权必究。举报：010-62782989，beiqinquan@tup.tsinghua.edu.cn。

图书在版编目(CIP)数据

 导游业务/臧其猛主编. --北京：清华大学出版社，2014（2022.8重印）
 (21世纪应用型精品规划教材·旅游管理专业)
 ISBN 978-7-302-35716-2

Ⅰ. ①导… Ⅱ. ①臧… Ⅲ. ①导游—高等学校—教材 Ⅳ. ①F590.63

中国版本图书馆 CIP 数据核字(2014)第 060804 号

责任编辑：曹 坤
装帧设计：杨玉兰
责任校对：周剑云
责任印制：曹婉颖

出版发行：清华大学出版社
网 址：http://www.tup.com.cn, http://www.wqbook.com
地 址：北京清华大学学研大厦 A 座　　邮 编：100084
社 总 机：010-83470000　　邮 购：010-62786544
投稿与读者服务：010-62776969, c-service@tup.tsinghua.edu.cn
质量反馈：010-62772015, zhiliang@tup.tsinghua.edu.cn
课件下载：http://www.tup.com.cn, 010-62791865

印 装 者：三河市君旺印务有限公司
经 销：全国新华书店
开 本：185mm×230mm　　印 张：17.25　　字 数：376千字
版 次：2014年5月第1版　　印 次：2022年8月第8次印刷
定 价：49.80元

产品编号：052031-03

前　　言

　　高品位的旅游，要求有高素质的导游员。旅游业的迅速发展，对于导游队伍的培养建设提出了更高的要求。而目前导游队伍的整体素质，无论是服务理念、知识水准还是业务技能，都远远滞后于旅游业的需要，因此，加快导游专业学科建设，已经成为旅游高等职业教育日益紧迫的任务。

　　本书的宗旨在于：适应旅游业的发展和高校旅游专业教材建设发展的需要，力求理论联系实际，在加强基础知识的同时，克服重理论轻技能的缺点，强调理论的实际应用。同时，考虑到导游资格考试的因素，尽可能囊括资格考试的内容。因此，本教材既适应高等教育旅游管理、酒店管理、旅行社经营管理等各专业方向的教学要求，也适宜于导游资格考试的备考。

　　在本教材的编写过程中，我们参阅了已有的同类教材和研究成果，已列入参考文献中，在此，我们表示深深的感谢。本教材由臧其猛主编，具体分工如下：第一、二章由南京医科大学李正关编写；第三、八章由南京交通职业技术学院王红星编写；第四章由南京工程学院巴黎编写；第五、六、七章由南京旅游职业学院臧其猛编写。

　　旅游业是一个飞速发展的行业，本教材疏漏之处是在所难免的，恳请各位专家、读者批评指正。

编　者

目 录

第一章　导游服务概述 1

第一节　导游服务的产生与发展 2
一、导游服务的概念 2
二、导游服务的产生 3

第二节　导游服务的范围和特点 5
一、导游服务的范围 5
二、导游服务的特点 5

第三节　导游服务的地位和作用 10
一、导游服务的地位 10
二、导游服务的作用 10

第四节　导游服务的发展趋势 13
一、旅游活动的发展趋势 13
二、导游服务的发展趋势 15

本章小结 18
习题 18

第二章　导游员 21

第一节　导游员的概念及分类 22
一、导游员 22
二、导游员的分类 22

第二节　导游员的职责 26
一、导游服务集体 26
二、导游员的职责 30

第三节　导游员的条件 33
一、优良的职业道德 33
二、渊博的知识 36
三、较强的独立工作能力和创新精神 40

第四节　导游员的培训、考核与管理 42
一、导游员的培训 42
二、导游员的考核 45
三、导游员的管理 46

本章小结 49
习题 50

第三章　导游员的文化修养知识 53

第一节　心理学知识的应用 54
一、旅游者在旅游初始、中间、终结阶段的心理特征及导游服务 54
二、不同旅游者的心理特征与行为表现 60
三、提供心理服务的基本要求 63

第二节　美学知识的运用 68
一、导游员与美的鉴赏、传递、创造 69
二、美学知识在导游服务中的作用 70
三、传递审美方法 72

第三节　礼仪知识的运用 75
一、导游个人礼仪 75
二、导游社交礼仪 76

本章小结 82
习题 82

第四章　旅行社、饭店及旅行常识 85

第一节　旅行社知识 86
一、旅行社的分类 86
二、旅行社业务流程 87
三、旅行社主要业务 89
四、旅行社产品 92
五、导游员与旅行社业务 93

第二节　饭店知识 94
一、饭店的含义与功能 94
二、饭店的类型与等级 95

第三节　旅行常识 97
一、交通知识 97
二、入出境知识 103
三、人员与物品的入出境规定 106
四、货币知识 109
五、保险知识 110
六、卫生救护常识 112

本章小结 120
习题 120

第五章　导游服务程序与内容 123

第一节　地陪导游服务程序和内容 124
一、服务准备 124
二、接站服务 130
三、入店服务 134
四、核实、商定日程 137
五、参观、游览服务 140
六、其他服务 143
七、送站服务 146
八、善后工作 151

第二节　全陪导游服务程序 151
一、服务准备 152
二、实际接待工作 153
三、后续工作 157

第三节　海外领队服务程序和内容 158
一、海外领队的作用 158
二、海外领队的工作程序 158

第四节　景区、景点导游员服务程序和内容 162
一、服务准备 162
二、接待服务 163
三、送别服务 163

本章小结 166
习题 167

第六章　导游员带团及讲解技能 171

第一节　导游带团技能 172
一、导游安排日程的原则 172
二、旅途中的活动组织 173
三、导游员团队组织技巧 174
四、参观游览的组织技能 176
五、特殊旅游团队(者)的导游服务 177

第二节　导游讲解技能 183
一、导游讲解服务的地位 183
二、导游讲解中应注意的问题 185
三、导游讲解技能 187

第三节　导游语言的运用技能 194
一、导游语言的艺术形式 194
二、导游语言的运用原则 197

第四节　导游词的创作 201
一、导游词的作用 201

二、导游词创作技巧 202
本章小结 205
习题 205

第七章　旅游故障的预防和处理 209

第一节　旅游故障概述 210
一、导游故障的概念 210
二、旅游故障的特点 211
三、旅游故障的类型 211
四、处理旅游故障的基本原则 213
五、处理旅游故障的基本要求 213

第二节　常见旅游故障及处理方法 214
一、旅游活动日程和内容变更的处理 215
二、接团过程中漏接、错接、空接故障的处理与预防 217
三、误机(车、船)故障的处理与预防 221
四、旅游者丢失证件、钱物的预防与处理 223
五、行李破损和遗失的处理 225
六、旅游者走失的处理与预防 227

第三节　旅游突发事件的处理与预防 ..229
一、旅游者患病、死亡问题的处理与预防 229
二、旅游安全事故的处理与预防 ..233
三、旅游交通故障的处理与预防 ..236
四、自然灾害的处理与预防 239
本章小结 242
习题 242

第八章　旅游者个别要求的应对 245

第一节　旅游者要求的应对原则 246
一、认真倾听，尽量满足原则 247
二、合理而可能原则 247
三、尊重合同，耐心解释原则 247
四、请示汇报原则 248

第二节　旅游者生活方面个别要求的应对 248
一、餐饮方面的个别要求 248
二、住房方面的个别要求 250
三、娱乐活动方面的个别要求 252
四、购物方面的个别要求 253

第三节　旅游者其他要求的应对 255
一、旅游者要求自由活动的应对 ..255
二、旅游者要求转递物品的处理 ..257
三、旅游者要求探视亲友 258
四、要求亲友随团活动 258
五、要求中途退团或延长旅游期限的处理 259

第四节　旅游者不当言行或越轨行为的应对 260
一、攻击和诬蔑言论的处理 261
二、对违法行为的处理 261
三、对散发宗教宣传品行为的处理 261
四、对违规行为的处理 262
本章小结 264
习题 264

参考文献 267

第一章

导游服务概述

【学习目标】

通过本章的学习,由旅游活动的兴起了解导游现象的起源与发展;了解我国职业导游活动及其发展趋势;理解导游服务的范围与特点。

【关键词】

导游起源　导游服务性质与特点　导游服务发展趋势

导游业务

引导案例

何谓导游、导游服务

游客叶某与一家旅行社签订了一份某地4日游的旅游合同。按照合同规定：游客的住宿标准是三星级宾馆标准；导游员全程陪同服务等。到达旅游目的地后，迎接旅游团队的是一位年轻漂亮的姑娘。她在致欢迎词时讲的是本地语，游客要求她讲普通话，可她的普通话很"普通"，游客们听了半天也不知所云。之后，游客们请她出示导游证，过了很长时间她才拿出一张旅行社开具的证明，证明她是去年考了导游资格证的，只是导游证还没有办下来。在以后的参观游览中，这位小姐不是"放羊"就是"哑巴"，害得游客只能跟随着其他旅游团的导游员东听一句，西听一句，游客们都觉得不满意，于是大家委托叶某起草一份投诉信，集体签字后快件寄给了当地的旅游质监部门，要求赔偿导游服务费损失。旅游质监部门接到投诉信后十分重视，查明，该旅行社确实给旅游团队派了一名这样的导游员。

(资料来源：http://www.docin.com/p-485761335.html)

所谓导游员是指取得导游证，接受旅行社委派，为旅游者提供向导、讲解及相关旅游服务的人员。因此，导游员必须持证并经旅行社委派上岗；在进行导游活动时应当佩戴导游证。导游员必须按组团合同或协议书约定的内容和标准为旅游者提供向导、讲解和相关的旅游接待服务。

第一节 导游服务的产生与发展

一、导游服务的概念

导游一词，就其字面来看，包含了"导"与"游"两层含义，"导"的字义为引导，我国古代有"向导"的称谓，是古代军队的专用名词，是指为军队引路的人。"游"的字义有三层：其一，本意是游玩、游览、观赏；其二，有行走、求知、增加阅历见闻的意思；其三，有交际、交往的意思。"导游"二字包含了引导人们游览、观赏、求知、交往的丰富内涵。现在通常所说的"导游"一词包含两层意思：一是导游服务工作，二是引导游览的人，即导游员。

导游服务是指导游员代表被委派的旅行社，按组团合同或协议书约定的内容和标准

第一章 导游服务概述

为旅游者提供向导、讲解和相关的旅游接待服务。广义的导游服务包括咨询、接待、后续服务；狭义的导游服务则专指陪同游览过程中的接待服务，其行为特征属于接待型。

二、导游服务的产生

导游作为一种活动形态，虽古已有之，但却不能视为现今意义上的导游。一是其非专职性，二是其非经济性，三是其非有组织接待性。

导游作为一种独立的职业是随着近代工业的崛起而出现的。18世纪60年代由英国开始的工业革命，到19世纪40年代基本完成了。蒸汽机的使用，使交通运输工具得到了改善。轮船、火车的使用，使人们有目的地进行大规模、远距离的旅游活动成为可能。在这个时期，社会生产力的提高、经济的发展为近代旅游的形成和发展提供了物质技术基础和经济条件。在这种条件下，第一次由中间商组织的旅游服务活动发生了，1841年7月5日，英国人托马斯·库克(Thomas Cook)租了一列火车，组织运送了570人，从莱斯特前往拉夫巴勒参加禁酒大会，往返行程22英里，团体收费每人1先令，免费提供带火腿肉的午餐及小吃，随团还有一个唱赞美诗的乐队。这个活动后来成为人们公认的近代旅游活动的开端。在这次旅游活动中，库克自始至终随团陪同照顾，可以说是现代旅行社全程陪同的最早体现。自1855年起，库克组织了一系列的旅游团并提供全程导游。到1864年，参加托马斯·库克组织的旅游的人数已累计达一百多万人次。专业导游队伍是在旅行社产生之后逐步形成并发展起来的。

(一)我国旅行社与导游服务的产生

中国近代的旅游业起步较晚，20世纪初，一些外国的旅行社，如英国通济隆旅游公司(即前托马斯·库克旅游公司)、美国运通旅游公司、日本的国际观光局等开始在中国开设办事处，主要集中在上海等一些大城市。1923年8月，上海商业储备银行总经理陈光甫先生在其同仁的支持下，创设了旅游部，成为中国人创立的第一家旅行社,1924年春，"旅行部"组织上海到杭州的旅行团，乘坐火车专列前往，开创我国团队旅游的先例；1925年春，"旅行部"开拓了海外市场，组织了赴日观樱团，旅游者在三周内游览了日本的主要城市。1927年6月，"旅游部"从银行独立出来，成立了中国旅行社，下设运输部、车务部、航务部、出版部、会计部、出纳部、稽核部、文书处共"七部一处"，其分社遍布华东、华北、华南等15个城市。与此同时，中国还出现了其他类似的旅游组织，如铁路游历经理处、公路旅游服务社、浙江名胜导游团、汽车旅行社、精武体育旅行部等，有些社会团体也相继成立了旅游组织。这些旅行社和旅游组织担任了近代中国人旅游活动的组织工作，也出现了第一批中国的导游员。

(二)我国导游服务的发展

新中国成立以后，旅游事业在原有的基础上有了进一步的发展。在这个阶段，中国导游员大约有二三百人，主要以翻译导游为主。导游接待任务属于政治任务，导游员是执行政治任务的国家干部。

1949年11月19日，厦门有关部门接管了旧"华侨服务社"，创立了新中国第一家华侨服务社。1957年，各地华侨服务社在北京召开专门会议，决定统一全国华侨服务社名称，增加"旅行"二字，并于1957年4月22日成立了中国旅行社，与华侨旅行社合署办公，统称中国旅行社。

经周恩来总理提议和当时政务院的批准，1954年4月15日，在北京成立了中国国际旅行社总社，并在上海、天津、广州等地成立了14家分社。

1979年11月16日，成立了全国青联旅游部。1980年6月27日，国务院正式批准中国青年旅行社成立。国旅、中旅、青旅三大全国性旅行社承担了绝大部分海外来华游客的招徕和接待工作，以及国内游客的旅游业务。

我国实行对外开放政策以来，大批海外游客涌入我国，国家对旅游事业也非常重视，这些都使旅游业有了长足的发展。在这一时期，我国的导游队伍空前壮大，为我国的旅游服务事业做出了重要的贡献，但由于增长速度过快，一些水平不高的人员也进入了导游队伍，使我国的导游服务队伍的整体形象受到了影响。

20世纪90年代以来，国际旅行社和国内旅行社雨后春笋般地涌现，同时形成了一支遍布全国的专职和兼职导游队伍。为了整顿和规范导游队伍，使导游服务水平适应我国旅游事业的发展，并使导游服务工作对旅游事业起到应有的推动作用，国家旅游局在规范导游服务、加强导游管理方面做了大量的工作。1994年颁布《导游员职业等级标准》(试行)、1995年颁布《中华人民共和国导游服务质量国家标准》以及1999年颁布的《导游人员管理条例》为我国提升导游服务质量和水平，加强导游服务质量管理提供了法律平台，也为导游队伍的发展和保障导游员的合法权益提供了法律依据，是一次质的飞跃。2001年，国家旅游局颁布《导游人员管理实施办法》，决定启用新版IC卡式导游证，并实施导游记分制管理，实现导游管理机制的规模化、标准化和数字化。

第二节 导游服务的范围和特点

一、导游服务的范围

导游服务范围，是指导游员向游客提供服务的领域。导游服务大体可分为如下五大类。

(一)讲解服务

导游讲解服务，是指游客在目的地旅行期间的沿途讲解服务、参观游览现场的导游讲解以及座谈、访问和某些参观点的口译服务。

(二)生活服务

旅行生活服务，是指游客入出境迎送、旅途生活照料及上下站联系等，以保证旅游者各项旅游活动的顺利进行。

(三)安全服务

导游的安全服务，是指确保旅游者的旅游行程的安全，包括关心旅游者的身心健康，保护旅游者的财物不受损失。

(四)咨询服务

导游咨询服务，是指导游员向旅游者提供各类技术、知识性问题的回答。

(五)问题处理

问题处理，是指导游员帮助旅游者处理和解决临时发生的问题和困难，包括游客生病、走失和团队突发事故等旅游故障和问题。

二、导游服务的特点

(一)独立性强

根据工作需要，导游员在服务过程中可能会组成导游服务集体，但所有导游员都有自己的工作任务，所以，导游员的工作往往是在没有他人直接帮助的条件下独立进行的，在工作中要独当一面。因此，要求导游员有较强的、独立的工作能力，这种独立的工作能力概括起来主要包括导游员要独立地宣传、执行国家政策；要独立地根据旅游计划组织活动，带旅游团参观游览。在出现问题时，导游员还需独立地、合情合理地进行处理；导游员的导游讲解也具有相对的独立性，导游员要根据不同游客的文化层次和审美情趣进行有针对性的导游讲解并回答问题，以满足他们的精神享受需求。这是导游员的主要任务，每位导游员都应独立完成。

(二)脑体高度结合

导游服务是一项脑力劳动和体力劳动高度结合的工作。在导游员接待的旅游者中，各种社会背景、文化水平旅游者的都有，其中不乏高知识层次和高社会层次的各类人士。高智能的导游服务要求导游员掌握广博的知识，各方面、各学科的知识——古今中外、天文地理、政治、经济、社会、文化、医疗、生物、宗教、民俗等均需涉猎。还要具备综合的语言表达能力，运用知识、语言和智慧灵活地向旅游者导游讲解，随机应变，回答他们的提问，处理各种问题。这无疑是一种艰苦而复杂的脑力劳动。

此外，导游员要会走路、能爬山，要能适应各地的水土和饮食，还要不晕车(机、船)，要帮助旅游者解决各种各样的困难，事无巨细，也无分内分外之分。在旅游旺季，导游工作的连续性、重复性和流动性使导游员工作繁忙，往往连轴转。长期在外工作，体力消耗大，又无法正常休息。因此，可以说导游服务是一项脑力劳动和体力劳动高度结合的服务工作。

因此，导游服务的这个特点要求导游员具有广博的知识和健康的体魄，以便能随时随地向游客提供所需的服务。

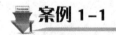

案例1-1

一位导游员的自述

以前我无数次在闲聊时说做导游这项工作不好，还有好多人不信，上个星期我带的3天桂林团就再一次证明了导游工作的艰难。

星期五凌晨3点就要出团了，可到了星期四下午6点半，还不知道到底去不去。别的同事都下班了，我一个人在公司等着，我连该团要发的旅行袋、帽子、团徽、歌本等都还没领。因为下午以来，每隔半小时传来一次消息："去，不去，又去，又不去了，又去，又不去了！"天啊，这些游客怎么回事啊？

好不容易等到6点半了，说去！于是连忙Call回管仓库的、管机票的、管团款的，一大堆人赶回来为他们忙碌。然后听说本来要去的共14人，现在只交了3个半人的钱，其余的钱要我明天一早去机场收。于是又得把财务找回来，拿一本空白发票让我带着，这东西要是不小心丢了，我又责任重大。……唉，旅游怎么会变成打仗一样斗智斗勇呢。

因为这些游客选了最早班机去、最迟班机回，算得滴水不漏，于是凌晨3点，一片漆黑中，我战战兢兢地赶到公司，带车去接了其中的3个客人，赶到机场再等余下的十余人。结果原来担心少来人，现在竟然来多了人，然后说我们公司少买了两张机票！！于是他们发作道："乱七八糟的，少两张机票，我们全体不去了，钱也不交！"这时只能靠我三寸不烂之舌，劝他们临时补票。等到去柜台一问，本航班全满！于是又乱吵一通，直到飞机已到起飞时间，他们才同意让两个人留下等候补机票，给两个没票的小孩换上本次航班去。然后在一片忙乱中办理换票手续，被民航的人数落了一番，说我这个导游拖延了飞机起飞，罪大恶极。

这样到了桂林，一边小心调整好行程，一边不停打电话去联系那边补票的两位游客，他们是全团的正、副领队，当然得加倍用心侍候好。

等到半夜12点把他们从机场接到酒店，两位游客傲慢地道："团款嘛，就看你们这两天的表现了，好的话……不好的话……"唉！接下来这几天的日子真是陪上十二分的小心都不够，他们一路百般挑剔，一会儿说游漓江是说好包船的，一会儿说讲好全在四星级酒店用餐的，要不停打长途电话去找公司和给他们的报名人对质。打了无数电话，手机一上午就用光两个电池！……

说到用餐，因为导游、司机与客人是分开用餐的，客人就顿顿都要走过来看我们吃了什么，……而浏览景点，太阳再火辣也得把手中的伞让给游客；汗流浃背也不敢找个阴凉处坐一下；客人有的走得快，有的走得慢，得来回找他们，为后面跟不上的游客一个个地重复带路。

就这样，此团也只是每一天给一部分团款，……直到第三天，收最后一部分团款时他们总算说了一句："对你的服务那是没的说。"

唉，总算收齐了团款，半夜12点回到东莞，我带着数万元的现金和一大本空白发票，又在一片漆黑之中摸索回家。当看到家里窗口温暖的灯光，我的眼泪再也止不住而下，……天啊，家多好啊！

(资料来源：http://www.ybxyp.com/bencandy.php?fid=506&id=40783)

【思考题】导游员如何应对如此复杂的局面？

【分析】导游服务不是一般的简单服务，没有高体能、高智能和高技能的支持，导游员就难以应对这样的复杂局面。当然，绝大多数旅游者对导游是友好的，对导游的工作是信任和支持的，类似这样的团队并不多见。

(三)复杂多变

导游员的服务对象是来自五湖四海的旅游者群体，他们的旅游目的多种多样，他们的要求也复杂多变。导游员要与各种各样的人打交道，人际关系复杂，这些都决定了导游服务的复杂性。入境旅游和出境旅游的导游服务具有涉外性、政策性强，这又增加了导游服务的复杂性。

1. 服务对象复杂

导游服务的对象是旅游者，他们来自世界各地，文化背景、宗教信仰和受教育程度不同，职业、性别、年龄也不同，兴趣、爱好、习惯更是千差万别。导游员面对的就是这么一个复杂的群体，而且由于接待的每一批旅游者都不相同，所以，这个复杂群体还在不断变化。旅游者的多样性和变化性，对导游员来说无疑是一种挑战。

案例1-2

崇洋媚外之嫌

一次，某旅行社欧美部的英语导游员小陈作为地陪，负责接待一个由说多种语言散客组成的旅游团。旅游团共13人，其中8人说英语，5人说中文。在旅游车上，小陈用两种语言交替为游客讲解。到了一个游览点时，小陈考虑到团员中讲英语的较多，便先用英语进行了讲解，没想到他讲解完毕想用中文再次讲解时，讲中文的游客已全都走开了，因而他就没用中文再做讲解。事后，小陈所在旅行社接到了那几位讲中文游客的投诉，他们认为地陪小陈崇洋媚外，对待游客不平等。

(资料来源：http://www.233.com/dy/fuwu/zhidao/20060802/095350422.html)

【思考题】导游员应如何应对由不同地域的散客组成的导游团？

【分析】这是一次由误会而招致的投诉。本案例中，分析小陈遭受投诉的原因，其实并非他真的崇洋媚外，只是在服务过程中工作欠细致、周到而已。消除这种因"误会"而招致投诉的方法其实非常简单，小陈只要事先与游客声明，他将用中英文交替的方式为游客讲解即可。

2. 旅游需求多种多样

旅游者在旅游活动中,除了享受合同规定的服务项目外,还会随时提出各种要求,例如会见亲友、专递信件等,导游员有责任予以满足或帮助满足。此外导游员还要解决旅游中随时出现的问题和情况,例如旅游者患病、走失、财物证件被窃或丢失等。而且由于对象不同、时间和场合不同、客观条件不同,同样的要求或问题也会出现不同的情况,这就需要导游员审时度势、准确判断,并妥善处理。

3. 人际关系复杂

导游员是旅行社组织旅游活动的具体执行者,除天天接触旅游者外,在安排和组织旅游者活动时还要与各个旅游供给单位和有关部门的人员接洽,导游员正是处在这种复杂人际关系网的中心,在工作中若稍有差错或微小疏漏,就会影响各个方面,造成不良的后果。

4. 活动安排复杂

导游员除讲解服务之外的其他各项服务都需要得到旅游接待服务中各个旅游产品供给单位的配合和支持,他们提供的服务对旅游者的旅游活动来说不仅是必不可少的,而且是环环相扣的,任何一个环节的服务出现偏差都会对旅游活动产生影响,并会给旅游者造成心理压力,甚至会导致旅游活动的失败。另外,由于提出要求和问题的主体不同,客观条件不同,同样的要求或问题也会出现不同的情况,这就要求导游员审时度势,准确判断,妥善处理。

(四)诱惑性大

导游员的工作流动性大、活动范围广,可周游全国,甚至全世界;导游员工作时,接触对象多、面广,无时不处在金钱、色情、名利等各种诱惑中。

(五)跨文化性

导游服务工作是传播文化的重要渠道,然而,世界各国(各地区)之间的文化传统、风俗民情、禁忌习惯不同,游客的思维方式、价值观念、思想意识迥异,这就决定了导游服务工作的跨文化性。导游员必须在各种文化的差异中,甚至在各民族、各地区文化的碰撞中工作。所以导游员应尽可能多地了解中外文化之间的差异，力争圆满完成传播文化的重任。

第三节　导游服务的地位和作用

一、导游服务的地位

旅行社、饭店和交通是现代旅游业的三大支柱，其中旅行社处于核心地位，因为它担负着生产和销售旅游产品的功能，旅行社招徕旅游者的多少直接关系到饭店、交通部门接待旅游者的数量和其经济效益。而在旅行社的各项服务中，导游服务是其中的核心。

旅游接待服务的食、住、行、游、购、娱六大要素由导游服务将其串联起来，使其环环相扣。通过导游服务，满足旅游者的正当要求，实现旅游产品的使用价值。所以，导游服务虽然只是旅游服务中的一个环节，但与其他服务相比，导游服务无疑居于中心地位，是旅游服务中的代表性工种。

二、导游服务的作用

在旅游接待服务中，导游服务是最重要的服务，起着主导作用、标志作用、纽带作用和扩散作用。

(一)主导作用

导游服务是旅游服务中最为根本的服务，在游客实现其主要旅游目的方面起着无可替代的作用。

(二)标志作用

导游服务是旅游服务质量高低的最敏感的标志，导游员与游客陪随始终、朝夕相处，因此，游客对导游服务的接触最直接，感受最深切，对服务质量的反应最敏感。导游服务质量的好坏不仅关系到整个旅游服务质量的高低，甚至关系到国家或地区旅游业的声誉。

(三)纽带作用

导游服务贯穿旅游接待服务的始终,是各项旅游服务的联系纽带和中间桥梁。导游服务的纽带作用主要表现在承上启下、连接内外、协调左右三个方面。

1. 承上启下

导游员是国家方针政策的宣传者和执行者,代表旅行社实施旅游接待计划,为游客安排落实食、住、行、游、购、娱等各项服务,并处理旅游期间出现的各种问题。同时,游客的意见、要求、建议以及投诉,一般也通过导游员向旅行社转达直至上达国家最高旅游管理部门。

2. 连接内外

导游员既代表旅行社的利益,履行合同,落实旅游计划,又肩负着维护旅游者合法权益的责任,要代表游客与各有关部门进行交涉,提出合理建议,对违反合同的行为进行干预,为旅游者争取应该享受的正当权益。导游员在工作中要既为国家利益着想、为旅行社着想,也要对旅游者负责。

3. 协调左右

旅游接待各部门的服务对象是共同的,他们的目标和根本利益是相同的,而且旅游服务的各组成部门,即各不同系列的服务在实施过程中又是相互渗透、相互作用、相互联系、相互合作的;然而,在服务内容上却各有区别,各部门又有各自的利益,这就决定了它们之间的关系既有相互依存、相互合作的一面,又有相互制约、相互牵制的一面。导游员作为旅行社的代表,对各旅游部门提供的服务在时间上、质量上起着重要的协调作用,协助解决问题,确保落实旅游合同。

案例 1-3

因"抢菜"得来的掌声

北方某城市最盛大的节日——滑雪节开幕了,吸引了各地的冰雪爱好者。导游员小李接到旅行社的通知,负责接待由中国的宝岛台湾地区到此参加冰雪节的 15 位游客。接近中午,小李带着这 15 位台湾游客来到定点餐厅用餐。一进餐厅大门,只见这里全都是游客,大家都在等着热腾腾的饭菜上桌。小李在引导员的指引下,找到了团队用餐的桌位。大家落座后，小李十分热情地斟茶倒水，和游客们一起聊天。时间一点一点地过去了，可是一道菜也没上来，客人们又冷又饿，眼看着别桌的客人在用餐，自己却吃不上。大家把小李叫到身边，向她询问是什么原因使上菜速度这么慢。小李解释了又解释，希望大家多多谅解。这时正值用餐高峰，后面的厨房可能忙不过来。但不管怎么说，游客们已经开始抱怨小李沟通不力了。此时，小李直接走到了出菜口，只见门上写着几个大字："厨房重地，闲人免进"。而门口除了她之外，还有其他团队的3个导游，也在这里等着饭菜上桌。突然，门被推开了，从门里走出一位传菜员，手里的托盘上放着两盘热菜，小李什么也没多想，从托盘里端出两盘菜，跑到自己团队用餐的地方，放到游客餐桌上，一声令下："大家快吃。"游客们也心领神会，开始动起筷子。此时，传菜员跑了过来，一脸埋怨地说："导游，你怎么能这样！这不是你们团的菜，是隔壁桌的。"小李明知自己没理，便马上笑脸相迎，连连道歉。隔壁的游客，见此场景，对自己团队的导游说："你看人家那个团的导游，真厉害！他们客人都吃上菜了，我们还在这里等呢！"话音一落，小李团队中的一位客人说："我建议，给我们李导来点掌声。虽然这个方法不太好，可她的举动却让我们心里暖洋洋的。"接下来，掌声响起。

(资料来源：http://www.lj-edu.cn/xcdymn/jiaoxuezy/readnews.asp?NewsID=720)

【思考题】 小李这么做是对还是错呢？

【分析】 一次成功的旅游活动，需要餐饮、宾馆、景区、交通等各个相关部门的共同努力和通力合作才可能顺利进行，无论任何一个部门出现问题，都会影响到旅游活动的效果，令游客感到不满或是失望。导游员代表旅行社与餐饮、景区等部门交往，这就需要导游员头脑灵活，有较强的协调能力和公关能力，以保证旅游活动按计划顺利进行。本案例中，导游员小李为游客"抢菜"而损害了其他游客的利益，这是不妥的。小李虽然赢得了游客赞许的掌声，但必须意识到这种方法并不是获得游客满意笑容的最佳途径。她可以通过领班或部门经理出面催菜、与其他团队导游协商等方式更好地解决所面临的问题。

(四)扩散作用

导游服务质量的高低会影响旅游产品的销售。因为游客往往是通过旅游活动的质量来判断旅游产品的使用价值的。如果导游服务质量高，令游客满意，游客会认为该旅游产品物有所值，而且在满意归去后，会以其亲身体验向亲朋好友义务宣传，从而扩大旅游产品的销售范围；反之，导游服务质量不高，游客不可能产生重游的欲望，而且他们的抱怨和不满还会影响潜在的旅游者。所以，导游服务质量的优劣都会影响旅游产品的销售。

第四节　导游服务的发展趋势

一、旅游活动的发展趋势

(一)散客旅游者将取代团队旅游者成为旅游主体

近年来，世界各国的国内旅游中，散客的比重越来越大。而我国的国内旅游活动发展迅速，随着国民经济的发展，人民生活水平的提高和带薪假期的增多，人们有了更多的空闲时间和金钱，新兴的客源市场迅速崛起，并且越来越多的青年人加入旅游者的行列，大学生旅游市场已经不再是鸡肋，个体旅游者的人数继续呈上升趋势。未来旅游市场更加强调个人价值的实现。尤其是中、青年游客，他们中相当多的人性格开放，富有冒险精神，带着明确的个人爱好，寻求旅游体验，不愿受到团队旅游的束缚和限制。并且，随着信息产业的发展，人们更易获得旅游知识，多次出游使人们的旅游经验增多，人们出游的自主意识和参与意识日趋增强，越来越多的人喜欢结伴旅游和全家出游，自主选择旅游目的地。

(二)旅游需求日趋多样化

过去，人们旅游的主要形式是观光，游山玩水、放松心情是最主要的旅游目的。自20世纪下半叶以来，旅游者的素质普遍提高，人们的旅游需求已日趋多样化，一方面，观光旅游等传统旅游形式继续发展；另一方面，休闲度假旅游、文化旅游、商务会展旅游、工农业旅游、采风旅游、自驾车旅游、特种旅游等新兴旅游形式也在迅速发展。

(三)旅游服务设施更加完善

生活水平提高后，人们越来越关注旅游的质量和品位，从仅仅追求去某个旅游目的地的"到此一游"，转向追求叠加了广度和深度的全方位旅游体验，越来越追求食、住、行、游、购、娱各方面的舒适和便利。为了适应这种需求的发展，很多旅游目的地和旅游景区景点都在旅游资源开发的基础上，着力完善旅游基础设施和配套设施，包括现代交通、饭店和通信等在内的旅游要素将得到进一步的提升。

(四)信息技术对旅游的影响更加显著

随着信息技术的飞速发展，人们的生活方式和旅游方式发生了巨大的变化。在旅游安排上，人们在互联网上就可以安排自己的旅行，完成机(车)票、饭店的预订。在旅游行程中，基于 GPS 和手机终端，人们就可以轻松地获得眼前景物的相关信息。"智慧旅游"依靠现代科学技术，采用一种低成本、高效率的联合服务模式，为旅游者提供智能化的旅游服务，为管理部门提供智能化的管理手段，为旅游企业提供更高效的营销平台和广阔的客源市场，从而实现了旅游形式的升级发展。

(五)旅游活动更符合可持续发展的要求

如今，人们往往将旅游活动与科学技术、社会经济、历史考古、人文地理、环境保护、探险考察等领域的活动紧密结合在一起，以吸收自然和文化知识为取向，尽量减少对生态环境的不利影响，确保旅游资源的可持续利用，将生态环境保护与公众教育同促进地方经济社会发展有机结合，实现旅游业的可持续发展。"生态旅游"、"环保旅游"、"低碳旅游"、"可替代性旅游"等应运而生，并风行于世界各地。

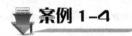

案例 1-4

市长当"导游"

2012 年在第八届海峡旅游博览会举办的"两岸市长带你游"活动上，来自两岸六个县市的"当家人"亲自上阵当导游，展现亲民的一面，还为现场嘉宾端茶敬酒。泉州提线木偶表演、龙岩客家新人相邀、泰宁擂茶山歌、南投茶艺展示、金门酒水飘香……全新的旅游营销方式，让大家发动全身五感六觉，对这些城市的自然风光、人文风情，有着截然不同的立体体验。

(资料来源：http://xm.ifeng.com/travel/lvyou/xiamen_2012_09/09/328599_0.shtml)

【思考题】 市长为什么当"导游"？

【分析】 旅游业是朝阳产业，世界旅游业均以较高的速度发展。市长当"导游"不但进一步扩大了当地的知名度，还可以更深入地挖掘两岸旅游资源的文化内涵，更全面有效地宣传两岸的旅游文化资源。

二、导游服务的发展趋势

未来旅游活动的发展趋势必将对导游服务产生新的影响并提出新的要求。导游服务在未来将出现以下四种趋势。

(一)导游内容的高知识化

导游服务是一种知识密集型的服务,即通过导游员的讲解来传播文化、传递知识,促进世界各国、地区间的文化交流。在未来社会,人们的文化修养更高,对知识的更新更加重视,文化旅游、专业旅游、科研考察的发展,对导游服务将会提出更高的知识要求。根据这一趋势,导游员必须提高自身的文化修养,导游讲解的内容也要进一步深化,从而使其更具有科学性。总之,在知识方面,导游员不仅要成为"杂家",还要成为某一领域或某些方面的"专家"。导游员的知识只有不断更新,不断充实,才能适应新时代的要求。此外,随着科技的发展,导游员应当具备利用各种技术手段获取知识和信息的能力。

(二)导游手段的高科技化

随着科学技术的发展,将来还会有更先进的科技手段运用到导游工作中来。这些先进的导游手段在游览前或在游览现场引导游客参观游览,不仅让游客看到(听到)旅游景观的现状,还进一步了解其历史沿革和相关知识,起到深化实地导游讲解和以点带面的作用,从而成为导游工作中不可或缺的辅助手段。

(三)导游方法的多样化

近年来,旅游活动的多样化趋势,尤其是参与性旅游活动的兴起和发展,要求导游员随之变化其导游方法。未来的导游员不仅是能说会道、能歌善舞、多才多艺的人,还要能动手,有强壮的体魄、勇敢的精神,与游客一起回归大自然、参与绿色旅游活动,一起参加各种竞赛,甚至去探险。总之,今后的导游方法将越来越多,导游员不仅要熟练地运用各种导游讲解方法,还要掌握参与各种旅游活动的方式方法。

(四)导游服务方式的更加人性化

导游服务是服务性行业的一种,应突出以人为本的理念,提供富有人情味的服务。

导游业务

导游服务的对象是千差万别的,往往不是靠标准化服务所能完全解决的,必须根据旅游者的具体特点,灵活地提供针对性强、具有个性化的超常服务,使导游服务方式更加人性化。处处为旅游者着想,理解人,关爱人,于细微处见真情。导游员积极地帮助旅游者解决一些生活上的小问题,提供一些富有人情味的个性化服务,常常会使旅游者心存感激,使其对导游员和导游员所在的旅行社留下良好的印象。

案例 1-5

饮酒过量的女导游

某旅行社一位女导游带团到苏州旅游,由于该导游个性豪爽,又与团里客人相处不错,到临别前的晚上,几个客人请其到某酒家吃饭。导游自恃酒量好,席间当客人敬酒总是来者不拒,结果喝得酩酊大醉,由几个游客扶着出了酒家的门。在门口游客让她一人先等一会儿,其他人负责去叫出租车。由于喝酒过量,该导游已无法站稳,于是躺在身旁一辆新的私家车上,恰好此时车主从酒家走出来看到了这一幕,便不由分说地找了个水桶将水劈头盖脸朝导游身上泼去,该名导游惊醒过来走开后,车主又打了几次水往该导游躺过的地方不断冲刷,场面非常尴尬。

(资料来源: http://www.examw.com/dy/fuwu/zhidao/11509/)

【思考题】 女导游饮酒过量有何不妥?

【分析】 在旅游过程中,游客经常会请导游员喝酒,而导游员饮酒量不得超过自己酒量的三分之一。该案例中的女导游由于在饮酒方面没有对自己加以节制,结果造成非常恶劣的影响。作为一名导游员,应时刻不能忘记自己的身份,在各方面都应对自己严格要求,自尊自重。

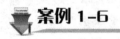

案例 1-6

旅行社年薪 20 万难聘高素质导游

2006 年 1 月 1 日开始,南湖国旅·西部假期拨出 500 万元从全国高薪聘请专职出境导游,首批名额为 50 人(男女不限),每人年底薪 10 万元。录用的专职出境导游实际年薪至少可达到 20 万~30 万元。据了解,应聘者需要具备熟练的外语能力和应急处理问题能力,除了 5 年以上的任职经验外,导游作为公司形象代言人,在身高、表达能力

第一章　导游服务概述

等方面都必须符合要求。为此,该社还成立了招聘小组,由副总经理任组长,严格挑选前来应聘的导游员,并制订了长远的发展和培训计划。但该公司市场部经理苏峰表示,经过一年的招聘,到现在他们还没有在中国内地发现合适的人选,他们现在的出境游领队还是从香港招聘过来的。

(资料来源:http://finance.sina.com.cn/leadership/cyjy/20061226/01093195153.shtml)

【思考题】　为什么年薪20万难聘高素质导游?

【分析】　内地导游的外语水平是个门槛,虽然会说外语的导游不少,但是真正能够和外国游客做到无障碍沟通的则是凤毛麟角,特别是对于一些俗语、俚语,常常让双方不能沟通,另外最关键的是国内导游缺乏国外带团经验。

知识拓展

中国旅行社

中国旅行社总社有限公司经过半个多世纪的发展,由一家以接待华侨、外籍华人、港澳同胞、台湾同胞为主的旅行社,发展成为入境游、出境游、国内游、商务旅游、会议和奖励旅游、签证认证代办、航空票务多业并举,每年接待数百万中外游客的综合性大型国际旅行社,先后加入并成为中国旅行社协会、亚洲及太平洋旅游协会(PATA)、国际航空运输协会(IATA)、美国旅游批发商协会(USTOA)、美国旅游代理商协会(ASTA)、国际会议及大会协会(ICCA)等国际旅游组织的正式会员,与国际上数百家旅行商建立了紧密的合作关系,拥有良好的资信。

中国国际旅行社

中国国际旅行社总社成立于1954年,于2008年3月更名为中国国际旅行社总社有限公司(简称中国国旅)。经过几代国旅人的艰苦创业,现已发展为国内规模最大、实力最强的旅行社企业集团,累计招揽、接待海外来华旅游者1000多万人次。中国国际旅行社(CITS)已成为国内顶级、亚洲一流、世界知名的中国驰名商标,在世界60多个国家和地区通过注册。

中国青年旅行社

中青旅控股股份有限公司(简称中青旅)是以共青团中央直属企业中国青旅集团公司为主发起人,通过募集方式设立的股份有限公司,1997年11月26日公司创立,12月3日公司股票在上海证券交易所上市,是我国旅行社行业首家A股上市公司,北京市首批5A级旅行社。

智慧旅游

智慧旅游，也称智能旅游。就是利用云计算、物联网等新技术，通过互联网/移动互联网，借助便携的网络终端设备，主动感知旅游资源、旅游经济、旅游活动、旅游者等方面的信息，及时发布，让人们能够及时了解这些信息，及时安排和调整工作与旅游计划，从而达到对各类旅游信息的智能感知、方便利用的效果。

本章小结

本章简略地介绍了导游服务产生和发展的历史，阐明了导游服务的概念、地位、作用、特点和原则；展望未来旅游活动和导游服务的发展趋势。其中，导游服务概念、特点，导游服务的发展趋势是本章学习中应重点掌握的内容。

习　题

一、单项选择题

1. 被公认为近代旅游活动开端的旅游活动发生于(　　)。
   A. 1840 年　　　B. 1845 年　　　C. 1864 年　　　D. 1841 年
2. 1841 年 7 月 5 日，托马斯·库克运送了 570 人从莱斯特前往(　　)参加禁酒大会，这次活动成为公认的近代旅游活动的开端。
   A. 斯诺　　　B. 利物浦　　　C. 拉夫巴勒　　　D. 伦敦
3. 新中国成立后，随着发展的需要，经周恩来总理提议和当时的政务院批准，1954 年 4 月 15 日成立了(　　)。
   A. 中国旅行社　　　　　　B. 中国青年旅行社
   C. 中国国际旅行社　　　　D. 华侨服务社
4. 导游服务的(　　)特点要求导游员独立宣传、执行国家政策独立执行旅游计划，组织活动。
   A. 独立性强　　　　　　B. 复杂多变
   C. 脑体高度结合　　　　D. 跨文化性

5. (　　)年8月，上海商业储备银行总经理陈光甫先生在其同仁的支持下，创设了"旅游部"，成为中国人创立的第一家旅行社。

　　A. 1923　　　B. 1924　　　C. 1925　　　D. 1926

二、多项选择题

1. 导游服务范围包括(　　)。

　　A. 讲解服务　　B. 生活服务　　C. 安全服务　　D. 咨询服务

2. 导游服务的作用包括(　　)。

　　A. 主导作用　　B. 标志作用　　C. 纽带作用　　D. 扩散作用

3. 导游服务工作与其他服务相比较，除独立性强外，还具有(　　)等特点。

　　A. 脑体高度结合　　　　　　B. 时间不稳定

　　C. 复杂多变　　　　　　　　D. 跨文化性

4. 现代旅游业的三大支柱是(　　)。

　　A. 旅行社　　B. 导游　　C. 饭店　　D. 交通

5. 导游服务在旅游服务中的纽带作用主要表现在(　　)。

　　A. 承上启下　　B. 连接内外　　C. 协调左右　　D. 标志作用

三、简答题

1. 导游服务的范围是什么？
2. 导游服务的特点有哪些？
3. 简述旅游活动的发展趋势。

四、论述题

结合实际，谈谈导游员如何应对导游服务的发展趋势。

五、案例分析题

地陪张明按接团计划陪同一对老年教授夫妇进行参观游览。在游览某景点时，他向客人做了认真细致的讲解。老人提出了有关该景点的一些问题，张明说："按计划还要游览三个景点，时间很紧，现在先游览，在回程路上或回饭店后对此再做详细回答。"游客建议他休息一下，他都谢绝了。虽然很累，但他很乐意，认为自己出色地完成了导游讲解任务。但出乎意料的是那对老年夫妇不仅没有表扬他，反而写信向旅行社领导批

评了他。张明觉得很委屈,但领导在了解情况后找他谈话时却说老年游客批评得对。

(资料来源:http://www.shangxueba.com/ask/397952.html)

问题:

(1) 领导为什么说老年教授批评得对?
(2) 张明应该怎样为这对老年夫妇进行导游服务?

第二章

导游员的概念及条件

【学习目标】

通过本章的学习,熟悉导游员的概念,了解导游员的分类(不同的分类标准),熟悉一名导游员所应具备的基本条件和应尽的职责,了解导游员的培训、考核与管理。

【关键词】

导游员　条件和职责　培训考核与管理

导游业务

引导案例

导游员必须取得导游证

珠海市有家旅行社发往昆明一个三十多人的团队，当时地接社因人手紧张，竟派出公司的财务人员顶替导游带团。由于路途不熟，景点一问三不知，加上饭店、宾馆"人头不熟"，特别是在昆明将去西双版纳的飞机换成汽车，游客没玩好、吃好，一路颠簸，不该花的冤钱花了不少，回来一肚子怨气向珠海这家旅行社发泄，使得发团社的声誉蒙受了很大的损失。

（资料来源：http://jpk.hbtvc.com/2012mndy/gjjyy/464.htm）

根据我国《导游员管理条例》的规定：导游承担着为旅游者组织安排旅行和游览事项，提供向导、讲解和旅途服务的任务，必须取得专门执业资格——持有导游资格证书，否则是不可以带团的。

第一节　导游员的概念及分类

一、导游员

根据1999年5月国务院颁布的《导游员管理条例》，导游员是指依该条例取得导游证，接受旅行社委派，为旅游者提供向导、讲解及相关旅游服务的人员。

二、导游员的分类

导游员由于业务范围、业务内容的不同，服务对象和使用的语言各异，其业务性质和服务方式也不尽相同。即使是同一位导游员，由于所从事的业务性质不同，所扮演的社会角色也会随之变换。并且，世界各国对导游员的分类方法也不相同，因而很难用一个世界公认的统一标准对导游员进行分类。

（一）我国导游员的分类

根据我国目前的旅游市场现状以及未来旅游业发展趋势，借鉴国外成功的经验和中国旅游业特定的运转规律，本书从不同的角度对中国的导游员进行分类。

第二章 导游员的概念及条件

1. 按业务范围划分

按业务范围划分,导游员分为海外领队、全程陪同导游员、地方陪同导游员和景点景区导游员。

(1) 海外领队(tour leader/tour manager),是指经国家旅游行政主管部门批准可以经营出境旅游业务的旅行社的委派,全权代表该旅行社带领旅游团从事旅游活动的工作人员。

(2) 全程陪同导游员(national guide),简称全陪,是指受组团旅行社委派,作为组团社的代表,在领队和地方陪同导游员的配合下实施接待计划,为旅游团(者)提供全程陪同服务的工作人员。这里的组团社或组团旅行社是指接受旅游团(者)或海外旅行社预订,制订和下达接待计划,并可提供全程陪同导游服务的旅行社。这里的领队是指受海外旅行社委派,全权代表该旅行社带领旅游团队从事旅游活动的工作人员。

(3) 地方陪同导游员(local guide),简称地陪,是指受接待旅行社委派,代表接待旅行社实施接待计划,为旅游团(者)提供当地旅游活动安排、讲解、翻译等服务的工作人员。这里的接待旅行社是指接受组团社的委托,按照接待计划委派地方陪同导游员负责组织安排旅游团(者)在当地参观游览等活动的旅行社。

(4) 景点景区导游员(resort representative),亦称讲解员,是指在其所在旅游景区景点向旅游团(者)提供引导、讲解的工作人员。景区景点如博物馆、自然保护区、纪念馆、名人故居等。他们只负责讲解而不涉及其他事务。

以上四类导游员中,前三类都必须通过省级旅游局组织实施的考试,获得相应的资格证(领队须考领队证),并受旅行社委派从事导游活动;而最后一类导游员,需通过景区(点)所在地旅游行政部门会同景区(点)主管部门具体组织考试工作。景区(点)导游员资格证书由国家旅游局统一印制,省级旅游局核发证书。证书在本景区(点)有效。

除了以上类别的导游员,在旅游业迅猛发展的今天,还出现了"区域导游"等新的提法。区域导游,是指在某一条旅游线路上,将地陪与全陪的工作和职责兼于一身的导游员,虽然目前这类导游员的人数还不多,却是某些区域旅游活动中出现的 种发展趋势。

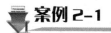
案例 2-1

出境团必须派领队

几名游客参加某旅行社组织的新马泰 15 日游,在临登机时游客发现,该团是由 5

家旅行社共同组织的，并且这个旅游团没有领队。旅游团在途中遇到了许多困难：在国外如何转机，入境卡怎么填，怎样与境外旅行社接洽等均无人过问。在新加坡入境时，因不熟悉情况，旅游团被边检部门盘查了一个半小时之久。旅游过程中，因没有领队与境外社协调，原来的日程被多次变更。旅游团在异国他乡，人生地不熟，只好听从境外导游的摆布。

（资料来源：http://travel.sohu.com/65/30/travel_article17203065.shtml）

【思考题】 什么是领队？

【分析】 领队是由旅行社派出，为出境旅游者提供协助、服务，同境外旅行社接洽，督促其履行接待计划，调解纠纷，协助处理意外事件的人员。根据规定，旅行社组织中国公民赴外国和我国港、澳地区旅游，必须要安排领队，这是旅行社的法定义务。

2. 按职业性质划分

按职业性质划分，导游员分为专职导游员和兼职导游员。

(1) 专职导游员(full-time tour guide)，是指在一定时期内以导游工作为其主要职业的导游员。目前，这类导游员大多数受过中、高等教育，或受过专门训练，一般为旅行社的正式职员，他们是当前我国导游队伍的主体。

(2) 兼职导游员(part-time tour guide)，亦称业余导游员，是指不以导游工作为其主要职业，而利用业余时间从事导游工作的人员。他们必须挂靠在旅行社或在导游服务管理公司登记注册，以便于管理。目前这类导游员分为两种：一种是通过了国家导游资格统一考试取得导游证而从事兼职导游工作的人员；另一种是具有特定语种语言能力，受聘于旅行社，领取临时导游证而临时从事导游工作的人员。

目前还有一种导游员，他们以导游工作为主要职业，但又不是旅行社的正式员工，一般挂靠在导游管理中心(或翻译导游公司)等单位，同时为若干家旅行社服务，这种导游员既不是专职导游员，又不是兼职导游员，而称为"自由职业导游员"，这很可能成为今后导游队伍的主体。

3. 按使用的语言划分

按导游使用的语言划分，导游员分为中文导游员和外语导游员。

(1) 中文导游员，是指能够使用普通话、地方话或者少数民族语言，从事导游服务的人员。目前，这类导游员的主要服务对象是以国内旅游中的中国公民和入境旅游中的港、澳、台同胞。

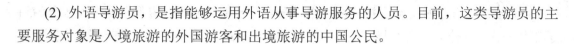
第二章 导游员的概念及条件

(2) 外语导游员，是指能够运用外语从事导游服务的人员。目前，这类导游员的主要服务对象是入境旅游的外国游客和出境旅游的中国公民。

4．按技术等级划分

按技术等级划分，导游员分为初级导游员、中级导游员、高级导游员和特级导游员。

(1) 初级导游员(elementary tour guide)，是指获导游员资格证书一年后，就技能、业绩和资历对其进行考核，合格者自动成为初级导游员。

(2) 中级导游员(intermediate tour guide)，是指获初级导游员资格两年以上，业绩明显，考核、考试合格者晋升为中级导游员。他们是旅行社的业务骨干。

(3) 高级导游员(senior tour guide)，是指取得中级导游员资格四年以上、业绩突出、水平较高，在国内外同行和旅行商中有一定影响力，考核、考试合格者晋升为高级导游员。

(4) 特级导游员(special class tour guide)，是指取得高级导游员资格五年以上，业绩优异，有突出贡献，有高水平的科研成果，在国内外同行和旅行商中有较大影响，经考核合格者晋升为特级导游员。

(二)外国导游员的分类

在国外，特别是旅游业高度发达的国家，导游员的管理体制已进入制度化或法律化。他们按工作性质把导游员分为国际入境旅游导游与国际出境旅游导游两大类。

1．国际入境旅游导游

按职业性质区分，国际入境旅游导游又可分为以下四种。

(1) 专业导游员：是指以导游工作为职业，受雇于旅行社或其他旅游企业，领取固定工资，专门从事导游接待服务的人员。有的国家组建有翻译导游协会之类的半官方性质的组织，接受政府授权，享有招考、培训导游员，颁发导游执照的权限，如日本的翻译导游协会。经协会培训、考核合格并领取执照者，即为会员。一些无固定专业导游员或导游员不足的旅行社，在需要时可向这类协会雇用导游员。

(2) 业余导游员：亦称兼职导游员。他们不以导游工作为主要职业，只利用业余时间兼职导游工作。他们也需经培训、考核，向管理部门领取导游执照，与使用单位签订合同，按接待旅游者的人数和活动时间计酬。在西方旅游业发达的国家中，大学师生、政府公务员与其他自由职业者中从事业余导游工作的人相当多。

(3) 旅游景点导游员，是指被博物馆或景点管理部门雇用，专职从事本景点导游讲解工作的人员。他们在所有导游员中，是水平、级别最高的。对重要的博物馆或景点(如英国的大英博物馆、西敏寺等)，导游员的考试极为严格，只有水平很高的导游员才能获取在这些景点从事导游讲解的资格。这是为了保证导游质量，不至于因为导游讲解质量差而有损珍贵文物的价值。

(4) 义务导游员，这些人大多是业余旅游活动的爱好者，他们参与导游工作完全是出于个人爱好和自愿，不计较报酬。当然，他们也必须经过有关部门考核，取得从事这项工作的资格。

以上四种国际入境旅游导游员，通常在他们领取的导游执照上均注明了准许他们活动的范围，如可在全国范围活动或只能在某一限定范围内活动等。这是由签发执照的旅游管理部门对他们的水平、能力进行考核后确定的。

2. 国际出境旅游导游

国际出境旅游导游，习惯上称其为领队。他们由所在国旅行社雇用，带领旅游团出国旅游，既对组团旅行社负责，又代表该旅行社与接待国进行业务联系，随团活动，伴随始终。

领队也分为职业、业余、义务三种。职业领队受雇于旅行社，领取固定工资，以此作为谋生的职业；业余领队则是旅行社临时雇用的人员，他们多半因为熟悉接待国的情况或语言而被临时雇用；义务领队是从旅游团成员中选择出来的，他们既是游客，又义务为大家服务，从而可享受某些优惠待遇。他们多出现在单位或民间团体组织的旅游团中，原本就是单位、团体的领导人或者有威信的工作人员。

第二节　导游员的职责

一、导游服务集体

旅游团队的导游服务工作繁重、复杂，不是一个人所能完成的，而是由一个集体共同完成的。这个导游服务集体一般由全程陪同导游员、地方陪同导游员和旅游团领队组成，有时还包括景区景点导游员。在工作时，他们还需要旅行社相关部门、司机和其他旅游接待部门的密切合作，才能保证团队旅游活动的顺利进行，因此，广义上的导游服务集体是指为旅游团队或游客服务的工作集体，由领队、全陪、地陪、司机、外勤、内勤等人员构成。

在通常情况下，狭义的导游服务集体是由领队、全陪、地陪构成，他们共同完成一个旅游团队的接待任务。三位导游代表三方旅行社的利益，他们大多互不认识，要共同完成一定时空中的导游服务，自然就牵涉到协作。这种内部协作的愉快与否，直接影响着游客旅游经历的质量。

(一)导游服务集体的任务

旅行社组织旅游者参加旅游活动，应当与旅游者签订旅游合同，就旅游行程的安排(包括乘坐的交通工具、旅游景点、住宿标准、餐饮标准、娱乐标准、购物次数等)、旅游价格、违约责任做出明确规定。旅游活动开始后，旅行社应认真履行旅游合同。

导游服务集体的任务是代表旅行社履行旅游合同，即实施旅游接待计划，为旅游者提供导游讲解服务和相关的生活服务，他们还是旅游服务各方面的协调者和旅游过程中各种问题的主要处理者。

(二)导游服务集体成员之间的关系

导游服务集体中，全陪、地陪和领队代表着三个方面，维护着各自代表的旅行社的利益，他们有各自的职责，有明确的分工；他们的脾性各异，作风不一，工作方式不同。对一些问题的观点往往相左。出现一些矛盾和麻烦应该说是正常现象。

但是，导游服务集体成员之间应该是协作共事关系。导游员之间的分工协作、相互补充具有十分重要的意义，这是旅游企业的需要，是导游服务工作的需要，也是提高导游服务质量、圆满完成接待任务的根本保证，是旅游活动成功的关键。在接待入境旅游团时，全陪和地陪处于主导地位，他们之间的合作显得更为重要。

当然，他们必须搞好与旅游团领队的关系，与其密切合作。导游员在整个旅游过程中，得到领队的支持、理解和合作是导游员带好旅游团的一个重要保证。

1. 尊重领队权限，支持领队工作

维护旅游团的团结，与接待方旅行社的导游员联络，是领队的主要工作。领队提出意见和建议时，接待社的导游员要给予足够的重视；在生活和工作上遇到麻烦时，接待社的导游员要给予领队必要的支持与帮助；旅游团内部出现纠纷、领队与旅游者之间产生矛盾时，接待社的导游员一般不要介入，以尊重领队的工作权限，但必要时可以助其一臂之力。这样做有助于相互产生信任感,加强双方的合作。

此外,领队还是旅游者中的一员,在生活上导游员要给领队适当的照顾,提供些方便,但这种照顾、关心必须是有限度的,否则会给旅游者造成导游员亲近领队而忽视自己的不良影响。

2. 多同领队协商,主动争取领队配合

导游员遇事要多与领队协商,在旅游日程、旅行生活的安排上一定要先征求领队的意见。一方面,领队有权审核旅游活动计划的落实情况;另一方面,导游员可以通过领队更清楚地了解旅游者的兴趣爱好以及生活、游览方面的具体要求,从而向旅游者提供更有针对性的服务,使导游服务更具主动性。在旅游计划因故发生变化时,在游览项目被迫发生变更时,在旅游者与导游员之间产生矛盾时,导游员要多与领队商量,实事求是地说明情况,争取到领队的理解和配合。

3. 多给领队荣誉,力求圆满合作

导游员除了尊重领队的权限外,还要尊重领队的人格,尊重他的工作,尊重他的意见和建议,适当发挥他的特长,并注意随时给领队面子。如果遇到一些可显示权威的场合,应多让领队尤其是职业领队出头露面,使其博得游客们的好评。

4. 坚持有理、有礼、有节,避免正面冲突

导游服务中,接待社的导游员与领队在某些问题上意见相左是正常现象。特别是在来华的领队中,有些旅行社经理兼领队有时会向接待方旅行社提出超出旅游合同内容的过分要求,甚至当着旅游者的面指责接待方服务不周;有些职业领队曾多次带团访华,对中国的情况比较了解,他们为了讨好旅游者,一再出"新主意",给中方的导游员出难题,以显示自己的"知识渊博"、"对中国了解"、"为旅游者着想";还有些领队则不考虑实际情况,一味照顾自己的客人,换取他们的欢心,以求更多的实惠。对这种不合作的领队,导游员可采用有理、有礼、有节和适当的方式与之斗争。

(1) 有理。

首先导游员绝不能让其牵着鼻子走,以免被动;其次,导游员应采取适当措施,争取大多数旅游者的同情和谅解,必要时可给予警告并报告他的老板。

(2) 有礼。

选择适当的时机,简明扼要地指出其要求已超出旅游合同确定的内容,必须放弃。

(3) 有节。

在方式上，最好采用伙伴间的交谈方式，使之有所领悟，万不得已时也可当着旅游者的面提醒领队。一般情况下，导游员应始终坚持以理服人，不卑不亢，不与其当众冲突，更不能当众羞辱，适时给领队台阶下，事后仍要尊重领队，争取双方以后的友好合作。

(三)导游服务集体协作共事的方法

1. 主动争取各方的配合

在向旅游团队提供导游服务时，全陪、地陪和领队各方都应主动争取其他两方的配合，使之形成合力，共同完成旅游接待任务，反对短视行为和本位主义。争取各方配合的主要途径是及时交流信息，沟通各自的想法，在求得意见一致的基础上协同行动。

2. 尊重各方的权限和利益

导游服务中的各个成员虽然代表着各方的利益，工作也各有侧重，但关系是平等的。成员之间的配合是互补互利的，应互相尊重各方的工作权限，切忌干预他人的活动，侵害他人的利益。

3. 建立友情关系

全陪、地陪和领队都必须正确运用公共关系中的工作关系和情感关系相统一的方法，建立起和谐、美好的友情关系。同时，要把握好三者之间的友情关系的制度和距离，尊重彼此的隐私权，不涉及他人的商业机密。

4. 彼此尊重、相互学习、勇担责任

导游服务集体中的各个成员分属各自的旅行社，由于共同的任务聚合在一起，因此在工作中应彼此尊重，平等相待，相互学习，取长补短。工作中若出了问题或事故，全陪、地陪和领队都应从做好旅游团队服务工作的大局出发，在分析原因的基础上，分清责任，各自都应勇于承担属于自己的责任，切忌相互指责和推诿。

案例2-2

饭店少给两间房

导游员小颜是个从事导游工作时间不长的小伙子。一次，在旅游旺季时，他出任全

陪带一个26人的旅游团去黄山。依照计划，该团在黄山住××饭店，客房由黄山地方接待社代订。下车，进了饭店，小颜把游客安顿在大厅，就随地陪、领队来到总台拿客房。地陪刚报完团号，总台小姐就不好意思地跟地陪、小颜及领队说："对不起，今晚饭店客房非常紧张，原订的13间客房只能给11间，有4位游客要睡加床，但明天就可以给13间客房。"山上饭店少，附近没有其他饭店，而此时天色已晚，若下山找饭店，因索道已停开，也无可能。小颜是个急性子，这种情况又是第一次碰到，当确知饭店已不可能提供客房后，他转过身来对着站在自己身后的地陪，脱口说道："你们社怎么搞的，拿客房能力那么差！"地陪也不是个好捏的软柿子，听了这话，起先还一愣，但马上针尖对麦芒地回了一句："有本事，你们社可以自订！何必委托我们订房呢？"说完就离开了总台，赌气地在大厅沙发上坐了下来。

领队看到小颜、地陪闹意见，也没多说什么，拿了11间客房的钥匙，把游客召集到一起，把情况和大家摊了牌，然后态度诚恳地说："各位，情况就是这样，希望大家能相互体谅，也能帮我的忙。有愿睡加床的客人请举手。"说完，领队自己先举起了手，接着好几位游客也都举起了手。就这样，领队轻而易举地解决了一个让小颜恼火、为难，又让地陪赌气的问题。

(资料来源：http://jpk.hbtvc.com/ldyy2010/ku/303.htm)

【思考题】 此案例给导游服务集体什么启示？

【分析】 导游工作集体三个成员间的关系告诉我们：全陪、地陪、领队只有"协作共事"，才能摆脱困难，才能完成共同的任务。小颜作为组团社方派出的全陪不能责怪、埋怨地陪，而应该和地陪、领队紧密配合，商量出问题的解决方法。

二、导游员的职责

每一种职业对从业人员都有其职责规定，人们常说的"做好本职工作"就是这层意思。职业化的导游服务使得社会对导游这一职业提出了相应的职业责任要求。

(一)导游员的基本职责

根据当前我国旅游业发展的实际情况和各类导游员的服务对象，导游员的基本职责可概括如下。

(1) 根据旅行社与游客签订的合同或约定，按照接待计划，安排和组织游客参观、游览。

(2) 负责向游客导游、讲解，介绍中国(地方)文化和旅游资源。

(3) 配合和督促有关单位安排游客的交通、食宿等，保护游客的人身和财物安全。

(4) 耐心解答游客的询问，协助游客处理旅途中遇到的问题。

(5) 反映游客的意见和要求，协助安排游客会见、座谈等活动。

(二)全程陪同导游员的职责

全陪是旅游团活动的主要决策者，对所带领的旅游团(者)的旅游活动负有全责，在导游服务集体中处于核心地位，起主导作用。其主要职责包括以下几方面。

1．实施旅游接待计划

按照旅游合同或约定，实施组团旅行社的接待计划，监督各地接待单位执行计划的情况和接待质量。

2．联络、衔接工作

负责中外组团旅行社之间的联络以及旅游过程中组团旅行社和地方接待旅行社的联络，做好旅行各站间的衔接工作。

3．组织协调工作

协调领队、地陪、司机等各方面接待人员之间的合作关系；配合、督促地方接待单位安排好旅游团(者)的旅游活动；照顾好游客的旅行生活。

4．维护安全、处理问题

维护游客在旅游过程中的人身和财物安全，处理好各类突发事件。

5．宣传、调研

耐心解答游客的问询，介绍中国(地方)文化和旅游资源；了解外国(外地)，转达游客的意见、建议和要求，开展市场调研，协助开发、改进旅游产品和进行市场促销。

(三)地方陪同导游员的职责

地陪是旅游计划的具体执行者，是当地旅游活动的组织者和协调人，其主要职责包括以下几方面。

1．安排旅游活动

根据旅游接待计划，合理安排旅游团(者)在当地的旅游活动。

2．做好接待工作

认真落实旅游团(者)在当地的接送服务和食、住、行、游、购、娱等服务；与全陪、领队密切合作，做好当地旅游接待工作。

3．导游讲解

负责旅游团(者)在当地参观游览中的导游讲解，解答游客的问题。

4．维护安全

维护游客安全，做好事故防范和安全提示工作。

5．处理问题

妥善处理旅游相关服务各方面的协作关系，以及游客在当地旅游过程中发生的各类问题。

(四)海外领队的职责

海外领队是经国家旅游行政主管部门批准组织出境旅游的旅行社的代表，是出境旅游团的领导者和代言人，其主要职责包括以下几方面。

1．介绍情况

出发前要向旅游者介绍旅游目的地国家或地区的概况和注意事项，以及出入中国国境、他国边境时的注意事项。

2．全程陪同

带领旅游团出境，陪同旅游团的全程参观游览活动，然后安全地将旅游团带回国内。

3．监督落实旅游合同

监督和配合旅游目的地国家或地区的全陪、地陪全面落实旅游合同，安排好旅游计划，组织好旅游活动。

4．组织和团结工作

关心旅游者，维护旅游团内部的团结，调动旅游者的积极性，保证旅游活动顺利进行。

5．联络工作

做好旅游团与旅游目的地国家或地区接待旅行社的联络与沟通工作，转达旅游者的意见、要求、建议乃至投诉，维护旅游者的合法权益。

(五)景点景区导游员的职责

1．导游讲解

负责所在景区、景点的导游讲解，解答旅游者的问询。

2．安全提示

提醒旅游者在参观游览过程中注意安全，给予必要的协助。

3．宣传知识

结合景区情况向旅游者宣讲环境、生态和文物保护的知识。

第三节　导游员的条件

一、优良的职业道德

道德是一种社会意识形态，是在一定的社会中调整人们之间以及个人与社会之间关系的行为规范的总和。它以善和恶、正义和非正义、公正和偏私、诚实和虚伪等道德观念来评价人们之间的关系；通过多种形式的教育和社会舆论的力量使人们形成一定的信念、习惯、传统而发生作用。联合国教科文组织曾邀集著名专家就"21 世纪需要什么样的人才"进行研讨，专家们一致认为"高尚的品德永远居于首位"。可见，在任何时代、任何国家，人的道德品质总是处于最重要的地位。

职业道德是把一般的社会道德标准与具体的职业特点结合起来的职业行为规范或标准。不同的职业有不同的职业道德，但各行各业的职业道德准则和行为规范与社会公德必须是一致的，而不应是相悖的。

导游业务

(一)必须是一名坚定的爱国主义者

"爱国"是世界各国伦理道德的核心,"爱国"是合格导游员的首要条件。赤心爱国,勇于奉献应是导游翻译之魂。

导游员不应崇洋媚外,切忌厚此薄彼,以地位取人,以貌取人,以钱取人,以肤色取人;在游客面前或低三下四、卑躬屈膝,或趾高气扬、傲慢自大,是导游员之大忌。不卑不亢,一视同仁,这是爱国主义、国际主义在导游活动中的具体体现,是国际交往、人际关系的行为准则之一。

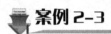

案例 2-3

导游员是国家和家乡的形象代表

某国际旅行社接待了一个一百余人的日本曹洞宗大团,去宁波参观旅游。由于是大团,所以到宁波后该团被分成 4 个小团,分别乘坐 A、B、C、D 四辆旅游车。在宁波游览期间,A 号车上的地陪导游为"讨好"游客,在讲解中,对日本大加赞赏,而对宁波则大放厥词,此车上的日本随员听后脸色凝重。晚上,日本随员召集 4 辆车上的地陪导游员开会,对 A 号车上的地陪导游表示了不满与抗议,他气愤地说:"宁波是曹洞宗的发祥地,宁波也是美丽的地方,我多次带团来宁波,这几年宁波各方面的变化极大。正是因为这地方不错,所以我组了这一百多位渴望了解宁波的客人。然而 A 号车上的地陪导游却当着我的游客的面诋毁宁波,这是对我的不尊重,也是对我工作的不支持。为此,我要求全陪导游立即打电话给宁波地接社,撤换地陪,同时要求该地陪导游向 A 号车上的游客道歉。"

(资料来源:http://www.exam8.com/zige/daoyou/fudao/200608/305413.html)

【思考题】 如何理解导游员是国家和家乡的形象代表?

【分析】 导游员的一言一行都与祖国(家乡)的荣辱息息相关,与为之奋斗的旅游业的兴衰息息相关。因此,每个导游员必须有很强的社会责任感和历史责任感。很难设想一名不爱祖国、不爱家乡的中国导游员会热情洋溢地向旅游者介绍祖国(家乡)的灿烂文化、壮丽山河以及中国人民的伟大创造和辉煌成就。如果连自己的祖国(家乡)都不热爱,当然也不会赢得游客的尊重。

(二)优秀的道德品质

具备优秀的道德品质是导游员职业道德的基本准则之一,合格导游员的一个基本条件。中国导游员应将全心全意为人民服务的思想与"宾客至上"、"服务至上"的旅游服务宗旨紧密结合起来,热情为国内外旅游者服务。导游员心中若没有旅游者,没有对游客的积极态度,甚至讨厌旅游者,不愿为之服务,即使他有渊博的知识、娴熟的导游技能,也很难发挥他的才能,导游工作就不可能获得成功,感情上的障碍会导致他从失败走向失败。

(三)高尚的情操

高尚的情操也是导游员的必备修养之一。导游员要不断学习,提高思想觉悟,努力使个人的功利追求与国家利益融合起来;要提高判断是非、识别善恶、分清荣辱的能力;培养自我控制的能力,自觉抵制形形色色的精神污染,力争做到"财贿不足以动其心,爵禄不足以移其志",始终保持高尚的情操。

(四)热爱本职工作

导游员应是一名具有很强事业心的人,是一名热爱本职工作,为能成为导游员感到自豪的人。一个人生活在世界上,应该有自己的事业追求,即事业理想。若想实现自己的事业理想,首要条件是热爱本职工作,要努力钻研业务,不断进取,完善导游服务技能;要精力充沛地投入工作,积极发挥自己的聪明才智和主观能动性,热忱地为旅游者提供高质量的导游服务。

(五)遵纪守法

遵纪守法是每个公民的义务,从事涉外工作的导游员更要树立高度的法制观念,牢记"内外有别"原则,严守国家机密,保卫国家利益;工作时多请示汇报,切忌自作主张,更不做违法乱纪之事。坚决反对行业不正之风,自觉抵制精神污染。

案例 2-4

美丽女导游

23 岁的文花枝是湖南湘潭新天地旅行社的导游。2005 年 8 月 28 日下午 2 时 35 分许,文花枝所带的团队乘坐旅游大巴在陕西延安洛川境内与一辆拉煤的货车相撞。这是一次夺走6条生命、造成14人重伤8人轻伤的重大交通事故。当可怕的瞬间过去,坐在前排的文花枝清醒过来时,发现和自己同坐前排的司机和西安本地导游已经罹难。她自己的左腿胫骨断裂,骨头外露,腰部以下部位被卡在座位里不能动弹。

营救人员迅速赶来,他们想将坐在前排的文花枝抢救出来,她却平静地说:"我是导游,后面都是我的游客,请你们先救游客。"

长达两个多小时的艰难营救对于伤者来说无疑是漫长的。数次昏迷的文花枝只要一醒过来,就又给自己的游客打气。文花枝是最后一个被营救的伤员,当时已是下午4点多了。洛川县交警大队的王刘安是亲手将文花枝救出旅游车的,他后来对前来陕西处理事故的湘潭市旅游局领导感叹:"作为交警我不得不对小文的这种勇气和举动由衷地敬佩。"

由于腿上的伤势严重,左腿9处骨折,右腿大腿骨折,髋骨3处骨折,右胸第4、5、6、7根肋骨骨折,伤口已经严重感染。文花枝被送到洛川县医院后随时有生命危险,院方决定29日凌晨让其转到医疗条件更好的解放军第四军医大学附属西京医院。29日下午,为了避免伤势进一步恶化,西京医院专家小组决定立即为她做左大腿截肢手术,一位年轻的姑娘就这样失去了自己的一条腿。主治医生李军教授惋惜地说:"太可惜了,若早点做清创处理,不耽误宝贵的抢救时间,她这条腿是能够保住的。"

这个美丽的年轻姑娘,一条左腿从膝盖处被截掉。劫难之后,对于未来的憧憬和设想都被打乱。记者问她:"你后悔吗?"文花枝笑着说:"我只是做了自己应该做的。"

(资料来源:http://travel.163.com/06/0119/11/27R0OL3900061DP5.html)

【思考题】 此案例体现了导游员的什么素质?

【分析】 在身受重伤时,她将生的希望留给了游客,把死的威胁留给了自己。文花枝在危急关头,用自己的高尚品德和职业道德赢得了人们的敬重。

二、渊博的知识

导游服务是知识密集型的、高智能的服务工作。导游讲解必须以渊博的知识作后盾,要言之有物,有真切的内容;要有感而发,不能无病呻吟;要实事求是,不要胡编乱造。导游工作本身要求导游员有真才实学,知识面要广,内容要杂,而且要融会贯通。实践证明,丰富的知识是搞好导游翻译工作的前提。一名导游员的知识面越广、信息量越多,就越有可能把导游工作做得有声有色、不同凡响,也会在更大程度上满足旅游者的要求，进而就有可能成为一名优秀的导游员。

(一)语言知识

语言知识是导游员最重要的基本功，是导游服务的工具。古人说："工欲善其事，必先利其器。"导游员若没有过硬的语言能力，根本谈不上优质服务。也就是说，导游员若没有扎实的语言功底，就不可能顺利地进行文化交流，也就不可能完成导游工作的主要任务。这里所说的语言知识包括外语知识和汉语知识(或少数民族语言知识)，导游翻译人员也千万不要忽视汉语知识的学习和积累。

导游讲解是一项综合性的口语艺术，要求导游员应具有很强的口语表达能力。不过，导游员的口语艺术应置于丰富的知识内容之中，知识内容是土壤，口语艺术是种子，二者结合就能获得收成——良好的导游效果。

(二)史地文化知识

史地文化知识包括历史、地理、宗教、民族、风俗民情、风物特产、文学艺术、古建园林等诸方面。这些知识是导游讲解的素材，是导游服务的"原料"，是导游员的看家本领。导游员要努力学习，力争使自己上知天文、下晓地理，对本地及邻近省、市、地区的旅游景点、风土人情、历史掌故、民间传说等了如指掌，并对国内外的主要名胜亦应有所了解，还要善于将本地的风景名胜与历史典故、文学名著、名人逸事等有机地联系在一起。总之，对史地文化知识的综合理解并将其融会贯通、灵活运用，这对导游员来说具有特别重要的意义，这是一名合格导游员的必备条件。

(三)政策法规知识

政策法规知识也是导游员的必备知识，这是因为：政策法规是导游员工作的指针，指导导游员进行导游讲解、回答游客问题及与游客讨论有关问题；导游员是国家政策的具体执行者。政策法规是处理问题的原则，导游员要以相关的法律、法规正确处理旅游活动中出现的问题和事故；导游员必须遵纪守法，还要让游客，尤其是外国游客了解中国的法律、法规，遵守中国的法律、法规。

导游员应该牢记国家的现行方针政策，掌握有关的法律法规知识，了解外国旅游者在中国的法律地位以及他们的权利和义务。只有这样，才能正确地处理问题，做到有理、有力、有节，导游员自己也可少犯或不犯错误。

(四)心理学和美学知识

导游员的工作对象主要是形形色色的旅游者，还要与各旅游服务部门的工作人员打交道，导游工作集体中三个成员(全陪、地陪和领队)之间的相处有时也很复杂。导游员是做人的工作，而且往往是与之短暂相处，因而掌握必要的心理学知识具有特殊的重要性。导游员要随时了解旅游者的心理活动，有的放矢地做好导游讲解和旅途生活服务工作，有针对性地提供心理服务，从而使他们在心理上得到满足，在精神上获得享受。事实证明，向旅游者多提供心理服务远比功能服务更重要。

旅游活动是一项综合性的审美活动。导游员的责任不仅要向旅游者传播知识，也要传递美的信息，让游客获得美的享受。一名合格的导游员要懂得什么是美，知道美在何处，并善于用生动形象的语言向具有不同审美情趣的旅游者介绍美，而且还要用美学知识指导自己的仪容、仪态，因为导游员代表着国家(地区)，其本身就是旅游者的审美对象。

一名导游员若不懂得心理学和美学，不会在服务中熟练地运用心理学和美学知识，"向旅游者提供高质量的导游服务和旅游生活服务"只能是一句空话。

(五)政治、经济、社会知识

旅游活动是一种经济现象，也是一种社会现象。导游服务是旅游服务中不可或缺的组成部分，因而本身就具有重要的经济意义和社会功能。

由于旅游活动具有广泛的群众性、社会性，各类政治、经济、社会问题都有可能反映到旅游活动中来，旅游者所提的问题也往往涉及这些方面，因为他们很想知道旅游目的地的政治制度、风土民情、禁忌习俗、社会生活以及当前的热门话题。所以导游员掌握相关的知识，熟悉国家的社会、政治、经济体制，关心国家和世界大事，了解中国各民族以及身边的现实社会很有必要。

(六)国际知识

了解世界大事，熟悉客源国概况，尤其是客源国的文化、风土民情、礼俗禁忌、思维方式等，是导游员做好服务工作的必备知识。如果导游员熟悉旅游者的种种情况，就能有的放矢地提供优质服务，避免做出唐突之举。反之，可能会好心办坏事，有时还会置自己于尴尬境地，也使游客不悦。

导游员若熟悉两国文化的差异，就能及早向旅游者说明并讲明来龙去脉，使他们意识到是在异国他乡旅游，不可能事事都与自己的国家(家乡)相同，从而使其产生领略异国、异乡风情的游兴，对许多不解之处，甚至一些令人不愉快之处也能理解和谅解，并与导游员配合。

(七)旅行常识

旅游者在旅行游览期间必然会出现各种各样的问题。作为旅行游览活动"导演"的导游员掌握一定的旅行常识十分必要。旅行常识既广又杂，包括海关知识、交通知识、通信知识、卫生常识、生活常识、货币保险知识、旅游业务知识等。作为导游员，对此都应懂一点，这不仅方便工作，还可起到少出差错、事半功倍的作用。

(八)乡土知识

乡土知识即省情、市情等，一般包含本乡本土的地理位置、地貌环境、气候特征、人口民族、语言风俗、历史沿革、历代名人、城市定位、发展前景、文化教育、工商农业、旅游资源、工艺美术、土特产品等方面。地陪对本地乡土知识的讲解不同于全陪的概括性介绍，应当用详细而准确的数字和事例，充满自豪感地加以说明，这样可以使本地区在旅游者心目中留下深刻的印象。

案例2-5

一问三不知的导游员

小王是××旅行社新招聘的导游员，对所在城市游览点的导游词背得滚瓜烂熟，对自己的工作充满信心。

一天，他带领游客去游览岳王庙。在正殿，小王讲解道："这天花板上绘的是松鹤图，共有372只仙鹤，在苍松翠柏之间飞翔，寓意岳飞精忠报国的精神万古长青。"一游客听了后，就问小王："为什么是372只仙鹤，而不是371只或是373只？这有什么讲究吗？"小王倒是很爽快，回答说："这个我不清楚，应该没什么讲究吧！"来到碑廊区，小王指着墙上"尽忠报国"四个字，说这是明代书法家洪珠所写。团中一位年青人不解地问小王："为什么前面正殿墙上写的是'精忠报国'，而这儿却写成'尽忠报国'呢？"小王考虑了一会儿，支支吾吾道："这两个字没什么区别，反正它们都是赞扬岳飞的。"那游客还想些说什么，小王却喊道："走了，走了，我们去看看岳飞墓。"到了墓区，小王指着墓道旁的石翁仲讲解道："这三对石人代表了岳飞生前的仪卫。"游客们没有听懂，要求小王解释一下"仪卫"是什么，小王犯难地说："仪卫吗，就是为岳飞守坟的。"游客反问道："放几个石人在这儿守坟有什么用呢？"小王说："这个，我不知道。"

(资料来源：http://jpk.hbtvc.com/ldyy2010/ku/307.htm)

【思考题】 导游员为什么需要"上知天文，下知地理"？

【分析】 导游工作是一项与人打交道的工作，各种各样的人会提出各种各样的问题。不能一问三不知，有人说："导游，导游，上知天文，下知地理，无所不晓。"可见，对于导游员，知识面的要求有多高。当然，导游员不可能做到行行通，成为一个全能人物。但要多看书，不懂就问，使自己具备相当广的知识面。

三、较强的独立工作能力和创新精神

导游服务工作的独立性很强。导游员接受任务后，要独立组织参观游览活动，要独立做出决定、独立处理问题，要独当一面地工作。而且，导游员的工作对象形形色色，旅游活动丰富多彩，出现的问题和性质各不相同，不允许导游员工作时墨守成规，而是相反，必须根据不同的时空条件采取相应的措施，予以合理处理。因此，较强的独立工作能力和创新精神，发挥主观能动性和创造性，对导游员来说具有特殊的重要意义。导游员的独立工作能力和创新精神主要表现在下述四个方面。

(一)执行政策和宣传讲解的能力

导游员必须具有高度的政策观念和法制观念，要以国家的有关政策和法律、法规指导自己的工作和言行；要严格执行旅行社的接待计划；要积极主动地宣传中国、讲解中国现行的方针政策、介绍中国人民的伟大创造和社会主义建设的伟大成就；回答旅游者的种种问询，帮助他们尽可能全面地认识中国。

(二)组织协调能力

导游员接受任务后要根据旅游合同安排旅游活动，并严格执行旅游接待计划，带领全团人员游览好、生活好。这就要求导游员具有一定的组织、协调能力，要求导游员在安排旅游活动时有较强的针对性并留有余地，在组织各项活动时讲究方式方法并及时掌握变化着的客观情况，灵活采取相应的有效措施。

(三)公关交际的能力

导游员的工作对象广泛复杂，善于和各种人打交道是导游员最重要的素质之一。与层次不同、品质各异、性格相左的中外人士打交道，要求导游员必须掌握一定的公共关系学知识并能熟练运用，具有灵活性、理解能力并能适应不断变化着的氛围，随机应变处理问题，搞好各方面的关系。导游员具有相当的公关能力，就会在待人接物时更自然、得体，能动性和自主性的水平必然会更高，有利于提高导游服务质量。

导游员应具有相当的公关能力，这样在待人接物时会更自然、得体，更能发挥能动性和自主性，有利于提高导游服务质量。

(四)解决问题，处理事故的能力

分析、果断决定、正确处理意外事故是导游员最重要的能力之一。旅游活动中发生意外事故是在所难免的，能否妥善地处理事故是对导游员的一种严峻考验。临危不惧、头脑清醒、遇事不乱、处理果断、办事利索、积极主动、随机应变是导游员处理意外事故时应有的品质。

案例 2-6

某旅行社组织三国之旅，游客到达目的地后，入住星级宾馆，大家在餐厅用餐时，突然出现短时间停电。此时导游灵机一动，对游客说这是旅行社特意为大家准备的节目——烛光晚餐。在游客后来得知这是一次突发事件而引出的意外礼物后，纷纷给旅行社去信，感谢此次温馨之旅及导游的热忱服务。

(资料来源：http://www.exam8.com/zige/daoyou/fudao/200607/305119.html)

【思考题】 此案例给我们什么启示？

【分析】 由于导游的机智使不利因素化为有利因素。由电灯照明变为无奈的蜡烛照明，本来有许多不便，但当引入了"烛光晚餐"这个概念后，就充满了浪漫、温馨，变为另一种格调的享受。可以说"烛光晚餐"的渲染比任何苍白的解释和诚挚的道歉都有利，为此事平添了一份热情和幽默。

总之，一名合格的导游员应精干、老练、沉着、果断、坚定，应时时处处显示出有能力领导旅游团，而且工作积极、耐心、会关心人，体谅人，富于幽默感，导游技能高超。加拿大旅游专家帕特里克·克伦(Patrick Keren)在他的《导游的成功秘诀》一书中对导游员的条件做了精辟的总结：导游员应"是集专业技能和知识、机智、老练、圆滑于一身"的人。

导游业务

第四节 导游员的培训、考核与管理

一、导游员的培训

(一)导游培训的重要性

1. 企业发展的需要

影响企业发展的因素有外部因素和内部因素。在内部因素中,最重要的是资金和人力。旅行社是一个智力密集型的旅游服务型企业,在具有一定经济实力的情况下,人力因素便起着决定作用。

旅行社业务人员主要分成两类:一类为组合与销售旅游产品的人员,另一类为旅游接待人员,主要是导游员。这两类人员的素质如何直接关系到旅行社的生存发展,所以旅行社要通过各种途径培养他们,不断提高他们的思想素质与业务水平。

2. 适应市场竞争的需要

一个国家(地区)的旅游业、一家旅游企业能否在日趋激烈的竞争中生存和发展,关键在于是否拥有一大批具备很强竞争意识、勇于迎接各种挑战并善于灵活地处理问题的旅游从业人员。导游员是旅游服务质量提供者,也是旅游企业品牌效应的制造者,因此必须不断有计划、有组织地对导游员进行培训。

3. 导游员知识更新的需要

随着人类社会的发展、文化素养和生活水平的提高,旅游者将对旅游活动和旅游服务会不断提出新的更高的要求,要求导游员不断学习新的知识和导游手段,不断提高自身的文化修养和专业技能。这在客观上向旅游业提出了培训旅游经营管理人才的要求。

(二)导游培训的要求

1. 系统性

系统性是指要根据旅行社的管理目标,按照整体性、相关性和适应性的系统要求,建立起政府部门与企业相结合的导游培训体系。

2．实用性

实用性是指培训不是装饰门面，而是为了解决导游服务中存在的问题，提高导游服务的素质。所以培训内容和培训形式都应务实，能够为导游水平的提升产生积极作用。

3．激励性

激励性则强调培训必须有外在的压力和内在的动力，把"要我学"和"我要学"有机地结合起来，这需要有具体的培训制度作保障。

4．严格性

严格性强调培训必须高标准、严要求，严格培训，严格考核，考核不合格者不能上岗，切忌将培训视为走过场。

(三)培训的目标与计划

导游培训的总体目标是通过提高导游员的整体素质，以高素质的导游队伍形成高质量的导游服务，满足旅游者的要求。培训内容必须结合导游服务工作的范围与特点，结合导游员类别的特殊性，同时根据旅游业的发展趋势注重培训的超前性。

1．了解培训需求

首先要较为准确地掌握现有导游员的年龄结构、性别比例、从业时间及经历、受教育程度、导游技能及其在导游服务过程中的应用表现和旅游者的满意度等，然后结合企业人力资源规划总目标，提出培训计划。

2．制订培训计划

培训计划应包括重点目标、培训内容、培训形式和培训时间。

3．确定实施培训计划的各项政策措施

如确定师资、待遇以及经费的预算与来源，最后将计划交总经理批准后付诸实施。

(四)培训的内容

1．职业道德教育培训

职业道德教育培训的主要内容包括三个方面：马克思主义"三观"主义教育(世界

观、人生观、价值观)、社会主义"三德"教育(社会公德、职业道德、家庭美德)、旅游行业职业道德"三意识"教育(政治意识、服务意识、敬业意识)。

2．服务理念培训

服务理念培训实质上就是职业教育。其核心是让导游员明确在导游服务过程中应该提倡什么、反对什么、允许什么，以及为什么提倡、为什么反对等。这就深入到探讨一个行业的理念或一个企业的价值观问题，而价值观决定着一个群体和个体的行为。所以，培养员工树立正确的价值观、服务理念是培训的第一课，也是最重要的培训内容。通过这方面的培训，使导游员拥有正确的行业意识和从业意识。

3．服务技能培训

(1) 专业技术技能的培训。旨在培养导游员的操作技术能力，如清点客人人数、办理出入境手续、住宿手续、使用团旗和喇叭、清点现金、团费结算等技能。

(2) 组织协调能力培训。导游服务过程中需要协调的关系，主要有导游员之间的协作、导游员与景点、饭店、交通、餐馆、商店等部门的协作以及导游与旅游者之间的合作关系。

4．语言技巧培训

语言技巧培训包括外语和汉语的规范化教育，着重训练口语及书面语表达能力。具体训练内容有发音、口齿、用词、语速、语气、态度、姿势、手势等。这种培训一定要有针对性。

5．专业基础知识教育

导游员的角色要求他必须是个杂家，必须博学多识，如旅游学概论、旅游心理学、美学基础、旅游地理、导游业务、中国历史、中外民俗、世界宗教、中国艺术史、建筑、考古、中国的诗词歌赋欣赏以及法律基础和旅游法规等都要学习。当然，培训内容的确定可以结合旅行社的性质、经营范围、导游类别做重点选择。

(五)导游培训的形式

1．资格培训

资格培训目的是帮助学员获得导游资格证书。在培训中应避免"应试教育"，加强"素质教育"。导游员的起点高，导游队伍的整体素质就高，提供高质量的导游服务就有了人才素质基础。

2．岗前培训

岗前培训是一种职业化培训，要求获得导游资格证者在正式上岗前必须经过一段时间的职业培训。取得了导游资格证就意味着有了带团的资格，但由于他们毕竟还缺乏执行岗位工作规范与标准所必需的理念、意识、作风、业务知识和导游技能，因此，旅行社或导游服务公司必须对新导游进行职业化的教育培训，以使他们能尽快胜任工作。

3．岗位培训

岗位培训是上岗以后的培训。旅行社应根据导游队伍的服务状况及工作需要不定期地举办各种适应性强的培训。这种培训又被称为"补缺培训"，其针对性极强。对于导游队伍中出现的带有共性的问题，集中时间进行强化培训。

4．年审培训

年审培训是为了加强对导游员的管理而进行的培训。年审培训由所在地旅游行政管理部门举办，培训时间一般根据导游业务需要灵活安排。根据国家旅游局规定，每年的累计培训时间不少于 56 小时。

二、导游员的考核

这里所指的考核是针对在职导游员(包括专职导游员和兼职导游员)的，主要是考核他们的品德、学识、技能和业绩，作为导游员培训、奖惩和晋级的主要依据。

(一)专职导游员的考核

1．考试

根据国家旅游局的规定，在职导游员的晋级必须经过考试，高级导游员晋级到特级导游员，必须经过审核并对自己的论文进行答辩。

此外，旅行社为加强导游员的考核，也可按照不同等级导游员的职业标准，对导游员的语言、导游知识、专业知识和时事政策进行综合考试或分科考试，以了解和掌握每个导游员的业务水平，作为安排其培训的依据。

2. 年审

我国对导游员实行年审制度,每年组织导游员进行集中培训,结合导游员 IC 卡记录,对导游员在过去一年内的工作情况进行综合评价,以决定导游员是否合格,并将年审结果记入 IC 卡。年审通过的导游员可以继续从事导游工作,否则将被延期年审直至吊销导游证。

(二)兼职导游员的考核

1. 聘用时的审核制度

兼职导游员在与旅行社签订合同时,旅行社应对其所在单位的证明、导游资格证书、思想品质、有无民事行为能力、有无犯罪记录等情况进行审核、登记,以确定是否与其签订劳动合同。

2. 导游工作的考核

旅行社应建立兼职导游员的业务档案以便进行考核,以确定是否需要对他们进行培训或延期聘用。

三、导游员的管理

(一)国家对导游员加强管理的举措

1. 制定导游服务国家标准

从 1994 年开始,国家旅游局就将导游服务质量标准纳入国家标准制订项目计划,以建立一个尽量适用于各类旅行社在接待旅游者过程中所提供的导游服务的质量标准。1996 年 6 月正式施行的《导游服务质量》国家标准。

2. 完善四级监督管理体系

在现在的旅游质量三级管理体系的基础上,完善四级监督管理体系,即由国家旅游局质监所、省级旅游局质监所、市(县)旅游局质监所和旅行社的质量管理部门所组成的四级监督管理体系。其中旅行社的质量管理部门是质量管理的最基本单位,也是目前最需要加强和完善的。旅游行政管理部门的质监所通过检查、年审、旅行社质量保证金等制度对导游服务质量进行监控。

3．建立旅游者评议服务质量制度和投诉制度

旅游者是感受导游服务质量最直接也是最权威的评判者，因此建立旅游者评议服务质量制度是十分必要的。具体做法是导游员接待即将结束时，由导游员或旅行社向旅游者发放"征求意见表"，通过旅游者的评价，对导游服务质量进行监控。

4．实行计分管理制度

自2002年4月10日起，国家旅游行政管理部门对导游员实行计分管理(IC卡管理)，即把导游员在带团活动中可能出现的违规行为归纳为27种，并依据其情节轻重给予不同的扣分规定。导游员的计分管理办法实行年度10分制，由旅游行政管理部门派出检查员对导游员的服务工作进行现场检查，并根据检查结果核定扣分与否或扣分分值多少。

在对导游员的违法、违规行为进行计分的同时，还要按有关规定实施行政处罚，不能以扣分代替行政处罚。被扣分的导游员将获得检查人员为其开出的《导游人员违规通知单》。当导游证累计扣满10分或一次性扣10分时，检察员将现场扣留被处罚导游员的导游证，被处罚的导游员须凭《导游人员违规通知单》第三联带完此团后，到其发证机关接受处罚。

5．实行年审管理制度

年审以考评为主，考评的内容包括当年从事导游业务情况、扣分情况、接受行政处罚情况、旅游者反映情况等。按照省、自治区、直辖市旅游行政主管部门的规定和要求，年审由旅行社或导游管理服务机构根据上述考评内容进行初评。考评等级分为通过年审、暂缓通过年审和不予通过年审三种。

一次扣分达到10分的，不予通过年审；累计扣分达到10分的，暂缓通过年审；一次被扣8分的，全行业通报；一次被扣6分的，警告批评。暂缓通过年审的，通过培训和整改后，才可以重新上岗。

(二)企业对导游员加强管理的举措

在企业层面，旅行社必须认识到，导游员的导游服务质量关系到旅行社乃至国家旅游业的声誉，必须加强对导游员的管理，其管理工作主要包括以下几个方面。

(1) 加强培训与考核，确保旅游者的素质。

(2) 实行合同管理，强化导游员的责任感。

(3) 强化导游员的检查、监督体制。

(4) 建立优秀导游员评选机制和失职导游员淘汰机制。

案例 2-7

走上百家讲坛的女导游

赵英健，女，高级导游。11月4日，这位名不见经传的女子走进中央电视台《百家讲坛》这个成就了数位学术明星、讲坛大腕节目的录制现场，为观众讲述了"慈禧陵寝建造之谜"。机遇总是垂青有准备的人。赵英健说，东陵的一砖一瓦是我走上《百家讲坛》的阶梯。1991年10月，赵英健大学毕业后，到清东陵文管处当了一名导游员。由于是土生土长的遵化人，赵英健对东陵并不陌生。然而她清楚地记得，当自己第一次以一名导游的身份置身于陵群时，仍旧被清东陵那雄伟壮观、极尽华美的陵寝建筑和其间蕴藏的文化价值深深震撼了。赵英健暗下决心，要给游客一碗水，导游自己必须有一桶水。于是她一头扎进了清史知识的海洋里，孜孜不倦地挖掘清东陵的文化内涵，对清东陵每一阶段的历史都从多方考证，以增加自己对清东陵的认知和了解。有时为弄清一个历史问题、解开一个传说疑惑，她要翻阅《大清会典》、《清鉴纲目》、《昌瑞山万年统志》、《清史稿》、《遵化州志》等书籍。尤使赵英健难忘的是，2000年1月，清东陵申报世界文化遗产项目进入关键时刻。可就在联合国专家即将前来现场考察的时候，负责古代建筑介绍的工程师突遇车祸住院，遵化市委、市政府临时决定把古建筑介绍和清史介绍这两项任务一并交给赵英健。而当时离专家组来东陵仅剩下20天。20天的时间要准备好清东陵古建筑的全面汇报，要准确地介绍清东陵涵盖的清史资料，而且汇报工作的好坏直接影响着申报的成功。这让临危受命的赵英健感到空前的压力。但她没有退缩，勇敢地挑起了这副重担。20天的时间里，她夜以继日地工作。当时她患着重感冒，白天，她和领导们研究接待工作，晚上回到家，找个小诊所输液，而且边输液边翻书，有时累得不想睁开眼睛，就让看护的人念给她听……艰辛的努力终于有了回报。联合国世界遗产委员会专家、国际古迹遗址理事会秘书长让•路易•鲁迅在清东陵考察期间，赵英健将清东陵源远流长的历史和精美的古建筑有机地结合在一起，准确到位地将历史信息传达给贵宾。让•路易•鲁迅先生对清东陵的文物保护和管理工作非常满意，对赵英健的讲解汇报给予了高度评价，回国后专门写信来称赞"在清东陵给我留下了深刻印象的儒雅导游赵女士……"2000年11月30日，经联合国世界遗产委员会批准，清东陵等被正式列入世界文化遗产名录。

(资料来源：http://tieba.baidu.com/p/730489883)

第二章　导游员的概念及条件

【思考题】 成为优秀导游员的基本条件是什么?

【分析】 赵英健刻苦钻研，收集素材，一改导游员只能"背词"，不能言之有物的印象。作为一名优秀的导游员，具备一定的文化修养是最起码的条件。

知识拓展

1. 报名参加导游证考试人员的条件

具有高级中学、中等专业学校及以上学历，身体健康，具有适应导游需要的基本知识和语言表达能力的中华人民共和国公民，可以参加导游员资格考试。

2. 导游证申领程序

经考试合格的，由国务院旅游行政管理部门或者国务院旅游行政管理部门委托省、自治区、直辖市人民政府旅游行政管理部门颁发导游员资格证书。

取得导游员资格证书者，经与旅行社签订劳动合同或者在导游服务公司登记，方可持所订立的劳动合同或者登记证明材料，向省、自治区、直辖市人民政府旅游行政管理部门申请领取导游证。负责导游资格考试的旅游行政管理部门在收到领取导游证的书面报告之日起15日内颁发导游证，不予颁发导游证的，应当书面通知申请人。

导游证的有效期为3年。导游证持有人需要在有效期满后继续从事导游活动的，应当在有效期限届满3个月前，向省、自治区、直辖市人民政府旅游行政部门申请办理换发导游证手续。

3. 导游服务质量国家标准

这是将国际上导游服务的通行做法与我国导游队伍的实际情况相结合，并在充分吸收了旅游行政管理部门和国内各主要旅游企业多年对导游服务质量管理经验的基础上制定的，具有较强的可操作性。该标准主要是针对全程陪同和地方陪同两类不同的接待流程，来设置各自的服务内容、顺序和标准的，并分别对全陪服务和地陪服务提出了质量要求，从而使导游接待过程的规范有据可依，切实可行。

本章小结

本章介绍了导游员的概念和类别；论述了导游服务集体协作共事的方法，以及领队、全陪、地陪各自的职责；讨论了一名合格的导游员应具有的基本条件，以及加强对导游员的培训和考核的必要性和方法。其中,导游员分类、职责和条件是在本章的学习中应重点掌握的内容。

习 题

一、单项选择题

1. 取得中级导游员资格( )年以上,业绩突出的经考核、考试合格者晋升为高级导游员。

   A. 1年　　　　B. 2年　　　　C. 4年　　　　D. 5年

2. ( )即省情、市情等,一般包括本乡本土的地理位置、地貌环境、气候特征、人口民族等的介绍。

   A. 语言知识　　　　　　　　B. 史地文化知识
   C. 乡土知识　　　　　　　　D. 政策法规知识

3. ( )是合格导游员的首要条件。

   A. 爱国　　　　B. 敬业　　　　C. 守法　　　　D. 守信

4. 在某一条旅游路线,将地陪和全陪工作集于一身的导游是指( )。

   A. 领队　　　　B. 全陪　　　　C. 区域导游　　　　D. 地陪

5. ( )是接待旅行社的代表,是旅游接待计划在当地的执行者,是当地旅游活动的组织者。

   A. 全陪　　　　B. 领队　　　　C. 地陪　　　　D. 景区导游

二、多项选择题

1. 狭义的导游服务集体包括( )。

   A. 领队　　　　B. 全陪　　　　C. 地陪　　　　D. 司机

2. 导游服务集体具有协作共事的基础,因为他们的( )。

   A. 努力的目标相同　　　　　　B. 工作的对象相同
   C. 工作的任务相同　　　　　　D. 工作的方法相同

3. 旅游团队导游服务集体协作的方法主要有( )。

   A. 主动争取各方的配合　　　　B. 尊重各方的权限和利益
   C. 建立友情关系　　　　　　　D. 相互学习,勇担责任

4. 全陪的主要职责是(   )。
   A. 联络工作　　　　　　　　B. 组织协调工作
   C. 导游讲解　　　　　　　　D. 安全提示
5. 地方陪同导游员不同于全程陪同导游员的职责有(   )。
   A. 安排旅游活动　　　　　　B. 做好接待工作
   C. 导游讲解　　　　　　　　D. 维护安全、处理问题

三、名词解释

1. 导游员　　　　2. 全陪　　　　　　　3. 地陪
4. 领队　　　　　5. 自由职业导游员　　6. 高级导游员

四、简答题

1. 海外领队的主要职责是什么？
2. 导游员培训的重要性包括哪些？
3. 导游员必须掌握的一些主要知识包括哪些？

五、论述题

请谈谈导游员应具备的条件。

六、案例分析题

张某报名参加导游资格考试后，尚未取得导游资格证就与某旅行社联系，希望参加旅行社的导游实习。今年9月正值旅游旺季，该旅行社因导游员不够，就聘用张某充任导游员，被旅游行政管理部门查获，以其未经导游资格考试合格，擅自进行导游活动给予了罚款处罚。张某对处罚不服，认为自己并非擅自进行导游活动而是受旅行社聘用从事导游工作的，旅游行政管理部门处罚不当，遂向上一级旅游行政管理部门申请复议。

(资料来源：王红宝. 导游业务[M]. 杭州：浙江大学出版社，2010.)

问题：

(1) 张某的看法是否成立？为什么？
(2) 旅行社能否聘用张某从事导游工作？为什么？

第三章

导游员的文化修养知识

【学习目标】

通过本章的学习,掌握导游服务中的心理学知识、美学知识和礼仪知识,提高学生对相关理念、技巧和知识的应用能力。

【关键词】

心理学知识　美学知识　礼仪知识

导游实务

引导案例

把握旅游者心理

导游员小王拿到了旅行社的接团计划,这是一个农民旅游团。这是她第一次接团,为此精心梳妆打扮了一番,款式新颖、色彩艳丽的品牌服饰将她衬托得美丽、时尚。上午8点,小王按时接到了团队,热情友好地帮游客们提行李,将他们引导至旅游车上,但是她的热情并没有融洽团队的气氛,相反,团员们却显得非常拘谨。小王想凭借自己精彩的欢迎词来吸引游客,放松游客情绪,接近与游客的距离,融洽团队气氛。她热情洋溢地讲述着事先精心准备好的欢迎词,时髦的词句夹杂其中,但是她所做的这些非但没有达到目的,反而更是引起了游客的不满。游客的不满、不屑甚至烦躁的眼神让她手足无措。小王内心充满了委屈,但不知道错在哪里。

(资料来源:http://wenku.baidu.com/view/8f6cec92dd88d0d233d46a88.html)

导游工作的对象是千差万别的人,这要求导游员在充分了解所接团队心理特征的基础上,有针对性地提供导游服务。在本案例中,导游小王接待的是农民旅游团,接团时的形象准备和欢迎词的准备,都没有完全针对这种类型的团队进行相应的调整,在全体游客面前没有树立良好的形象,从而引起了游客的反感,给后续带团服务工作造成不利的影响。

第一节 心理学知识的应用

由于导游服务是面对面的服务,因此研究心理学对于提高旅游服务质量,为旅游者提供个性化服务有着重要意义。导游心理服务亦称情绪性服务,是导游员为调节旅游者在旅游过程中心理状态失衡所提供的服务。

一、旅游者在旅游初始、中间、终结阶段的心理特征及导游服务

(一)旅游者在旅游初始阶段的一般心理特征及服务

旅游者出门远行,离开了自己所熟悉的生活环境,其心理会发生显著变化。一般情况下,旅游者会对自己的旅行充满想象,对旅游服务充满期待。

第三章　导游员的文化修养知识

1. 对安全、方便的期待

旅游者带着美好的憧憬踏上旅途，一路上都会为正在经历和将经历的新鲜事而激动。但是一想到就要进入一个陌生的世界，又不免有些紧张，对于此行是不是一切都会非常顺利，似乎又多少有些怀疑。他们甚至担心自己会不会迷路，会不会有小偷等。

为了使旅游者的旅游活动能顺利进行，导游员在服务的初始阶段就要给予游客更多的关心，要设身处地地多为旅游者着想，尽量预见他们可能会遇见的困难，并及时给予帮助，使游客确立安全的信心，感觉生活的便利，让他们带着轻松愉快的心情去享受旅游中的种种乐趣。

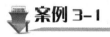

旅途缺乏安全感，游客获赔偿

据南国都市报报道，那一年2月，来自辽宁的顾先生和妻子一同来海南旅游，在海口市中国旅行社报名参加了三天两晚的豪华团。2月9日晚，在旅行社的安排下，顾先生夫妇入住三亚金宇海景酒店。据顾先生反映，当时导游黄女士告诫他们，"有人敲门不要开，有人打电话不要接，这样才能保证你们的安全。"凌晨1:30左右，有人敲门、有人打电话，他们都没理睬。后来，敲门声变成了撬门声，他们夫妇俩吓得不知所措。门开了，闯进一个男子，该男子见屋里有人，便匆忙离去。因为惊吓、生气，他们俩下半夜没敢合眼，一直坐到天亮，第二天再游景点，两个人已经变得毫无兴致。回到海口，他妻子就病倒了。

顾先生说，他们后来和黄导游一起找酒店，酒店人员说以为里面没有人，撬开门看一看是为了他们的安全。对这种说法，顾先生表示难以接受。十来天后，顾先生来到海南省消费者委员会，对撬门事件及旅途中存在的其他问题进行投诉，要求旅行社道歉并赔偿旅游费用、往返机票、精神损失费等各项费用共计11760元。

在海南省消委了解情况时，海口市中国旅行社书面表示，据该社了解，当时酒店工作人员因发现房门有一条明显门缝，所以打电话提醒客人关好门，后来在电话无人接听、敲门又没有动静的情况下，才撬门查看情况的。该社认为，酒店的出发点是好的，但其做法欠妥。对于此事对顾先生夫妇造成的影响，旅行社同意向顾先生夫妇道歉，并给予一定赔偿。同时，旅行社还表示，会吸取教训，在今后工作中保证不再出现类似事件。但是，双方提出的赔偿金额相距甚远。

经过海南省消委的多次调解，最终顾先生与旅行社达成协议，由旅行社道歉并一次性赔偿顾先生 2000 元。至此，顾先生终于为旅途中的"安全感"讨回了说法。

(资料来源： http://www.china.com.cn/chinese/TR-c/540639.htm)

【思考题】 为什么旅行社需要赔偿顾先生 2000 元？

【分析】 "没有安全，就没有旅游。"顾先生在旅游过程中，碰到了让他感到非常缺乏安全感的事。而顾先生终于获赔 2000 元，为旅游"安全感"讨回了说法。

2. 对服务态度的期待

旅游者在与导游员的最初接触中，不仅期待导游员会帮助他们解决安全、方便等方面的实际问题，而且还期待着导游员能成为他们的"知心人"，对他们态度和善、热情，在主客交往中获得亲切感和自豪感。

3. 对效果的期待

从心理学的角度分析，旅游者所购买的旅游产品是一种"经历"，属"无形"的产品。这种"经历产品"与其他产品一样有质量高低之分，只是"经历产品"的质量主要与游客在旅游经历中的心理感受相关。所以，游客每次旅游前，都会对此次旅游所涉及的旅游地、饭店、旅行社、旅游交通等旅游企业的服务充满一种朦胧的想象。如果旅游给游客带来了许多的亲切感、自豪感和新鲜感，他就会觉得这是一次非常愉快的经历，就会感到心满意足。如果旅游使游客感到厌倦、隔膜、孤独，使他感到"气不顺"，他就会认为这是一次很不愉快的经历，就会感到失望。所以，游客对服务效果的期待往往成了他衡量服务质量的一把尺子。

游客期待的感觉难以用准确的语言去描述，甚至游客本身也无法精确描述他所期待的服务究竟是什么样的。但他对服务的体验决定了他对旅游服务的评价。主客交往是旅游经历的重要组成部分，对旅游者的感觉往往能产生决定性的影响。许多旅行社、饭店、航空公司之所以能吸引众多的回头客，原因并不在于他们的设施有多么好，而在于这些客人与服务人员建立了融洽的主客关系。

案例 3-2

如何缓解游客不满情绪

刘小姐在西安 G 旅行社担任全陪，旅游团是为期三天的赴延安—壶口瀑布游。该

第三章 导游员的文化修养知识

团成员较特殊，他们都是第四军医大学59级的毕业生，四十年前的校友刚在母校进行联谊活动。因年龄都偏大，在接团前，社里就一再叮嘱导游服务要细致。在整个旅游过程中，刘小姐尽量做到细致入微，只是发生了一件小意外。旅游团共4辆车，在去壶口的途中，由于路不通，改走其他路线。但地陪不熟悉路线，有的车又先出发，因而在一个岔路口不得不停下来等其他车，这时客人表示不满，要求只等10分钟，10分钟后必须开车。此时气氛有点紧张，刘小姐就为客人主动表演节目，缓和气氛，同时组织大家唱陕北民歌。过了大约半个小时，其他车也跟了上来，客人也没有表示责难。在后来的旅游活动中，刘小姐主动搀扶客人，并为他们做了一些力所能及的事，博得客人的好感，后来客人专门为社里送了一面锦旗。

(资料来源：http://jpk.hbtvc.com/ldyy2010/ku/307.htm)

【思考题】 导游员小刘是怎样缓和气氛和矛盾的？

【分析】 导游员为缓和紧张气氛和矛盾冲突，"主动表演节目"，并组织大家唱陕北民歌，把枯燥的等待变成了愉快的联欢，结果当然是美好的。本案例的关键在于，导游抓住了问题的症结所在。客人之所以不满，是因为旅游的疲劳，等待的枯燥和时间白白浪费在与旅游无关的事情之中。试想，一群人花了钱是为追求一次美好的经历而来旅游的，但却由于非自己的原因被置于荒山野岭，不满绝对是情理之中的事。抓住了症结，矛盾当然就迎刃而解了。

(二)旅游者在旅游中间阶段的一般心理特征及服务

旅游服务中间阶段是导游员服务工作的重点。随着主客交往的逐步增加，彼此有了进一步的了解，开始相互适应。在这一阶段，导游员的服务水平将全面展示在游客面前，游客对服务质量有了更深的体验。同时游客也会在初始阶段的基础上，对导游员提出更全面、更具体、更具个性化的要求，做好中间阶段的服务工作，对游客的心理满足起决定性的作用。

1. 对主动服务的要求

游客在旅游活动期间，都希望导游员能主动地关心他们，理解他们，把他们当作是有血有肉的人，能主动提供他们所需的服务。所谓主动服务，就是要服务在客人开口之前提供，也叫超前服务。

导游员要有游客至上的态度，充分发挥主观能动作用，主动了解客人的需求和心理，认真观察需求变化，做到听声音、看表情，才能把服务做在游客开口之前。

2. 对热情服务的要求

游客都希望得到导游员能自始至终的热情、友好的服务，而且这种热情应该是真诚的和发自内心的。热情服务在工作中多表现为精神饱满、热情好客、动作迅速、满面春风。游客对导游员服务态度的评价，很大程度上是依据导游员是否热情、微笑和有耐心，特别对于导游员在非本职工作范围的"分外"热情服务和帮助，游客会感到更大的心理满足。

3. 对周到服务的要求

所谓周到服务是指在服务的内容和项目上，想得细致入微，处处方便游客，体贴游客，千方百计地帮助游客排忧解难。例如，在景区游玩，游客自由活动前，导游除了告诉游客集合的时间、地点，还提醒游客记住车牌号、车型及自己的手机号，甚至可以指出景区卫生间的位置。这样做使游客感到导游员是在处处为游客着想，服务细致周到。同时，也免去了多个游客分别来询问的麻烦，节省了游客的时间。

4. 对友好交往的要求

人们在社会中生活，必然相互交往。游客在旅游期间，面对新的环境，迫切想同其他游客、导游员进行友好的交往。这种友好的人际交往能使游客心情愉悦，主客关系融洽，从而使游客获得心理上的欢乐和享受。

融洽主客关系的关键是导游员必须尊重游客，并以此来赢得游客的尊重。导游员不仅要尊重那些表现良好的游客，而且对那些"表现不好"或"行为失当"的游客也要表现出尊重和耐心。导游员不能因为某些游客的素质低，就不注意自身素质的提高，可以说，越是低素质的游客越需要高素质的导游员为其服务。

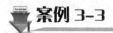

案例 3-3

导游员讲解，游客却在聊天

小徐是位刚跨出旅游学校校门的导游员，这次他带的是来自T地区的旅游团。上车后，与前几次带团一样，小徐就认真地讲解了起来。他讲这个城市的历史、地理、政治、经济，他讲这个城市的一些独特的风俗习惯。然而，游客对他认真的讲解似乎并无多大兴趣，不但没有报以掌声，坐在车子最后两排的几个游客反而津津乐道于自己的话题，相互间谈得非常起劲。虽然也有个别的游客回过头去朝那几位讲话的看一眼以表暗示，但那几个游客好像压根儿没有意识到似的，依然我行我素。看着后面聊天的几个游客，再看看一些在认真听自己讲解的游客，小徐竭力保持自己的情绪不受后面几位聊天者的影响。但是他不知道怎样做才能阻止那几位游客的聊天。

(资料来源：http://www.tvet.org.cn/szzyzs/20/aljx/alfx12_04.html)

【思考题】 导游员应如何劝阻游客干扰自己的讲解？

【分析】 作为导游员，当发觉旅游团中有游客不爱听自己的讲解时，首先应该反省自己：是自己讲解的内容游客不能听懂吗？是自己的讲解缺乏吸引力吗……如果说，自己在讲解的语言、内容、趣味性、技巧上都无懈可击，而仍有个别游客在其中干扰，则应该拿出良好的对策，而不该视而不见。因为放任这种干扰，且任其蔓延，将会影响到整个旅游团的旅游气氛。导游员不能当着全团游客的面用指责性的语气说："请后面的几位先生别再讲话，以免影响其他游客的听讲。"类似命令性的口吻或其他强制性措施不但无助于问题的解决，反而会令那些游客觉得导游让他们在其他游客面前失了自尊心而不满甚至愤怒；导游员可以用友好的、委婉的、商量的语气，加大嗓门跟那几位讲："对不起，刚才可能我讲话的声音太小，所以使得后面的游客不能听清楚。接下来，我把声音讲大一些，请问后面的游客能听到吗？"导游也可以边微笑边说："对不起，可能刚才我的讲解有些游客不感兴趣，这样吧，接下来，我讲一些大家都感兴趣的内容。"顿一顿再加大嗓门说："哎，后面的几位游客希望我讲些什么内容呢？"这样的发话，一箭双雕，既没有损害游客的面子，又可以阻止他们在车厢里谈天说地。

(三)旅游者在旅游终结阶段的一般心理特征及服务

旅游服务的终结阶段是指游客即将离去，导游与游客交往即将结束直至离开的这段时间。这个阶段是客人对旅游期间所接受到的服务进行整体的回顾和综合评价的阶段。怎样在这较短的时间里对自身的整体服务起到最好的补充作用呢？首先要了解游客此刻的心理，游客的心理是复杂的，如果导游员忽视了这个最后的服务环节，就无法使整个服务工作画上一个圆满的句号，也将使游客带着一些遗憾而离去。

1. 游客的心情既兴奋又紧张

兴奋是因为旅游活动结束后，马上要返回家乡，又可见到亲人和朋友，可向他们讲述旅游的所见所闻，同他们一道分享旅游的快乐。此时，由于游客情绪兴奋，头脑不是很冷静清晰，出发前经常容易丢三落四，忙中出错，导游员应设法平静大家的情绪并做好提醒工作。

紧张是由于想急切办完一切事宜，还有相当一部分游客表现出难以适应原来家乡社会的心理感受。这时，导游员应想法放松游客的心情，用旅游的快乐与回家的温馨来引导游客的感觉。把对游客诚挚美好的祝愿说得感人肺腑，让游客带着"服务的余热"踏上新的旅途，使游客产生留恋之情和再次惠顾之意。这样既树立了旅行社对外的良好社会形象，又扩大了潜在客源，势必就提高了旅行社的经济效益。

2. 游客会将旅游活动中所接受的各方面的服务进行回顾和评价

如果游客对此次旅游活动和所接受的各方面服务持肯定态度，他们会对当地产生依恋之情，希望有机会重游此地，或因此次旅游的良好印象，体会到旅游活动的极大乐趣，引发出他们再去别的旅游景点旅游的动机。如果游客对此次旅游活动和所接受的各方面服务感到不满，如导游员态度差；吃不好、住不好；产品质量差等，都会造成客人心理上极大的不快，这种不愉快的经历会长时间地保留在客人的记忆里，影响着客人及周围的人对旅游的兴趣。

旅游服务终结阶段是旅游企业和导游员创造完美形象，对游客后续行为施加重要影响的服务阶段。根据近因效应，人们在认知过程中，新近得到的信息比先前得到的信息对事物的认识起更大的影响作用。通俗地说就是对朋友的长期了解中，最近了解的东西往往占优势，掩盖着对该人的一贯了解。这种现象，心理学上称为"近因效应"。比如说，两位好了十几年的朋友可能会因为新近发生的一件不愉快的事，而忘却多年的友谊，反目为仇。所以，"近因效应"给导游服务的启示是，不能忽视旅游终结阶段的服务质量，不能因为临近散团而松懈自己，怠慢了游客，从而影响到客人对整个旅游服务的评价，造成前功尽弃。导游服务工作要自始至终追求完美。

二、不同旅游者的心理特征与行为表现

(一)不同性别的旅游者有不同的心理特征和行为表现

1. 女性旅游者的个性心理和行为

1) 谨慎

女性通常比较胆怯，做事小心，依赖心理较重，纪律感强，与导游员之间的配合程度较高。

2) 好倾听

女性喜欢被动接受信息，希望导游员多讲些东西。

3) 情感丰富

女性的感情波动往往比较大，自制力较弱，容易被导游员所讲述的故事或笑话所打动，遇到突发事件时表现较为慌乱。

4) 好购物

女性喜欢谈论商品的质量和价格，尤其是已婚中年妇女，家庭观念强，对家庭生活有关事物较留心，喜欢采购小物品，她们是购物的积极分子。

2. 男性旅游者的个性心理和行为表现

1) 开朗

男性心胸一般比较开阔，不计较小节，无论喜忧都可以很快摆脱，一旦与导游员建立伙伴关系后就能够给予很大的帮助。

2) 随便

男性在生活方式、仪表仪态等方面往往不够注重，行事言谈有些大意，也常常会疏忽一些不利因素而给导游服务增加难度。

3) 理智

男性的自主感较强，遇事喜欢且善于独立分析和判断，情绪波动影响较小，很难被导游员的三言两语打动。

4) 表现欲强

一般团队都有少数男性喜欢出风头、出点子，表现出"样样精通"，显示自己的勇敢和承担精神。对于参与型旅游活动的积极性很高，对被动型旅游活动则不太感兴趣。

(二)不同年龄的旅游者有不同的心理特征和行为表现

1. 少儿旅游者的个性心理和行为表现

1) 依赖

少儿旅游者的生理、心理发育均不成熟，无论在家庭还是学校中往往处于被支配者的地位，自立性与自律性均不强，习惯于接受指示，由导游员引导其言行为主。

2) 好奇

少儿旅游者的出游经验一般不太丰富，对于旅游目的地的方方面面都有着浓厚的兴趣，新鲜感和求知欲特别强，不会满足于导游员简单的讲解说明，但由于理解能力差，提问也会非常频繁。

3) 受外界影响大

少儿旅游者往往不善于控制自己的言行，容易受到外来冲击的影响。这些外来冲击可能是导游员的表扬或批评，也可能是突发事件，还可能是自己与他人的矛盾冲突。一旦冲击出现，少儿旅游者的游兴会出现极大的波动，导游员需要特别注意调整。

2. 青年旅游者的个性心理和行为表现

1) 好表现

青年人初涉社会，急于展示自己的能力和价值，在旅游中经常突出自己，热衷于独立性较高的旅游项目如探险、娱乐、潜水等，希望在导游员的安排下获得足够的注意。

2) 冲动

青年人的自我控制能力稍弱，情绪波动大，遇事不冷静，希望导游不要过多干涉自己的行为。

3) 幻想

青年人对旅游活动的不确定性和艰苦性往往认识不足，把旅游活动和旅游目的地想象得非常美好，期望值很高，到了实地以后常会感到十分失望。

3. 中年旅游者的个性心理和行为表现

1) 持重

中年人有着很强的自制力，很少冲动行事，喜欢在进行深入全面的思考后再采取行动，即使是对导游服务也很少直接发表评论意见，纪律观念也比较强。

2) 务实

中年人对现实利益看得很重，会认真权衡利弊，谨慎处理人际关系，对外表现和内心想法常会出现不一致的情况，也就是常说的"口是心非"。

3) 追求安逸

中年人对旅游的预期并不仅仅集中在活动项目上，而是对生活条件和娱乐活动的全面考察，他们看重与自己年龄身份相称的较舒适的享受，喜欢悠闲轻松的游览项目，不愿太劳累。中年人比较计较导游服务中微小但频繁出现的细节失误，希望通过旅游活动得到最大的放松。

4. 老年旅游者的个性心理和行为表现

1) 喜欢热闹

老年人比较怕孤独，在旅游过程中希望时时有人陪伴，对活泼、开朗、大方和幽默的导游员比较满意，经常主动与导游员以及其他旅游服务人员交谈。

2) 保守

老年人容易思古怀旧，一般比较固执，很难立即接受新生事物，他们要求导游员在行为上要不偏不倚、在仪容上要中规中矩、在安排上要合情合理，多迎合，少抵触。

3) 慢节奏

出于身体状况的考虑，老年人的行动比较缓慢，难以适应大运动量和快节奏的活动安排，追求闲散舒缓的活动项目。

(三) 不同国籍旅游者的心理特征和行为表现

东方人含蓄、内向，善于控制感情，往往委婉地表达意愿，东方人的思维方式一般从大到小、从远到近、从抽象到具体。

西方人开放、爱自由、易激动，感情外露，喜欢直截了当地表明意愿并希望得到肯定答复。西方人的思维方式一般由小到大、由近及远、由具体到抽象。

不过，同是西方人，不同国家的人在个性、心理特征上还是存在着很大差别的。

英国人：文雅友善，矜持内敛，幽默乐观，重法制、守秩序，绅士派头十足。

美国人：浪漫随和，性格开朗，自由开放，爱结交朋友。

法国人：天性快乐热情，谈吐风趣，乐于助人，待人彬彬有礼，衣着讲究，爱享受生活。

德国人：真诚可靠，不尚虚文，纪律严明，重诺言，讲究守时，踏实勤奋，注重仪表。

意大利人：热情好客，无拘无束，热爱生活，时间观念不强。

三、提供心理服务的基本要求

(一) 尊重旅游者的自尊心

自尊心人皆有之，是人最为敏感的心理状态。尊重人，就是要尊重旅游者的人格和愿望，就是要在合理而可能的情况下努力满足旅游者的需求，满足他们的自尊心。尊重在心理上的位置极为重要,有了尊重才有共同的语言,才有感情上的相通,才有正常的人际关系。

"扬他人之长,隐其之短"是尊重人的一种重要做法,在旅游活动时,导游员要妥善安排,让旅游者进行"参与性"活动,使其获得自我成就感,增强自豪感,从而在心理上获得最大的满足。

(二)调节游客的情绪

情绪会对人的言行产生影响,但情绪又是可调节的。情绪的产生跟人的心理需要有着密切的关系,它受客观条件的直接影响,也受个人生活方式、文化修养、宗教信仰等因素的制约和影响。

情绪是由特定的条件引起的,条件变化,情绪也随之变化。因此,情绪是短暂的、不稳定的、可以改变的。导游员要努力使自己成为旅游者情绪的组织者、调节者和支配者。

1. 组织游客

(1) 对游客身体能量变化的主动调节。乘旅游车观光旅行时,游客在旅游车中停留时间的最大量约为 45 分钟,超过这一时间导游员就应作一些调剂,将昏昏欲睡的游客的情绪调动起来。

(2) 旅途长、景色单调时对游客情绪的调节。旅游途中如景色单调、乏味或气候恶劣时,导游员应适当安排一些娱乐活动、否则游客很容易会感到无聊。唱歌一般很受欢迎。

2. 引导游客

旅游活动中,旅游者不仅是导游员的服务对象,也是合作伙伴,只有旅游者的通力合作,旅游活动才能顺利进行并达到预期的良好效果。为了获得旅游者的合作,一个很重要的方法就是导游员设法与旅游者建立正常的伙伴关系。

建立"伙伴关系"首先要在旅游者和导游员之间建立起正常的情感关系。导游员在与旅游者交流时应保持平行性交往,力戒交锋性交往,努力与他们建立融洽无间的关系,使其产生满足感。导游员诚恳的态度、热情周到的服务、谦虚谨慎的作风,让旅游者获得自我成就感等做法都有助于和旅游者建立情感关系。当然,旅游者、导游员之间的这种情感关系应是合乎道德的、正常明智的,绝不是无原则的低级趣味。并且,导游员应

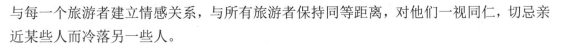

与每一个旅游者建立情感关系,与所有旅游者保持同等距离,对他们一视同仁,切忌亲近某些人而冷落另一些人。

导游员在导游服务时要善于引导游客,如一些重要的地方为什么不许拍照、不许你用喇叭,导游员要讲明原因,这样才会得到游客的理解和配合。

3. 说服游客

(1) 说服的形式必须使游客感兴趣。

(2) 说服的论据必须令游客信服。

(3) 导游员的建议应放在最后。

4. 注意无声语言与有声语言的运用

无声语言包括微笑、倾听等,导游员通过无声语言的发送和无言的心理疏导,可实现强化有声语言、沟通情感的功能,增强与游客间交际效果。

微笑是自信的象征,是友谊的表示,是和睦相处、合作愉快的反映。微笑是人所拥有的一种高雅气质,微笑是一种重要的交际手段,"微笑是永恒的介绍信",微笑是信赖之本。真诚的笑、善意的笑、愉快的笑能产生感染力,刺激对方的感官,产生报答效应,引起共鸣,从而缩短人们之间的距离,架起和谐交往的桥梁。

有声语言的使用应注意柔性化。"一句话能把人说笑,也能把人说跳。"导游员在与旅游者相处时必须注意自己的语言表达。一句话说好了会使旅游者感到高兴,赢得他们的好感;有时一不当心,甚至是无意中的一句话,就有可能刺伤他们的自尊心,得罪他们。

让人高兴的语言往往柔和甜美,所以称之为"柔性语言",柔性语言表现为语气亲切、语调柔和、措辞委婉、说理自然,常用商讨的口吻与人说话。这样的语言使人感到愉悦亲切,有较强的说服力,往往能达到以柔克刚的交际效果。

(三)消除游客的消极情绪

首先必须了解产生消极情绪的主客观原因,对产生消极情绪的因素了解得越详细、越透彻,就越容易解决问题,导游员的工作就越主动。调节旅游者的情绪,消除其消极情绪的方法很多,导游员要根据不同情况采用不同的方法。归纳起来,基本有以下三种。

1. 补偿法

从物质或精神上给予补偿,从而弱化或消除旅游者不满情绪的方法称为补偿法。

(1) 物质补偿法:在住房、饮食、游览项目等方面若不符合协议书上注明的标准,应给予补偿,并且替代物一般应高于原先的标准。

(2) 精神补偿法:因某种原因无法满足旅游者的合理要求,导致他们不满时,导游员应实事求是地说明困难,诚恳地道歉,以求得旅游者的谅解,从而消除旅游者的消极情绪;在无可奈何的情况下,可让旅游者(有时还要引导他们)将不满情绪发泄出来,待气消后,再设法向他们解释。总之,导游员要通过各种方法使有不满情绪的旅游者获得新的心理平衡。

2. 转移注意法

导游员应有意识地去调节旅游者的注意力,促使他们的注意力从一个对象转移到另一个对象的方法称为转移注意法。当旅游团内出现消极现象时,导游员就应设法用新鲜有趣的活动、新颖的事物和真挚的感情去刺激他们,或者用幽默、风趣的语言,诱人的故事去吸引他们,从而转移他们的注意力,忘掉或暂时忘掉不愉快之事,恢复愉快的心情。

3. 分析法

将造成旅游者消极情绪的原委讲清楚,并一分为二地分析事物的两面性及其与旅游者的得失关系的方法称为分析法。这种方法有时能消除旅游者的不满情绪。例如,对因某些特殊要求得不到满足而情绪不佳的旅游者,导游员要从"合理"和"可能"两方面加以分析。

(四)保持、提高旅游者的游兴

旅游者精神饱满、游兴很高并不时产生新的游兴,是旅游活动成功的基本条件,也是导游活动成功的一个重要标志。

1. 直观形象法

兴趣分直接兴趣和间接兴趣两类。直接兴趣是指景物的形象和知名度(如长城、桂林山水)以及特定意义的活动本身(如探险、风筝节)诱发的人们的兴趣。直观形象法就是借助视觉形象支调动旅游者的旅游兴趣的方法。兴趣与人们的好奇心密切相关,平淡的东西往往没有什么吸引力,因此被借助的视觉形象必须是新鲜的、奇特的。

导游员在利用新奇事物去激发游客游兴时,一要避免游览内容的重复;二要注意用同游客生活环境相异的事物。

2. 语言激励法

间接兴趣是指行动(例如导游员介绍新景点)的结果激起的兴趣。有些景物,在直观形象上不会引起游客的兴趣,却可以通过导游员准确生动的讲解,引发游兴。

因此,导游员应在导游讲解的技巧方面狠下功夫,这是因为灵活、幽默、富于联想的讲解是激发游兴的手段,真挚、适时、方法多样的讲解是提高游兴的法宝,而生动、形象、别具一格的讲解则是增添游兴的高招。在增添新的游览项目或不得已改变游览内容时,导游员的精彩介绍可促使旅游者对新景点或替代项目产生新的兴趣。

(五)提供个性化服务

1. 提供个性化服务的必要性

游客的需求是多层次的,这些高层次、深层次的要求,往往不是按标准操作的规范服务所能完全解决的。这样,就需要针对不同游客的不同需求特点,力所能及地为他们提供周到、细致的个性化服务。

2. 提供个性化服务的关键

提供个性化服务的关键,在于导游员心中是否有游客,眼中是否有"活儿",是否能主动服务。在导游服务工作中,提供个性化服务的机会很多,导游员的一句话、一个行动、一点超常服务,帮游客解决一些小事,常会使游客感激不尽。一名合格的导游员要善于了解游客的喜憎、好恶、困难、要求和期望,然后根据可能的客观条件主动提供服务,尽力满足游客的合理要求,解决游客的困难。"细微之处见真诚,莫因事小而不为"应是导游员的座右铭。

案例 3-4

圆了黄山梦

中国旅行社的小俞是一位优秀的导游员。一次,他带一个境外团由杭州赴黄山旅游。该团计划7月6日早上坐缆车上黄山,7月8日下午步行下山。在去黄山的途中,小俞了解到，团中有一位年过六十、行动不很方便的游客。在到达黄山那天，小俞主动找这位老先生聊天，意欲劝阻他上山，因为 7 月 8 日步行下山，这位老者肯定承受不了。但还没等小俞把意图说出来，这位老先生先道出了他从小就梦想登黄山赏奇景的夙愿，并说这次的目的就是圆他近半个世纪的黄山梦。然而，如果让这位老者和旅游团一起下山则势必耽误大家的时间，怎么办呢？

　　小俞和领队、地陪为此聚在一起商量，拿出了两套方案。晚饭后，小俞、领队等来到老先生的客房。小俞先把旅游团的行程计划介绍给老先生，并委婉地建议老先生上下山都坐缆车，但老先生听后有些不悦，他一定要登一回黄山。这时，小俞提出了第二套方案，提议老先生下山那天最后一个游览点不去，由自己陪他提早下山。老先生接受了这个方案。第三天，小俞带着这位老先生提前两个小时下山。一路上，石阶陡的地方，小俞就扶着老先生走，好走时，小俞边走边为他讲解黄山美景。走累了，两人就在石阶上坐一会儿。这样，走走停停，停停走走，等他俩快到山脚时，其他团员刚好和他们会合。回到饭店后，老先生把小俞叫到自己的客房，拿出 100 美元，硬是要塞给小俞，并说，这是他的一点心意，一定要小俞收下。小俞推脱不了，只好收下。旅游团行程结束后，小俞向旅行社上交了 100 美元，并汇报了事情经过。旅行社领导听后十分满意，不但表扬了小俞想游客之所想的举措，并当场决定奖励小俞 400 元人民币。

（资料来源：http://epaper.xplus.com/papers/xbxxb/20100324/n51.shtml）

【思考题】　小俞为什么获得了游客的赞扬？

　　【分析】　游客参加旅游团，主要目的之一是使自己身心愉悦。有的游客虽因身体年龄原因，行动不便，在别人看来难以完成某些游览项目或将连累他人，但游客自己并不一定这样认为；他们往往把完成这种在常人看来不能完成的事、征服在常人看来不能征服的困难，当作自我实现、自我升华的一种方式。因此，作为导游员必须掌握游客心理，然后依照服务宗旨，尽量满足游客要求。本案例中小俞既为全团游客所想，也为这位老先生着想，最终让游客圆了多年的黄山梦。处理方法两全其美，真不愧是一名优秀导游员。

第二节　美学知识的运用

　　旅游活动是一项寻觅美、欣赏美、享受美的综合性审美活动。人们到异国他乡旅游，愿望之一就是通过观光游览寻求不同于本地的自然、人文景观和社会风貌，从而欣赏和

第三章 导游员的文化修养知识

享受异域的自然美、社会美和艺术美。所以,旅游活动是一项动态的欣赏美、创造美的活动,不仅能满足人们爱美、求美之需求,而且还能起到净化情感、陶冶情操、增长知识的作用。

一、导游员与美的鉴赏、传递、创造

旅游是人类精神文化的需要,旅游能陶冶人的性情、发展个性,同时也能调节人的心理,净化人的心灵。导游员在服务过程中承担着传递和创造美的职责。

(一)导游员与美的鉴赏

1. 自然美

自然美则普遍存在于自然现象中。自然界的形、光、音、色造就了自然景观的形态美、光泽美、音韵美和色泽美。自然美的最大特点就在于它的形态,即它的形象、色彩、音响、动态和静态等。包含有雄、奇、险、秀、幽、奥、旷、野等的形象美;随季节、气候变化带来的色彩美,风声、雨声、泉声、涛声、鸟语构成的声音美;还有"大漠孤烟直,长河落日圆"的静态美以及"飞流直下三千尺"的动态美。

这些形态以明暗、浓淡、均衡、对称、秩序、宾主、节奏、韵律等体现出一种天然的和谐,在丰富多变中展示有形的统一,给人带来无尽的感受。

2. 艺术美

艺术美是经过人们的艺术创作活动,把现实生活中的自然美加以概括和提炼,集中地表现在艺术作品中的美。凡是由人创造的、与社会实践和文化相联系的景观,都可视为人文景观。人文景观是人类长期从事劳动实践和创造的结果,大致可分为历史人文景观、现代人文景观和风情人文景观。

以饮食文化为例,中国菜以其艳丽的色彩、诱人的香味、多变的味型、美观的形态、各具特色的器皿、好听的名称、应时的物料、有针对性的健身效果等方面完完全全地体现出了其美学特征。

(二)导游员与美的传递

旅游活动是一项寻觅美、欣赏美、享受美,熔文物、古迹、建筑、绘画、雕塑、书法、篆刻、音乐、舞蹈、园林、庙宇、服饰、烹饪、民情、风尚等于一炉的综合性的审美活动。导游员的作用之一,就是要把旅游目的地的自然美、艺术美传递给游客。

(1) 导游员要帮助外国游客了解中国人的审美观和中国各类景物的审美标准,正确地引导外国游客从不同角度欣赏中国的自然风光美和人文景观美。

(2) 导游员用生动形象的语言介绍中国的风景名胜和古迹,向旅游者传递美的信息。

(3) 导游员传递旅游文化,是一种最直接、最透明、最广泛的传递,在一定意义上讲也是美的传递。

所以,导游员的导游服务过程就是游客审美的过程,导游员要告诉游客什么是美,美在何处;导游员要懂得在恰当的时间通过恰当的方式把审美信息传递给适宜的旅游对象;而且导游员本身也是审美对象,是本旅行社、本地区、本国家的代表,是美的化身。

(三)导游员与美的创造

导游员导游讲解服务的过程同时又是美的创造过程。导游员应通过自己的导游讲解,力争使游客从一般的以生理快感为特征的"悦耳悦目"的审美体验,升华到以精神愉悦为特征的"悦心悦意"的审美层次,最终进入以道德和理性审美为特征的"悦志悦神"的至高境界。这就是说,导游员要通过自己的服务为游客创造美。

二、美学知识在导游服务中的作用

(一)有利于提高导游员的美学素养

1. 有助于导游员净化情感、造就优美灵魂

导游员比旅游者更多地接触自然的优美景观,几乎时时处处都在受着来自自然美景的洗涤和熏陶,导游员通过自身的审美意识,不断地进行有目的的自我调节,培养开朗、豁达的性情,达到摆脱世俗羁绊,获得心灵自由的目的。

2. 有助于导游员塑造良好的服务形象

因为导游员本身也是游客直接的审美对象,因此学习相关美学知识能够使导游员有目的、有意识地塑造良好的服务形象。游客对导游员的审美评价集中地体现在仪表美、风度美、心灵美和服务美四个方面,导游员就必须从这些方面入手,来塑造自己的服务形象。

(二)有利于导游员引导旅游者的审美意识

1. 审美需求

旅游观赏行为实际上是旅游审美需求的诱发结果,可以说审美需求是促使人们去从事旅游观赏活动的内驱力。

2. 审美动机

旅游审美动机泛指激发旅游审美行为的心理趋向,或者说是旅游审美需求过渡到旅游审美行为的心理中介。它具有一定的指向性,即对旅游目的地有着相对明确的偏爱与选择。从游客的偏爱和选择角度分析,旅游审美动机可分为景观审美型、艺术审美型、社会审美型和饮食审美型。对所有的旅游者而言,其动机都是多重的,因此导游员应该充分考虑到游客的多重需求,在旅游活动安排上力求细致周到、丰富多样,以期最大限度地满足游客的不同需求,达到创造最佳旅游市场机制的目的。

3. 审美个性

审美个性是个体经过具体多样的艺术和审美教育,并与个体的先天条件在其生活、职业与活动中同其审美观念、趣味和理想互相融合而创生的。

审美个性的差异性必然导致其类型的多样性,旅游者的审美个性大体可分为三种类型,即阳刚型、阴柔型和中间型。

4. 审美意识系统

从发生学角度看,审美意识是在现实意识的基础上产生的。通常以超越时空因果、趋向自由永恒为特征,是人们力图超越现实,摆脱外在世界法则和内在生活需求的控制,从而跃入自由的理想王国的重要心理途径。

从功能上看,审美意识能够唤起人的本来真知,恢复人精神不再受习惯势力的驱动或习惯生活方式的诱惑,不再处于昏然沉睡的惰性状态。

从基本内容上看,审美意识一般包括审美观念、审美趣味、审美理想、审美知觉和审美感受等彼此关联的五大因素。

从系统论的观点看,审美意识系统就仿佛是一种心理自我调节的流程,一般可分为准备阶段(包括审美态度、审美注意、审美经验)、实现阶段(包括审美知觉、审美理解、审美想象、审美意向与审美愉快)和成果阶段(包括审美观念、审美趣味、审美理想、审美情感和审美能力等)。

三、传递审美方法

导游员在带领旅游团时，在向不同层次、不同审美情趣的旅游者进行导游讲解时要尽可能地满足他们的审美追求，注意因势利导，正确传递审美方法，调节旅游者的审美行为。

(一)传递正确的审美信息

旅游者来到旅游目的地，由于对其旅游景观，特别是对人文景观的社会、艺术背景的不了解，审美情趣会受到很大的限制，不知其美在何处，如何欣赏。尤其是外国旅游者，他们的审美观同中国人的审美观差别较大，对中国旅游景观的美有时难以立即领会。

帮助旅游者在观赏自然景观、人文景观时，感觉、理解、领悟其中的奥妙和内在美是导游员的责任。因此，导游员必须掌握一定的美学知识，要对当地的文物古迹、社会风情有深刻的认识，帮助外国旅游者了解中国人的审美观和中国各类景物的审美标准，用生动形象的语言介绍中国的风光美景和名胜古迹，正确地引导他们从不同角度欣赏中国的自然风光美和人文景观美。如果导游员不仅懂得中国人的审美观和对景物的审美标准，而且还了解服务对象所在国(地区)居民的审美观和审美标准，并在导游讲解中进行比较，指出各自的特点和相互间的差异，这样导游讲解的层次就大大提高，必定会获得旅游者的欢迎。

(二)激发旅游者的想象思维

人们在审美赏景时离不开丰富而自由的想象，想象思维是审美感受的枢纽。人的审美活动是通过以审美对象为依据，经过积极的思维活动，调动已拥有的知识和经验，进行美的再创造的过程。每当人玩得最开心、最舒服、最有感慨的时候，往往就是人体各器官对美景的协同感受达到高潮而产生美感升华的时刻。

(三)灵活掌握观景赏美方法

观赏同一景物，有的旅游者获得了美感，有的却没有；有的人得到了最大的美的享受，有的人则感到不过如此。究其原因，除了文化修养、审美情趣和思想情绪诸因素外，还存在着观景赏美的方式方法问题。作为导游员，必须正确引导旅游者去观赏景物，既要根据旅游者的审美情趣和时空条件进行生动精彩的导游讲解，还要帮助旅游者用正确的方式方法去欣赏美景，只有这样，旅游者才能得到美的享受，导游活动才可能获得成功。

1．动态观赏和静态观赏

无论是山水风光还是古建园林，任何风景都不是单一的、孤立的、不变的画面形象，而是活泼的、生动的、多变的、连续的整体。随着观赏者的运动，空间形象美才逐渐展现在人的面前。旅游者漫步于景物之中，步移景异，从而使人获得空间进程的流动美。俗话说"游山玩水"、"移步换风景"，正表明了审美活动处于"动"的状态。

然而，在某一特定空间，观赏者停留片刻，作选择性的风景观赏，通过联想、感觉来欣赏美、体验美，这就是静态观赏。这种观赏形式时间长、感受较深，人们可以获得特殊的美的享受。例如，在浙江海宁盐官镇观看钱塘江涨潮时，在泰山绝顶观赏云海玉盘、黄河金带、旭日东升和晚霞夕照时，引人遐想，令人陶醉。

至于何时"动观"，何时"静观"，则应视具体的景观及时空条件而定。导游员要灵活运用，"动"、"静"结合，努力使旅游者在动之以情、情景交融中得到最大限度的美的享受。

2．观赏距离和位置(角度)

(1) 空间距离和角度。距离和角度是两种不可或缺的观景赏美因素。自然美景千姿百态、变幻无穷，一些似人似物的奇峰巧石，只有从一定的距离和特定的角度才能领略其风姿。例如，从长江游轮上观赏三峡胜景神女峰，远远望去，朦胧中看到的是一尊风姿秀逸、亭亭玉立的中国美女像。然而，若借助望远镜观赏神女峰，定会令人失望，看到的只是一堆石头，毫无美感可言。这就是由于观赏角度不同造就的不同景观。作为导游员，必须非常熟悉所游览的风景名胜的情况，带团游览时要适时地指导旅游者从最佳距离、最佳角度，以最佳方法去观赏风景，使其获得美感。

(2) 心理距离。观赏美景除掌握空间距离外，还应考虑心理距离。心理距离是指人与物之间暂时建立的一种相对超然的审美关系。适当的心理距离是审美活动的一项基本原则和显著特征。在审美过程中，旅游者只有真正从心理上超脱于日常生活中功利的、伦理的、社会的考虑，超然物外，独立地、自由地进入审美境界，才能尽情地享受美，真正获得观景赏美的愉悦。一个人若不能超然物外，就不可能在旅游赏美活动中获得美感。例如，恐海者不可能领略大海的波光粼粼、天水相连，或波浪汹涌、惊涛骇浪的美景。

3. 观赏时机

观赏美景要掌握好时机,即掌握好季节、时间和气象的变化。光照、时令和气候影响着大自然中的色彩美、线条美、形象美、音响美、静态美和动态美。清明踏青、重阳登高、春看兰花、秋赏红叶、冬观腊梅等都是自然万物的时令变化规律造成的观景赏美活动。

在运动中观赏美景时必须精确地掌握好时机,有些美景的观赏时间只有几分钟,甚至只有几秒,稍有疏忽就可能失之交臂,后悔莫及。这就要求导游员十分熟悉所游览的景点并把握好时机,才能帮助旅游者及时地观赏到绝妙的美景。

(四)调节观赏节奏

观赏节奏无定规,应视观赏内容、观赏主体的具体情况(年龄、体质、审美情趣、当时的情绪等)以及具体的时空条件来确定并随时调整。一般旅游者的审美目的主要是悦耳悦目、悦心悦意,是为了轻松愉快、获得精神上的享受。如果游览活动安排得太紧,观赏速度太快,不仅使精疲力竭的旅游者达不到上述观赏目的,还会损害他们的身心健康,甚至会影响旅游活动的顺利进行。因此,在安排审美赏景活动时导游员要注意调节观赏节奏。

1. 有张有弛,劳逸结合

导游员要根据旅游团的实际情况安排有弹性的活动日程,努力使旅游活动既丰富多彩又松紧相宜,让旅游者在轻松自然的活动中获得最大限度的美的享受。

2. 有急有缓、快慢相宜

在具体的审美活动中,导游员要视具体情况把握好游览速度和导游讲解的节奏,哪儿该快、哪儿该慢、哪儿多讲、哪儿少讲甚至不讲,必须做到心中有数。

3. 导、游结合

讲解是必不可少的,通过讲解和指点,旅游者可适时地、正确地观赏到美景,但在特定的地点、特定的时间让旅游者去凝神遐想,去领略、体悟,往往会收到更好的审美效果。

综上所述,导游员要努力当好一名导游,要从审美主体的实际情况出发,力争使观

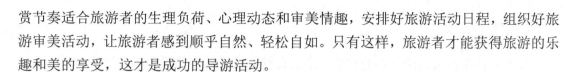

赏节奏适合旅游者的生理负荷、心理动态和审美情趣，安排好旅游活动日程，组织好旅游审美活动，让旅游者感到顺乎自然、轻松自如。只有这样，旅游者才能获得旅游的乐趣和美的享受，这才是成功的导游活动。

第三节　礼仪知识的运用

在旅游者心目中，导游员往往是一个地区、一个民族乃至一个国家的形象代表，因此，导游员在不断提高个人综合业务技能的同时，也应当自觉加强自身的礼仪修养。在旅游接待过程中，导游员应当遵照礼仪规范的要求向旅游者提供服务，这不仅有助于促进客我之间的友好交往，形成和谐友善的关系，而且直接反映了导游员的个人素质和职业道德水平。礼仪知识的学习和运用，有助于提高导游员的个人修养，提升旅游业行业形象。

一、导游个人礼仪

个人礼仪，又称私人礼仪，是导游员对自身形象方面所做的规范。导游员的个人形象在很大程度上也代表着企业形象或国家形象，因此应当遵循有关规范，注意个人形象。导游员个人礼仪的内容，主要包括仪容礼仪、仪表礼仪、仪态礼仪等方面。

(一)仪容礼仪

仪容礼仪是指导游员在社交场合应注意自己的仪容，给人以端庄、大方、整洁、美丽的良好形象。导游员要注重对自身形象的适当修饰，把干净利落、相貌端庄、精神饱满、充满活力的一面呈现给旅游者。

(二)仪表礼仪

仪表礼仪是指着装要整洁、美观、得体，并与自身形象、出入场合以及穿着搭配相协调。导游员的着装应符合其身份，要结合工作中具体的时间、场合和地点来综合考虑，同时也要方便导游员为旅游者提供服务。导游员的着装要与时间、时令、场合、习俗等相吻合，要符合自己的身份，同时根据不同的交往目的和交往对象选择服饰，给人留下良好的印象。

(三)仪态礼仪

仪态礼仪是指人们的姿态要优雅合适、自然得体、端庄稳重。仪态美是一种极富魅力和感染力的美,它能在动静之中展现出人的气质、修养、品格和内在美。在导游活动中,导游员要努力培养和保持端庄秀雅的姿态,古人云"站如松,坐如钟,行如风",这也是对导游员姿态的基本要求。

二、导游社交礼仪

在导游员的工作和生活中,社交活动成为其中不可缺少的重要组成部分,如迎来送往、介绍认识、参加宴会、安排约见等。掌握和恰当行使社交礼仪,可以加深自己在旅游者心目中的美好印象。

(一)名片礼仪

1. 传递名片

名片的传递或互换一般是在双方初次见面、相互介绍之后,名片应放在容易拿到的地方,如男士西装上衣的内侧口袋和女士的手提包内。传递名片时,为表示对对方的尊敬,应当双手递上;注意将名片的正面、下方朝向对方,便于对方查看;最好能在递名片的同时说些友好、客气、礼貌的话,如"幸会"、"请多指教"、"请多关照"之类,以拉近彼此的距离。

2. 接受名片

应双手接过对方递来的名片,并点头致谢。接受名片并认真看过之后,要当对方面认真收好,不能随意将他人的名片放在桌子上或裤子后侧口袋里。

3. 交换名片

交换名片的顺序一般是"先低后高,先幼后长,先客后主"。即职位低者先把名片递给职位高者,年轻者先把名片递给年长者,客人先把名片递给主人,再由对方予以回赠。如果地位高者主动先递名片,地位低者不必谦让,大大方方收下后回赠即可。没有名片回赠,需向对方表示歉意。交换名片时应双手递、双手接;双方互递名片时,应右手递,左手接。

(二)见面礼节

1. 握手礼

和新朋友握手时，应伸出右手，掌心向左、虎口向上，双方手部接触后持续 1~3 秒即可，如果是男士和女士握手，男士轻轻握住女士的手指部分即可，与多人握手时应按顺序分别握，不得与两人同时握手或交叉握手。

握手顺序一般遵循"尊者优先"的原则，主人、年长者、地位高者、女士等享有握手的主动权，一般由他们先伸手；客人、年轻者、地位低者、男士等见面时应当先问候，等对方伸手后再伸手握之。对方如果没有伸手，可以向对方点头以示敬意。平辈或朋友见面，先伸手显得更为礼貌。初次与旅游者见面，导游员应表示欢迎，主动介绍自己并与客人握手，面对异性旅游者时，点头致意即可。

2. 鞠躬礼

鞠躬礼源自中国，现在作为日常见面礼节已不多见，但盛行于日本、韩国和朝鲜，是那里的常礼。

3. 合掌礼

合掌礼亦称合十礼，佛教礼节，盛行于印度和东南亚佛教国家，泰国尤盛。

4. 拥抱接吻礼

拥抱接吻礼是盛行于西方、原苏联和阿拉伯世界的礼节。

(三)宴会礼仪

宴请是一种常见的社交活动，形式较多，主要有宴会、冷餐会、酒会、茶会等。在带团过程中，有些旅游团队或旅游者个人会接受或组织宴会，作为他们与地方同仁、朋友的交流机会，在这种情况下，导游员可能会被邀请参加宴会。如果是规格较高、比较正式的宴会，一定要遵循有关宴会礼仪的要求。

1. 宴前礼仪

导游员接到赴宴邀请后，最好弄清楚宴会的时间、地点、事由、参加人员，以及是否需要自己承担翻译工作。赴宴前，应修饰好自己的仪表，注重着装的得体和干净整齐。如有必要，可适当准备一些礼品。

2. 宴间礼仪

宴会正式开始后，要注意自己的举止，包括坐姿、用餐巾、喝茶、喝汤、夹菜、饮酒、吸烟等都要注意，总体原则是与宴会氛围合拍和不影响他人，具体有以下注意事项。

(1) 入席时按主人的安排就座，若旁边有女宾或长者，应先帮助她(他)就座，然后自己坐下。

(2) 主办方祝酒、致辞时不要吃东西，也不取食物，应停止交谈，注意倾听。

(3) 用餐时坐姿要端正，肘部不要放在桌檐；餐巾应放在膝上而不能挂在胸前，餐巾可用来擦嘴，但不能用来擦汗和鼻涕；口中有食物时不应讲话。吃有骨、刺的食物，不可将骨、刺吐在桌上，而应用餐具或手取出放在接碟里。

(4) 宴会当中应尽量不要吸烟。如果要吸烟且席间有女宾，必须先征得女宾的同意。

(5) 外套可脱下放在衣帽间或挂在椅背上，席间不要有脱衣的行为。

(6) 席间、饭后，不要当着别人的面剔牙，不要边走边剔牙，需要剔牙时，要用手或餐巾遮挡。

(7) 使用刀叉时注意不要碰击盘子，发出声响；吃东西时不要发出咂嘴等声音；不要伸舌舔嘴。

(8) 喝汤和咖啡时不用嘴啜；汤和咖啡太热，可待稍凉后再饮，可用匙轻轻搅，但不能用嘴吹；喝汤不能就着盆喝，而要用匙，但喝咖啡时不用匙，而是直接喝，小匙只用来搅拌咖啡，让糖溶化。

(9) 宴会上一般都有酒水，席间可敬酒、祝酒，但不劝酒，更不要强行灌酒。向别人敬酒时，身子要端正，双手举杯，待对方饮时方可跟着饮。遇到宴会主办者前来敬酒，应当回敬。饮酒量要适度，不胜酒力的，应用淡酒、饮料象征表示。席间不得猜拳行令、吵闹喧嚷。

(10) 正式宴会由侍者布菜，不要拒绝送来的菜，实在不爱吃的菜尝一两口后可将其留在盘中；若自己取菜，待侍者走到左边时方可取菜。家宴时，主人送上的菜，即使不喜欢，也不要坚决拒绝，最好各样菜都取一点，让主人高兴。冷餐会上，自取的食物不宜过多，应吃完后再取。

(11) 席间碰翻酒水，打碎餐具、掉落餐具时，不要手忙脚乱，也不要自己处理，而应让侍者收拾、调换餐具，但要对邻座道声"对不起"。

(12) 西餐桌上的食物一般都使用刀叉进食，但小萝卜、青果、水果、点心、炸土豆片、田鸡腿及面包等可用手取食。

(13) 席间、饭后，不要忘记赞美酒菜、点心，特别对主人亲自做的菜点更要赞美几句。

(14) 席间、饭后宜谈些令人愉快、格调高雅的话题。

(15) 女士不要在餐桌上化妆，需补妆应去洗手间。

(16) 以翻译身份赴宴要注意：不得喧宾夺主，不要自己向客人祝酒，不随意为客人布菜；嘴里不要放过大、过多的食物，要时刻准备好做翻译工作；不得边翻译边吸烟。

3．退席礼仪

入席就餐后，最好不要中途离去。若有急事需离席应向主办人说明情况并表示歉意，然后向本桌客人点头示意告别。宴会结束时，应与主办者话别，与其他客人道别。如果结束时主办方有礼品赠送，应高兴地收下并致谢。

(四)电话与手机礼仪

1．注意事项

(1) 手机是导游员重要的通信工具，从拿到出团计划到带团结束时应24小时开机，保证能够随时接到工作电话。同时要带好备用电池，避免因为漏接电话而误事。

(2) 如果是做出境游领队，应提前开通国际漫游，便于及时与计调人员联系，及时解决问题。如在境外换了电话卡，应及时告知计调部，以便保持联系。

(3) 在车上讲解时有旅游者接、打电话，应停止讲解，如果旅游者聊的时间太久，应婉转地说："我可以开讲了吗？"不要以命令的口吻叫旅游者停止接、打电话。

(4) 行车途中，应提醒司机尽量不要接听电话，保证行车安全。

(5) 打电话要注意时间与空间的选择。没有紧急情况时最好选择以下时间段打电话：上午8:30～11:30，下午1:30～5:00，晚上7:30～10:00。避免对方在用餐或休息时受到打扰。要掌握通话时间，打电话前先想好要讲的内容，以便节省通话时间，不要"煲电话粥"，遵循"3分钟"原则，一次通话不应超过3分钟。空间的选择是指要在相对安静的地方通话，否则对方会听得很吃力。

2．导游带团过程中的接听电话礼仪

(1) 接听前向周围旅游者道一声"对不起"，不打招呼而随意中断与旅游者的交流显得不礼貌。

(2) 如接听的是与工作有关的电话，要长话短说，尽量不让旅游者等候太长时间。

(3) 如接听的是与工作无关的电话，要请对方在合适的时候打来，或待会儿再给对方回电，不能影响带团工作。

案例 3-5

不能说"不"

秋季的一天，北京的导游员郭先生陪同一个十多人的美国旅游团去八达岭长城游览。大家在长城玩得很开心。下午参观完定陵后，有些客人提出要继续参观长陵。郭先生告诉他们旅游计划上没有安排，况且时间也不够用，所以不能满足他们的要求。那些客人听后，不以为然，仍坚持要去长陵，并讲自己另付门票也愿意去。经与司机商议后，郭先生同意了客人的要求。由于去长陵游览了，晚饭很晚才吃上，但那些客人没有怨言，仍要求在适当的时候再去慕田峪长城游览。这回郭先生没有像上一次那样直接拒绝他们的要求，而是对他们说，可以去与旅行社联系一下，尽量满足大家的要求。第二天，他对客人讲，已经与旅行社联系过了，由于旅游日程安排太紧，无法抽出时间去慕田峪长城游览，希望大家谅解。客人见他确实为此事尽了心，便没有坚持去慕田峪长城。

(资料来源：http://bbs.tianya.cn/post-147-533568-1.shtml)

【思考题】导游员应如何把握游客的心理？

【分析】导游员不能对游客直接说"不"，因为那很容易伤害游客的自尊心，会使他们感到导游对工作不负责任；要表现出尽心的姿态，并通过行动让游客看到，导游确实是在为他们提出的要求而努力。

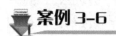

案例 3-6

善意的"谎言"

某年夏季的一天，北京的导游员廖先生带着一个10人的加拿大旅游团在城内游览。当车行驶到长安街时，一位客人指着街道上方悬挂的彩旗询问，那些彩旗是欢迎何人的？廖先生因不知道那天有哪国的贵宾来访，此前又没有经过悬挂来访国国旗的地方，便说："今天有一个从加拿大来的旅游团访问北京，这些彩旗是专门欢迎他们的。"大家先是一愣，然后恍然大悟，开怀大笑，纷纷鼓起了掌。

第三章 导游员的文化修养知识

在去往颐和园的途中,一位游客嫌车速太慢,要求司机开车加速超车。廖先生连忙用手指着一位警察说:"那可不行,要是让警察看到了,不但要吊销司机的驾驶证,还要把我作为责任人带走,罚我的钱。那么谁还敢给你们导游啊!"听完他的话,那位客人连连点头。

当到了一个公园吃晚饭时,司机师傅告诉廖先生,最近那里的治安不好,曾有旅游团的汽车被盗,所以请客人下车时把自己的照相机带下去。廖先生想,直接告诉大家容易引起紧张情绪,而且有损首都的形象。于是他对客人们说:"今天我们要在一个景致优美的公园里吃晚饭,吃完饭司机师傅还要去加点汽油,我们可以利用这段时间拍拍照。"听他一说,大家连忙拿起了准备留在车上的照相机。

(资料来源:http://bbs.tianya.cn/post-147-533568-1.shtml)

【思考题】 导游员廖先生为什么说这些善意的"谎言"?

【分析】 为了更好地完成任务,导游员在接待过程中偶尔说上几句善意的谎言并不为过,有时还会产生一些意想不到的效果,使事情更容易处理。因为使用这种技巧的目的,不是为了欺骗游客,是为了减轻游客的心理负担和不必要的纠缠。当遇到客人的某些要求不能满足又不好讲明原因时,最好使用这种方法。使用时要注意技巧,必要时还要加上一些幽默的语言。

知识拓展

1. 不同气质旅游者的心理特征和行为表现

稳重型旅游者通常有着较高的文化修养和社会地位,在旅游活动中钟情于欣赏文化内涵较深的景观,多静少动,好思寡言,追求旅游的意境与品位。导游员应该牢牢掌握科学性的原则,讲解正确,态度诚恳,尊重但不讨好他们,语言上避免轻佻,内容上适当扩大历史知识和文学知识的分量。

活泼型旅游者生性开朗乐观,喜欢集体活动和参与性强的游览项目,偏爱风光秀美、风格欢快的旅游景点。导游员在服务时要增强趣味性,亲切自然,平易近人,多讲故事和传说,少说理论和观点。

忧郁型旅游者重感情而轻知识,重细节而轻整体,很多时候宁愿自己静静地欣赏,也不希望导游员喋喋不休地说个不停。导游员在服务前要制订严密的工作计划,确立明确的主题,与之相处时加强感情交流,同时适当保持距离,不要过多干涉他们的活动。

急躁型旅游者好动不好静,好观赏不好思索,好独自活动不好集体游览。导游员要密切注意他们的动向,抓住他们的兴趣点来开展带团服务,以诱导而不是强迫的方式使其融入旅游团队的整体之中,消除他们可能造成的分离倾向。

2. 穿着西服的注意事项

穿着前,西装必须熨烫平整,西装袖口处的商标必须去除。穿着时,西装里面必须搭配衬衫、领带,且三者的颜色以不超过三种为宜;双排扣西装在任何正式场合都应扣上纽扣,单排扣西装最下方的一粒纽扣一般不扣;除了上装的内插袋,西装衣裤的其他口袋尽量不要放置物品;衬衫的所有纽扣必须扣好,领口应略高于西装领口,袖口要长于西装袖口 1~2 厘米,衬衫下摆应塞进裤内。女导游如果着套裙,也要注意几个问题:大小应当合身;裙长应当合理;衣扣应当全部扣好;颜色以冷色和素色为好。

本章小结

本章介绍了导游服务中的心理学、美学、礼仪知识,导游员要能够把握旅游者心理,正确引导其审美,要有良好的礼仪素养。

习　　题

一、单项选择题

1. 偏爱风光秀美、风格欢快的旅游景点,喜欢集体活动和参与性强的旅游项目的旅游者多属(　　)。

　　A. 稳重型　　　B. 活泼型　　　C. 忧郁型　　　D. 急躁型

2. "不识庐山真面目,只缘身在此山中"说的是观景赏美中(　　)的道理。

　　A. 观赏时机　　B. 观赏距离　　C. 观赏角度　　D. 地理距离

3. 下列导游员的服务礼仪中,不正确的是(　　)。

　　A. 文明着装　　　　　　　　　B. 晚上 12 点给游客打电话

　　C. 默数法清点人数　　　　　　D. 与游客保持良好的"视觉交流"

第三章　导游员的文化修养知识

4. 下列对使用握手礼的叙述不正确的是( )。

   A. 一般是女性，年长者或客人先伸手示握

   B. 导游与游客再见面致意或离别欢送时常使用握手

   C. 不要隔人握手或隔门握手

   D. 握手时双方一般应站立，双方手部接触时间约为1~3秒

5. 下列属于法国人的个性和心理特征的是( )。

   A. 开朗，大方，爱结交朋友　　B. 喜自由，易激动，爱享受生活

   C. 热情，无拘无束，热爱生活　　D. 踏实，勤奋，不尚虚文

二、多项选择题

1. 导游员引导旅游者欣赏应提醒旅游者注意观赏的距离和位置，其中包括旅游者与观赏对象之间的( )。

   A. 空间距离　　B. 观赏角度　　C. 心理距离　　D. 观赏时机

2. 老年旅游者的个性心理和行为表现主要有( )。

   A. 喜欢热闹　　B. 保守　　C. 慢节奏　　D. 追求安逸

3. 男性旅游者的个性心理和行为表现主要有( )。

   A. 谨慎　　B. 开朗　　C. 随便　　D. 好购物

4. 少儿旅游者个性心理和行为表现主要有( )。

   A. 依赖　　B. 好奇　　C. 表现欲强　　D. 受外界影响大

5. 为了满足旅游者的审美需求，导游在调节旅游者审美行为时可运用的方法有( )。

   A. 传递正确的审美信息　　B. 激发旅游者的想象思维

   C. 灵活掌握观景赏景方法　　D. 保持旅游者身心健康

三、简答题

1. 旅游者在旅游中间阶段的一般心理特征及服务是什么？
2. 简述稳重型旅游者的心理特征和行为表现。

四、论述题

谈谈导游员如何保持和提高游客的游兴。

导游实务

五、案例分析题

一旅游团乘火车抵达重庆时天空下着细雨,游客下车时的表情得很糟糕,言语中透露出:真倒霉,又遇到这样的鬼天气。显然游客心情不怎么样。

(资料来源:http://www.51test.net/show/478978.html)

问题:

导游员如何消除旅游者的消极情绪?

第四章

旅行社、饭店及旅行常识

【学习目标】

通过本章的学习，了解旅行社的类型，熟悉旅行社业务流程；掌握旅行社的主要业务；熟悉散客旅游的含义及其与团队旅游的区别；了解散客旅游的特点；掌握旅行社提供的三种散客旅游服务方式；掌握组团业务和地接业务、入境旅游业务与出境旅游业务的区别；熟悉旅行社旅游产品及其类型；熟悉导游员在旅行社业务中的重要性。熟悉饭店的含义与功能；了解饭店的类型与等级；了解饭店主要接待部门；掌握VIP的含义。掌握不同交通运输类型的相关知识；熟悉旅游口岸；熟悉出境知识；熟悉货币知识；熟悉保险知识与出险处理程序；掌握急救、护理常识。

【关键词】

旅行社知识　饭店知识　旅行常识

导游实务

引导案例

某国际旅行社领队小李带领旅游团前往泰国旅游,旅游团安排在上海浦东国际机场出境。在准备办理出境手续时才发现旅行社代办的游客的护照上没有泰国的有效期签证,旅游团不能出境,小李只好带游客返回。造成严重的经济损失并严重影响了旅行社声誉。

(资料来源:陈巍. 导游实务[M]. 北京:北京理工大学出版社,2010.)

此案例告诉我们,导游员必须掌握有关的出入境知识,做好万全准备,这样才能避免出现上述状况而影响团队的行程。

导游员接受旅行社的委派,从事导游接待任务,其服务的好坏直接反映了旅行社服务质量的高低,也直接影响到旅行社与旅者之间合同的履行,因而导游员与旅行社有密不可分的关系。作为导游员,了解旅行社的业务流程及主要产品,对导游工作的正常开展有着重要的意义。此外,导游员带团在外,旅途中经常会遇到饭店、交通、入出境、货币、保险、急救等方面的问题,这些知识也是应该掌握的,是导游员做好自己的工作所必需的。

第一节 旅行社知识

通常意义上所说的旅游业是指以旅游资源为凭借、以旅游设施为条件,为满足旅游者不断增长的物质、精神、文化、休闲、消费需求,向旅游者提供旅行游览服务的行业。因此,服务的现代化、综合性,是今后旅行社生存和发展的内在要求和必然趋势。广义的旅游业,除了专门从事旅游业务的部门以外,还包括与旅游相关的各行各业。狭义的旅游业,在中国则专指旅行社、旅游饭店、旅游车船公司以及专门从事旅游商品买卖的旅游商业等行业。

一、旅行社的分类

旅行社是从事旅游业务的企业。由于各国旅行社行业发展水平和经营环境的不同,世界各国旅行社行业分工的形成机制和具体分工状况存在较大的差异。国际上,旅行社行业通常有三种分工体系,即垂直分工、水平分工以及混合分工体系。

欧美国家的旅行社基本采用垂直分工体系,一般分为旅游批发商、旅游经营商和旅游零售商三类。旅游批发商也称批发旅游经营商,主要从事组织和批发包价旅游业务。他们与饭店、交通运输部门、旅游景点及包价旅游所涉及的其他部门签订协议,预先购买这些服务项目,然后根据旅游者的不同需求和消费水平,设计出各具特色的包价旅游产品,通过旅游经营商与零售商在旅游市场上销售。旅游经营商通过对旅游者的旅游需求、爱好、消费水平的调查,预测旅游市场及旅游产品需求的发展趋势,设计组合满足市场需求的产品,并通过旅游零售商在旅游市场销售。旅游零售商是旅游经营商与旅游者之间联系的纽带。其主要业务是向旅游者提供旅游咨询,销售旅游经营商组合的旅游产品。

日本的旅行社业在其发展的历史中,在政府干预下用法律的形式确定垂直分工和水平分工并重的混合分工体系,即旅行业和旅行业者代理业两类完整的服务体系。第一种旅行业指经营日本本国旅客或外国旅客在日本国内旅行以及海外旅行。第二种旅行业是指旅行社仅能经营日本本国旅客及外国观光客在日本国内旅行。而旅行业者代理业依各自所代理的旅行业者经营权限的不同,也分为第一种旅游业代理和第二种旅游业代理两类。

由于历史原因,我国的旅行社长期以来采用水平分工体系。所谓"水平分工",是指由执行同一职能的旅行社按照服务的市场和经营的范围划分而成,在这样的分工模式下,无论旅行社的大小,它都必须具备从线路设计、交通、酒店采购、销售、组团等一整套功能机构来设置。

我国旅行社分类制度的演变历程至今经历了三个时期:1985 年《旅行社管理暂行条例》颁布后我国旅行社真正开始市场化进程,旅行社行业才有了法律意义上的分类制度,1985—1996 年,根据接待来华旅游者的类别旅行社分为一类社、二类社、三类社;1996 年《旅行社管理条例》出台后,旅行社又分为国际社、国内社两类,国际社可以经营出境旅游、入境旅游和国内旅游,国内社只能经营国内旅游;2009 年《旅行社条例》出台,旅行社均按其资本规模和经营范围划分为两类:一是可经营入境旅游与国内旅游的旅行社,二是经国家旅游局批准,在原来经营范围的基础上,增加出境旅游业务的旅行社。

二、旅行社业务流程

旅行社的经营业务操作是旅行社全部工作的主体和中心,也是旅行社日常运作的基本内容和形式。旅行社业务的操作流程一般分为市场调查和目标市场选择、设计和促销旅游产品、销售旅游产品、组织实施合同标的、旅游接待以及善后管理六个环节。

(一)市场调查与目标市场选择

市场调查是指对某一产品进行有关市场营销问题的系统调查研究。它是旅行社了解旅游市场的重要方法，也是旅行社进行产品设计、生产和销售活动的先决条件。市场调查不仅是就某一问题的解决收集必要的信息资料，而且包括对该问题和所收集的信息进行系统分析和详细研究，从而做出有关产品开发、产品、价格、销售渠道、产品促销等方面的营销决策。做好市场调查，可以有效地提高旅行社的决策能力，改善经营管理，减少决策失误，提高经济效益。

(二)设计和促销旅游产品

设计旅游产品是旅行社的一项重要业务。旅行社的旅游产品一般有两种，一种表现为旅游线路的综合产品；另一种表现为单项服务的单项产品，如导游服务、订房服务、租车服务等。旅游产品的设计更多地体现为旅游线路的设计，是对餐饮、住宿、交通、旅游景点、娱乐、购物等产品原料进行分析、选择和组合的过程。促销旅游产品是产品实现价值的手段，是旅行社通过广告、公关、人员推广、销售渠道等促销组合，迅速将产品信息传递给旅游消费者和旅游中间商，并促使他们购买该产品的策略和方法。

(三)销售旅游产品

销售旅游产品是市场营销的目的。销售的根本任务是向旅游者提供旅游产品，满足旅游者的需求。在旅行社销售旅游产品的工作中，主要有对外报价、业务洽谈和签订合同等基本业务。销售旅游产品的方式主要有门市销售、同行销售、网络销售、媒体销售等。

(四)组织实施合同标的

组织实施合同标的，就是旅行社根据合同标的，对旅游者的食、住、行、游、购、娱等进行具体的组织落实，选择、安排目的地接待社和导游员，制订和下发接待计划。这在旅行社的日常工作中称为计调。计调的目的就在于加强与各接团社的联络和协作，安排活动日程，确保各地的交通工具、食宿、游览活动项目、专项服务等与合同相符，保证合同标的的实施。

(五)旅游接待

旅游接待是旅行社的直接生产过程，是旅行社的重要业务之一。其主要任务是按照事先签订的旅游合同，对旅游者在整个旅游过程中的食、住、行、游、购、娱等项活动提供具体的组织和安排落实。对旅行社而言，旅游接待是旅行社实现价值转移和创造新价值的重要途径，旅游产品的价值只有通过接待服务才能得以实现；对旅游者而言，旅游接待是其进行产品消费的过程。旅游接待服务质量的好坏不仅直接影响旅行社的产品质量及其经济效益，也影响到旅行社在旅游市场上的声誉和形象。因此，旅行社必须加强对旅游接待业务的管理，提高服务质量。

(六)善后管理

善后管理是旅行社在旅游合同履行完毕后，由旅行社向旅游者继续提供的一系列服务，如办理委托代办业务、整理客户档案、收集传递信息等，其目的是主动解决旅游者所遇到的问题，加强同他们的协作与联系，提高企业的信誉度和旅游者的忠诚度。善后管理在旅行社保持已有客源和开拓新的客源方面起着至关重要的作用。

三、旅行社主要业务

旅行社主要业务大致可以分为经营业务和管理业务两大类。

(一)经营业务

根据工作程序的不同，旅行社的经营业务又可分为团队旅游业务与散客旅游业务、组团业务和地接业务、入境旅游业务与出境旅游业务、综合服务和单项服务等。

1. 按照旅游者的组成划分

按照旅游者的组成分为团队旅游业务与散客旅游业务。

团队旅游和散客旅游是旅行社操作的两种主要旅游方式。团队旅游一般是指单位或个人集体组织，人数达到10人以上，独立成团的旅游形式。散客旅游一般为个体消费者，因为旅游人数较少，所以成本比较高，通常情况下需要与其他散客旅游者合并成团，又称散客拼团，散客拼团也是团队旅游的一种形式。

散客旅游同团队旅游的区别是：第一，其旅游行程由散客自行安排和计划，而团队旅游则多为旅行社来安排。但是，这并不意味着散客进行的旅游活动完全不经过旅行社，相反，某些散客在出游前的旅游咨询和出游后的某些旅游事项也经过旅行社或委托旅行社办理。另外，散客也并不意味着只是单个的旅游者，它可以是单个的旅游者，也可以是一个家庭，还可以是几个好友。第二，散客旅游的付费方式是零星现付，即购买什么、购买多少，都按零售价格当场支付，而团队旅游多采用包价形式，即全部或部分基本旅游服务费用由旅游者在出游前一次性预先支付。第三，由于第二个差别，散客旅游的旅游项目的价格相对贵一些，因为每个旅游项目散客都按零售价格支付，而团队旅游在某些旅游项目上可享受批量购买的折扣优惠，因而相对较为便宜。

与团体旅游相比，散客旅游形式灵活，自由度大，选择性强。它具有批量小、批次多、预订期短、要求多、变化多等特点。

2. 按照旅行社的业务性质划分

按照旅行社的业务性质分为组团业务和地接业务。

组团业务和地接业务是旅行社的基本业务。组织客源的旅行社称为组团社，进行本地旅游接待的旅行社称为地接社。对于不同的旅游团队，旅行社既可能是组团社，又可能是地接社，也可能既是组团社又是地接社。

3. 按照旅行者的市场准入和经营范围划分

按照旅行社的市场准入和经营范围分为国内旅游业务、入境旅游业务与出境旅游业务。

这三项业务中的前两项，属于各旅行社的基本经营范围，但出境旅游业务是特许经营项目，根据《旅行社条例》的规定，旅行社取得经营许可满两年，且未因侵害旅游者的合法权益受到行政机关罚款以上处罚的，可以申请经营出境旅游业务。出境旅游业务只有经过国家旅游局批准才可以经营。

《旅行社条例实施细则》说明了国内旅游业务、入境旅游业务与出境旅游业务的主要区别。

(1) 国内旅游业务，是指旅行社招徕、组织和接待中国内地居民在境内旅游的业务。

(2) 入境旅游业务，是指旅行社招徕、组织、接待外国旅游者来中国旅游，香港特别行政区、澳门特别行政区旅游者来内地旅游，台湾地区居民来内地旅游，以及招徕、组织、接待在中国内地的外国人，在内地的香港特别行政区、澳门特别行政区居民和在大陆的台湾地区居民在境内旅游的业务。

(3) 出境旅游业务，是指旅行社招徕、组织、接待中国内地居民出国旅游，赴香港特别行政区、澳门特别行政区和台湾地区旅游,以及招徕、组织、接待在中国内地的外国人、在内地的香港特别行政区、澳门特别行政区居民和在内地的台湾地区居民出境旅游的业务。

4.按照旅行社的业务招徕方式划分

按照旅行社的业务招徕方式分为广告招徕、网络招徕、门市接待等几类。

(1) 广告招徕业务。主要是通过电视或广播媒体、报纸、杂志和宣传单等相关载体发布旅游信息,招徕旅游者并组织其参加旅游活动业务。

(2) 网络招徕业务。主要是通过互联网向公众发布分类的旅游信息,并能在线进行问询、交流,从而吸引旅游者前来参加旅游活动的业务。

(3) 门市接待业务。主要是接待前往旅行社及其网点咨询的旅游者,向其介绍并推荐旅游线路或其他旅游相关产品的业务。

(二)管理业务

1.财务管理业务

财务管理是企业管理的一个组成部分,是根据财经法规制度,按照财务管理的原则,组织企业处理财务关系的一项经济管理工作。简单地说,旅行社的财务管理是组织企业内财务活动,处理与相关单位财务关系的一项经济管理工作。

2.人员管理业务

通过在公司内部建立一个公正、公平、有效的人员管理制度,对旅行社的工作人员进行管理、培训的工作。

3.计调管理业务

计调是旅行社的核心工作之一,在旅行社中起着承上启下的作用。承上即为策划常规和个性的旅游线路,按其相关项目的费用,核算成本,制定报价;启下即为按线路的要求,为顾客安排落实票务、用车、导游服务等具体业务环节。计调管理业务指对计调的报价、计划、调度等一系列工作进行管理监督。

4.质量投诉管理业务

通过旅游者在游览期间或游览结束后对此次旅程的反馈,从而了解旅游接待的各个方面的质量好坏,并进行总结与改进。如在旅程中有投诉,要针对其投诉的内容进行调查、核实，并做出相关处理及善后工作。

四、旅行社产品

(一)按旅游产品组成状况分

1．整体旅游产品

整体旅游产品又称综合性旅游产品，是指旅行社根据市场需求为旅游者编排组合的内容、项目各异的旅游线路。其具体表现为各种形式的包价旅游。

2．单项旅游产品

单项旅游产品是旅游服务的供应方向旅游者提供的单一服务项目，如饭店客房、航班座位、机场接待等。

(二)按旅游产品形态分

1．团体包价旅游

团体包价旅游是指由 10 名以上旅游者组成，采取一次性预付旅费的方式，有组织地按预定行程计划进行的旅游形式。团体包价旅游的服务项目通常包括：①房费；②餐费；③城市间交通费；④门票费，含游览点门票、文娱活动门票等；⑤综合服务费，含交通集散地接送服务、市内游览用车服务、导游服务、行李服务等。

2．散客包价旅游

散客包价旅游是指 10 名以下旅游者采取一次性预付旅费的方式，有组织地按预定行程计划进行的旅游形式。其包价服务项目与团体包价旅游相同。

3．半包价旅游

半包价旅游是指在全包价旅游的基础上扣除行程中每日午、晚餐费用的一种包价形式。半包价旅游产品的直观价格较低，有利于提高产品的竞争力，同时它也便于旅游者自由品尝地方风味美食。团体旅游和散客旅游均可采用这种包价形式。

4．小包价旅游

小包价旅游又称选择性旅游。旅行社将赴同一旅行线路、地区或相同旅游景点的不同地方的旅游者组织起来，分别按单项价格计算的旅游形式，由非选择部分和可选择部分构成。非选择部分包括住房及早餐、机场(车站、码头)至饭店的接送和城市间的交通服务,其费用由旅游者在旅游前预付;可选择部分包括导游服务、午、晚餐,参观游览,欣赏文艺节目,品尝风味等,其费用可由旅游者旅游前预付,也可由他们现付。

5. 零包价旅游

零包价旅游是一种独特的旅游包价形式。参加这种旅游包价形式的旅游者必须随团前往和离开旅游目的地,但在旅游目的地的活动则是完全自由的,如同散客。参加这种旅游形式的旅游者可以获得团体机票价格的优惠,并可由旅行社统一代办旅游签证。

6. 组合旅游

组合旅游产生于 20 世纪 80 年代,参加组合旅游的旅游者从不同的地方分别前往旅游目的地,在旅游目的地组成旅游团,按当地旅行社事先的安排进行旅游活动。

7. 单项业务

单项业务是旅行社根据旅游者的具体要求而提供的按单项计价的服务。其常规性的服务项目主要有以下几种。

(1) 导游服务;

(2) 交通集散地接送服务;

(3) 代办交通票据和文娱票据;

(4) 代订饭店客房;

(5) 代客联系参观游览项目;

(6) 代办签证等。

五、导游员与旅行社业务

导游员是旅行社中与旅游者接触最多、相处时间最长的工作人员,旅游者对旅游质量的感受主要来自导游员和导游服务。因此,旅行社接待质量的高低取决于导游接待质量的高低,导游员是旅行社最重要的一线工作人员。

(1) 导游员作为旅行社的派出工作人员,所提供的服务是旅行社所有服务中唯一的自产产品,是旅行社业务中最有特点的一项工作。

(2) 旅行社作为企业,必须以营利为目的。旅行社与旅游者签订的旅游合同,必须通过导游员去实施。从这个意义上讲,导游员是旅行社履行合同和实现利润的手段。

(3) 导游服务的重要性，强化了导游员在增加旅游者满意度和忠诚度方面的地位，从而为企业争取更多的客源。

(4) 导游员在旅行社的业务操作中，为整个行业和旅游产品承担着风险和责任。旅行社的产品是综合产品，这种由各旅游供应商提供的单项产品的质量是无法由旅行社来控制的，在运作过程中，受内外部环境的影响，就很可能失控。作为产品的检验者——旅游者，就会把体验的失败归之于导游员或旅行社，导游员承担着产品所有的过错和风险。

第二节 饭店知识

作为旅游业的重要服务设施，饭店是以餐饮和住宿为基本产品的服务导向型企业，是旅游供给的基本构成要素，是旅游业经营活动中必不可少的物质条件，是旅游业三大支柱之一。

一、饭店的含义与功能

饭店是以接待型建筑为依托，为公众提供食宿及其他服务的商业性服务企业。饭店的功能是指饭店为满足宾客的需求而提供的服务所发挥的效用。饭店最基本、最传统的功能就是住宿和餐饮。由于客源及其需求的变化，现代饭店的功能已较传统的饭店有了很大的发展，其功能也日益多样化。饭店的功能主要有以下几种。

(1) 住宿功能。饭店为旅游者提供多种客房(标准房、单人房和套房等)，包括床位、卫生间和其他生活设施，以清洁、舒适的环境和热情、周到的服务，使旅游者得到很大的便利和很好的休息，获得宾至如归的感受。

(2) 餐饮功能。饭店一般设有不同的餐厅，以精美的食物、良好的环境、可靠的卫生条件和规范的服务，向旅游者提供包餐、自助餐、点菜、小吃、饮料以及酒席等多种形式的餐饮服务。

(3) 商务功能。商务型饭店为商务旅游者从事商务活动提供各种方便快捷的服务。饭店设置商务中心、商务楼层、商务会议室与商务洽谈室，提供传真、国内国际直拨电话等现代通信设施，现代酒店还提供计算机终端和宽带网络服务，使饭店商务客人的各种需求得到更大满足。

(4) 家居功能。饭店是客人的"家外之家"，应努力营造家的气氛，使入住饭店的

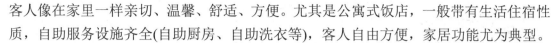

客人像在家里一样亲切、温馨、舒适、方便。尤其是公寓式饭店,一般带有生活住宿性质,自助服务设施齐全(自助厨房、自助洗衣等),客人自由方便,家居功能尤为典型。

(5) 度假功能。度假饭店一般位于风景区内或附近,通常注重提供家庭式环境,客房能适应家庭度假、几代人度假以及个人度假的需求,娱乐设施也很齐备。

(6) 会议功能。饭店可为各种从事商业贸易、会议展览、科学讲座等事务的客人提供会务、住宿、餐饮和其他相关的设施与服务。饭店内有大小规格不等的会议室、谈判间、演讲厅、展览厅。会议室、谈判间都有良好的隔板装置和隔音装置,并能提供多国语言的同声传译,有的饭店还可举行电视会议。

此外,饭店还有娱乐健身功能、通信和信息集散功能、文化服务功能、商业购物功能等。可见,现代饭店已不仅仅是住宿产业,而是为旅游者提供多种服务、具备多种功能的服务产业。

二、饭店的类型与等级

(一)我国饭店的主要类型

(1) 商务型饭店。以接待商务人士为主。这类饭店在地理位置、酒店设施、服务项目、价格等方面都以商务为出发点,靠近繁华的商务区,尽可能地为商务客人提供便利。相关商务设施如网络宽带、传真机等配备齐全。

(2) 度假型饭店。可以分为观光度假型饭店和休闲度假型饭店,前一种饭店大多位于海滨、草原、海岛、森林、雪山等拥有独特旅游资源的地方,以优美的大环境使客人放松心情,疏解压力。后一种饭店则侧重饭店自身环境的营造,完善的休闲服务配套,安静、优雅的空间,使客人能够放松疲惫的身心,逃离城市的喧嚣。

(3) 会议型饭店。有配备功能较齐全的会议会展设施,以接待会议客人为主的饭店。

(4) 经济型连锁饭店。指的是针对低端客户市场,以低廉的价格吸引消费者的饭店。这类酒店一般规模不大,因其具有房价优惠、装修较简洁时尚、配套基本完善、连锁经营、预订便捷、交通便利等诸多优点,深受广大消费者的青睐。

(5) 汽车饭店。是随着私人汽车拥有量的不断增加以及我国高速公路网的日益完善而逐渐发展起来的,一般位于城市高速公路连接道或公路离城镇繁华路段较偏远的地方,主要是为了方便自驾汽车的旅客投宿。

(二)饭店的等级

饭店的等级系指饭店的豪华程度、设施设备水平、服务范围和服务质量等方面所反映出来的级别和水准。不少国家和地区，通常根据饭店的位置、环境、设施和服务等情况，按照一定的标准和要求对饭店进行分级，并用某种标志表示出来，在饭店的显要位置公布于众，这就是饭店的定级或等级制度。

饭店的分级方法多种多样，一般有星级制、字母表示法和数字表示法等，我国饭店有一星、二星、三星、四星、五星和白金五星，星越多，等级越高。

(三)饭店的主要接待部门

饭店的主要接待部门是指直接从事宾客接待、服务等业务活动的部门，包括前厅部、客房部、营销部、餐饮部等。这些部门是饭店经营活动的主体，既是饭店经营活动的具体操作部门，又是操作管理部门，是饭店业务的第一线。

前厅部的工作任务主要是销售客房、联络和协调对客服务、提供各类前厅服务(迎宾、行李、问询、处理邮件及留言、收发客房钥匙、保管贵重物品等)、管理客账、建立客史档案等。

前厅部的对客服务流程：区分客源种类(是订房客人还是未经预订直接抵店的客人)、办理登记手续、排房订房价、制作客人账单、办理离店手续、整理客房、结账、建立客史档案，有些饭店还配有提供传真、复印、打印等服务的商务中心。

客房部的工作任务是搞好清洁卫生、科学组织接待服务、维护和保养客房及设备、负责客衣和饭店员工制服及布件物品的洗涤和保管、与安全部门合作做好宾客的人身财产和饭店财产的安全保卫。

餐饮部的主要工作任务是向客人提供以菜肴、酒水等为主的有形产品，向客人提供满足需要的恰到好处的服务、增收节支、开源节流、搞好经营管理、为饭店树立良好形象。

营销部的主要工作任务是努力扩大销售，根据不同的客源情况采取不同的销售手段，着力扩大饭店的知名度，提升饭店经济效益，营销部是饭店对外营销和广告宣传的窗口，同时也是和旅行社关系最为密切的部门。饭店的营销部负责落实旅行社团队与散客用房的确认与安排，在团队入住饭店期间也是处理与饭店的各种问题的关键部门。

第三节 旅行常识

旅游即旅行和游览,在旅游过程中应该懂一点旅行常识。导游员作为旅游活动的导演,掌握必要的旅行常识显得更为重要。

一、交通知识

旅游交通是指旅游者利用某种手段和途径,实现从一个地点到另一个地点的空间转移过程。旅游交通必须具备交通线路、运输工具和通信设备等,具有游览性、舒适性、季节性等特点。

(一)航空旅游交通

1. 航班号

为方便运输和用户,每个航班均编有航班号。中国国内航班的航班号由执行航班任务的航空公司的二字代码和四个阿拉伯数字组成,其中第一位数字表示执行该航班任务的航空公司或所属管理局;第二位数字表示该航班终点站所属的管理局;第三、四位数字表示班次,即该航班的具体编号,其中第四位数字若为奇数,则表示该航班为去程航班;若为偶数,则为回程航班。中国国际航班的编号是由执行该航班任务的航空公司的二字代码和三个阿拉伯数字组成。

2. 购票

中国旅客购票须出示本人居民身份证或其他有效身份证件。外国旅客、华侨,港、澳、台同胞购票须出示有效护照、回乡证、台胞证、居留证、旅行证或公安机关出具的其他有效身份证件,并填写《旅客订座单》。机票只限票上所列姓名的旅客使用,不得转让、涂改,否则机票无效并且不能退款。

未满 2 周岁的婴儿,按成人票价的 10%付费,不单独占一座位。已满 2 周岁未满 12 周岁的儿童,乘坐国内航班按成人票价的 50%付费,国际航班按成人票价的 50%或 67%付费。

航空公司票价一般分为头等舱、公务舱和经济舱三种等级。原则上购买哪一种舱位的机票,登机后就只能在相应的舱位就座,但是在特殊情况下可升舱。升舱是指将机票

中低等级的舱位补交差价升级成高等级的舱位，或者是低折扣的机票补交差价变成高折扣机票或者变更成全价机票。在同等折扣没有了但是又需要办理机票改期时通常会先要办理升舱手续。

旅客购买的是航空公司正常票价的机票，允许进行签转和更改，一年有效。旅客购买的是航空公司特殊优惠票价，通常票面有几种注明"不可签转"，是指出票后不能更改航空公司；"不可改期"是指出票后不能更改出发或回程日期；"不可退票"是指出票后不能退回程票或全部机票。

3. OK票和OPEN票

已订妥日期、航班和机座的机票称为OK票。不定期机票称为OPEN票。OPEN票又分为半OPEN票，即指定航空公司，不指定航班号的机票；全OPEN票，即航空公司、航班号均未指定的机票。持有OPEN票旅客乘机前须持机票和有效证件(护照、身份证等)去民航办理订座手续。

持有联程或回程和OK票的旅客若在该联程或回程站停留72小时以上，国内机票须在联程或回程航班飞机起飞前两天中午12时以前，国际机票须在72小时前办理座位再证实手续，否则，原定座位不予保留。

4. 退票

预订者在购买航空客票后，由于种种原因需退票，必须到开出航空客票的票务中心退票。如果是预订者自己的原因退票，票务人员查验乘机人的有效证件，核对机票上的乘机人的姓名、航班、日期及票号，确认无误后，将其座位取消，并请乘机人员在退款单上签名后，按规定退款。

目前各家航空公司的退票规定各不相同，在购买机票时应询问相关退票的规定。

5. 免费行李额

持成人或儿童票的头等舱旅客，每位免费行李额为头等舱40千克，公务舱30千克，经济舱20千克。持婴儿票的旅客，给予增加10千克的免费行李额。每位旅客免费随身携带物品的重量以5千克为限。持头等舱客票的旅客，每人可随身携带两件物品；持公务舱或经济舱客票的旅客，每人只能随身携带一件物品。每件随身携带物品的体积不得超过20厘米×40厘米×55厘米。超过上述重量、件数或体积限制的随身携带物品，应作为托运行李托运。

国内航班旅客的托运行李全部或者部分损坏、丢失、赔偿金额每千克不超过人民币100元。如行李价值每千克低于100元时，按实际价值赔偿。旅客丢失行李的重量按实际托运行李的重量计算。无法确定重量时，每位旅客的丢失行李最多只能按该旅客享受的免费行李额赔偿。

6. 飞行意外险

在购买机票时旅客可以在机票销售点购买飞行意外险，也可以在机场的总服务台凭机票与身份证直接购买。

7. 乘机

乘国内航班的旅客必须在客票上列明的航班规定离站前到达指定机场(提前120分钟)，凭客票及本人有效身份证件办理乘机手续。航班离站前30分钟停止办理乘机手续。

乘国际、地区航班的旅客，必须在规定的时间到达指定的机场(提前180分钟)，凭机票、有效的护照、签证及旅行证件办妥乘机及出境等各项手续。旅客没有按规定的时间到达指定机场或携带的护照、签证及旅行证件不符合规定，而未能办妥乘机和出境等各类手续引起的一切损失和责任由旅客自负。

根据国际民航组织指引，航空公司最新规定，旅客随身携带凝胶状物品、乳液及液体、膏状物、压缩及喷雾泡沫、液体饮料和化妆品登机，必须将物品放置在容量不超过100毫升的器皿内，再将器皿放在透明的可重复密封的胶袋内，且每人只限一袋。

案例 4-1

提前确认机票

导游员小孙送一个加拿大的旅行团去香港，由于正值"十一"黄金周，小孙就多次提醒领队提前确认机票，但领队却没当回事。等把旅游者送到机场后，由于机票没有确认，该团客人的机票已被售出，这时领队才开始着急，不断地对小孙说当天晚上必须赶到香港。小孙望着惊慌的领队说："别急，先冷静，我们先看看其他的航班座位情况。"从售票处的计算机看只有分批走，座位才够。于是小孙建议领队先为一部分人办理乘机手续，而另外一些人乘次日早晨的航班。领队接受了建议，并向小孙表示了由衷的谢意。

(资料来源：http://epaper.xplus.com/papers/xbxxb/20100324/n51.shtml)

【思考题】 导游员为什么需要掌握交通知识？

【分析】 导游员无论是领队还是全陪、地陪都必须掌握有关的交通知识，并严格按照有关规定进行操作，否则会给团队的运行造成严重的障碍。

(二)铁路旅游交通

1. 列车编次与种类

我国铁路旅客列车的编次(车次)是以北京为中心的，凡驶离北京方向的列车称为下行列车，列车编次为单数(如北京南开往上海虹桥的 G1)；驶向北京方向的列车称为上行列车，列车编次为双数(如上海虹桥开往北京南的 G2)。有些列车中途改变运行方向，则车次也要随之改变。

目前，我国旅客列车分为高速动车组(G)、城际高速(C)、动车组(D)、直达特快旅客列车(Z)、特快旅客列车(T)、快速旅客列车(K)、普通旅客列车(四位数字车次)、旅游列车(Y)、临时旅客列车(L)、通勤列车等类型。

2. 车票

车票是旅客乘车的凭证，同时也是旅客加入铁路意外伤害强制保险的凭证。车票分为客票和附加票两种，前者包括软座、硬座，后者包括加快票(特别加快、普通加快)、卧铺票(高级软卧、软卧、包房硬卧、硬卧)、空调票。新型电子售票机售出的车票为综合一票制，即各种附加票均包括在内。附加票是客票的补充部分，除儿童外，不能单独使用。

身高 1.2～1.5 米的儿童乘车时，应随同成人购买座别相同的半价票、加快票及相应空调票。超过 1.5 米的儿童应买全价票。每一位成人旅客可以免费携带身高不够 1.2 米的儿童一名，超过一名时，超过的人数应买儿童票。

车票的有效期按乘车里程计算，1000 千米为 2 日，超过 1000 千米的，每增加 1000 千米增加 1 日。不足 1000 千米的尾数也按一日计算。各种车票的有效期从指定乘车日起至有效期最后一日的 24 时止计算。卧铺票按指定的乘车日期和车次使用有效，其他附加票随同客票使用有效。

卧铺须按票面日期和车次乘车，不能改签。如中途下车则卧铺作废。直达票当日当次有效，中途上下车、未乘区间失效。

铁路购票全国联网，旅客可登录中国铁路客户服务中心网站(www.12306.cn)完成注

第四章 旅行社、饭店及旅行常识

册，可根据提示自行在中国铁路客户服务中心网站上完成车票购买业务。

网络购票时，应当准确提供乘车人的有效身份证件信息。这些证件包括中华人民共和国居民身份证、港澳居民来往内地通行证、台湾居民来往大陆通行证和护照共4种。凭二代居民身份证购票的旅客可直接刷证进站。20人以上的团体旅客可凭旅行社证明携带旅客身份证复印件集体购票。

旅客要求退票时，应当在购票地车站或票面发车站办理。在发车站开车前，特殊情况也可在开车后2小时内退票，在收取票价5%的退票费后退还全部票价。团体旅客必须在开车48小时前办理退票。

(三) 公路旅游交通

我国地域广袤、幅员辽阔，公路建设发展迅猛，预计到2015年，国家高速公路网基本建成，城市间的主要交通道路有高速公路、国道、省道等多种道路设施。

1. 公路编号

(1) 高速公路编号。

国家干线高速公路采用字母 G 加阿拉伯数字的方法编号。以北京为中心向周边呈放射性延伸的道路采用 1 位数，如京沪高速(北京—上海高速)编号为 G2，由正北方向开始按顺时针方向升序编排，目前共有 7 条。

我国境内南北向高速公路路线编号为两位奇数，由东向西升序编排，编号区间为 11~89，如长深高速(长春—深圳高速)为 G25，南北纵向线高速目前共有 9 条。

东西向高速公路采用两位偶数，由北向南升序编排，编号区间为 10~90。宁洛高速(南京—洛阳高速)为 G36，东西向横向高速公路目前共有 18 条。

城市绕城环线和联络线采用4位数编号，如南京绕城公路编号为G2501。

(2) 国道编号。

国道，是国家干线公路的简称，是在国家公路网中具有全国性政治、经济意义，并经确定为国家干线的公路。

根据地理走向，我国国道分为三类：第一类以首都北京为中心，呈扇面辐射的公路；第二类是南北走向的公路；第三类是东西走向的公路。目前全国共有 70 条国道，每条公路干线均采用 3 位数字表示，其中第一位数字表示国道的类别，即 1 代表第一类国道，现有 12 条；2 代表第二类国道，现有 28 条，按从南向北顺序编号；3 代表第三类国道，现有 30 条，按从东向西顺序编号。编号中的第二、第三位数字表示国道的排列顺序。

(3) 省道编号。

省道又称省级干线公路，联结省内中心城市和主要经济区。省道的编号，以省级行政区域为范围编制。省道标志符为 S，从省会城市呈放射状布局的道路编号为 1；省内南北纵线的道路编号为 2；省道东西横向的道路编号为 3。

2. 客车的分类

(1) 营运客车按舒适程度分普通客车、中级客车、高级客车。

(2) 按车内设置座位的多少及装置形式分为小型客车，中型客车和大型客车。小型客车是指横排只能装置 3 个座位，座位总数为 15 座及以下的客车。中型客车是指横排最多只能装置 4 个座位(包括通道上设置的可折式座椅)，总数为了 16~30 个座位的客车。大型客车是指横排(不包括通道)装置 4 个及以上的座位，总数为 31 个及以上座位的客车。

(四)水上旅游交通

游轮是用于搭载乘客从事旅行、参观、游览活动的各类客运机动船只的统称。游轮的种类很多，按照内部设施和装修档次的不同可大体分为普通游轮和豪华游轮，按照航行水域的不同又可分为远洋游轮、近海沿海游轮和内河游轮。

20 世纪 60~70 年代以后，随着旅游事业的发展，为观光游览而专门设计建造的游轮越来越多，这些游轮除具备一般客轮的基本功能外，大多提供专门的观景、娱乐设施和服务项目。目前国内许多内河航运业务已向游轮业务方面发展，依托河道两岸的风景推出的游轮业务成了受到旅游者普遍欢迎的旅游项目。长江三峡已经成为国际著名的黄金旅游线路，大运河旅游也重新焕发了青春。许多拥有水体的景区也把竹筏、皮筏、乌篷船等水上运输工具作为重要的旅游吸引物。近几年，海上游轮成为我国新兴的旅游产品，海上运行着的豪华游轮，发挥着"海上宾馆"的作用，把不同国家和地区的景点联系在一起，激起了旅游者的极大热情。

(五)特殊旅游交通

特殊旅游交通是不同于大众化旅游交通的新型交通形式，不仅为旅游者提供空间转移服务，而且还为旅游者提供了新奇、惊险、独特的旅游体验，是景区吸引物的有机组成成分。比较常见的特殊旅游交通有观光电梯、观光缆车、索道、电瓶车、渡船、画舫、轿子、马匹、骆驼等，满足了不同偏好旅游者的需求。

二、入出境知识

外国人、华侨、港澳台同胞及中国公民自海外入境或返归，均须在指定的口岸向边防检查站(由公安、海关、卫生检疫三方组成)交验有效证件，经边防检查站查验核准加盖验讫章后方可入境。

旅游口岸则是指经依法批准设立，由国家法定机关实施监管的允许旅游者往返旅游热点国家或地区的具有必要隔离设施和查验场所的港口、机场、车站、跨境通道等特定区域。口岸处会检查身份护照以及携带行李。所有出境旅游都必须经过旅游口岸，类似边境检查站。

有效证件指各国政府为其公民颁发的出入境证件，其种类很多，不同类型的人员使用的有效证件名称不同，下面介绍同我国出入境旅游有关的几种有效证件。

(一)护照

护照是一国主管机关发给本国公民出国或在国外居留的证件，证明其国籍和身份。中华人民共和国护照是中国公民出入国境和在国外证明国籍和身份的证件。任何组织或者个人不得伪造、变造、转让、故意损毁或者非法扣押护照。护照主要包括普通护照、外交护照和公务护照和特区护照。

1) 普通护照

普通护照一般发给出国的一般公民和国外的侨民。由公安部出入境管理机构或者公安部委托的县级以上地方人民政府公安机关出入境管理机构以及中华人民共和国驻外使馆、领馆和外交部委托的其他驻外机构签发。外交护照由外交部签发。公务护照由外交部、中华人民共和国驻外使馆、领馆或者外交部委托的其他驻外机构以及外交部委托的省、自治区、直辖市和设区的市人民政府外事部门签发。公民申请普通护照，应当提交本人的居民身份证、户口簿、近期免冠照片以及申请事由的相关材料。国家工作人员出境申请普通护照的，还应当按照国家有关规定提交相关证明文件。

2) 外交护照

外交护照一般发给政府高级官员、国会议员、外交和领事官员、负有特殊外交使命的人员、政府代表团成员等。持有外交护照者在外国享受外交礼遇(如豁免权)。

3) 公务护照

公务护照一般发给政府官员，驻外使、领馆工作人员以及因公派往国外执行文化、

导游实务

经济等任务的人员。

4) 特区护照

特区护照由香港特别行政区和澳门特别行政区颁发给港澳地区居民。

普通护照的有效期为10年，外交护照和公务护照的有效期为5年，香港特区护照和澳门特区护照的有效期为10年。期满后需换发新照。

(二)签证

签证是一国主管机关在本国或外国公民所持的护照或其他旅行证件上签注、盖印，表示准其出入本国国境或者过境的手续。华侨回国探亲、旅游无须办理签证。签证的种类很多，一般可以根据出入境事由分为外交签证、公务签证、移民签证、非移民签证、礼遇签证、旅游观光签证、工作签证、留学签证、商务签证以及家属签证等。签证的有效期限不等，获签证者必须在有效期内进出签证国境内，超过期限则签证不再有效。

1. 入境签证

来中国旅游、探亲或因其他私人事务入境的人员，在中国为L字签证，旅游观光签证属于普通签证，发给签证上规定有持证者在中国停留的起止日期。

9人以上的旅游团就可发给团体签证。团体签证一式三份，签发机关留一份，来华旅游团两份，一份用于入境，一份用于出境。团体旅游签证是旅游签证中的一种，其特点是整个团队的签证贴附在一张纸上，而不会在护照上有签证记录，所有团队成员必须随团集体出入国境。

在特殊情况下，由于某些原因需要从团体签证中分离的外国公民，由旅行社提供关于签证分离的书面申请报告以及相关材料后，在停留期之内提前向前往国的移民机关提出延期申请，办理分离签证。

希望进入中国境内的外国人须持有效护照(必要时提供有关证明，如来华旅游者申请签证，须出示中国旅游部门的接待证明)向中国的外交代表机关、领事机关或者外交部授权的其他驻外机关申请办理签证。但在特定情况下，如事由紧急，确实来不及在上述机关办理签证手续者，可向公安部授权的口岸签证机关申请办理签证。

持联程客票搭乘国际航班直接过境，在中国停留不超过24小时且不出机场的外国人免办签证；要求临时离开机场的，需经边防检查机关批准。

第四章 旅行社、饭店及旅行常识

2. 出境签证

对于中国公民出境而言，常见的签证形式有团体签证、个人签证、口岸落地签证、另纸签证等。

(1) 团体签证。又称 ADS 签证(Approved Destination Status)，解释为"被批准的旅游目的地国家"。加注 ADS 签证后仅限于在被批准的旅游目的地国家一地旅游，此签证在目的地国家境内不可签转，不可延期。持有这种签证的人必须团进团出。ADS 团签必须通过国际旅行社办理，由国内组团社和国外接待社发函，方能申请。

(2) 个人签证。是指以个人探亲、留学、工作、旅游等名义自行申请的签证。

(3) 落地签证。是指申请人不能直接从所在国家取得前往国家的签证，而是持护照和该国有关机关发给的入境许可证明等抵达该国口岸后，再签发签证。落地签证通常是单边的。

(4) 另纸签证。是护照与签证分离的形式，但签证仍未能完全摆脱与护照的依存关系，在做另纸签证时，在签证下方还要注明"本签证须与某号护照同时使用"。

3. 签证免除

随着国际关系的改善和旅游事业的发展，许多国家间签订了互免签证协议。目前阿塞拜疆、白俄罗斯、俄罗斯、格鲁吉亚、摩尔多瓦、土库曼斯坦等国家对我国的团队旅游者实行免签政策。

在欧洲，《申根协定》约定，外籍人士持有任何一个申根会员国核发的有效入境签证，就可以进出其会员国，而无须另外申请签证。申根签证成员国至今已发展为 26 个国家，包括奥地利、比利时、丹麦、芬兰、法国、德国、冰岛、意大利、希腊、卢森堡、荷兰、挪威、葡萄牙、西班牙、瑞典、匈牙利、捷克、斯洛伐克、斯洛文尼亚、波兰、爱沙尼亚、拉脱维亚、立陶宛、马耳他、瑞士和列支敦士登。

(三)通行证

1. 《港澳同胞回乡证》

《港澳同胞回乡证》是港、澳同胞来往于香港、澳门与内地之间的证件，由广东省公安厅签发，有效期为 10 年。另有个人出境通行证，也由广东省公安厅签发，有效期为 5 年。

2. 《台湾居民来往大陆通行证》

《台湾居民来往大陆通行证》是台湾同胞来祖国大陆探亲、旅游的证件，经签注后，即可作为台湾同胞进出祖国大陆和在内地旅行的身份证明。该证由我国公安部门或委托的机构签发,有效期为5年。台湾居民来往大陆通行证已经不再只限于旅行证件,形成类似台湾居民在大陆的身份证,在大陆的台湾居民可凭该证就业、就医、置产、开户、融资等,功能已经远超过旅行证件。

3. 《往来港澳通行证》和签注

《中华人民共和国往来港澳通行证》是由中华人民共和国公安部出入境管理局签发给中国内地居民因私往来香港或澳门地区旅游、探亲、从事商务、培训、就业、留学等非公务活动的旅行证件。去港澳前,必须取得内地公安部门签发有关去港澳目的签注(如团队旅游、个人旅游、商务或其他签注等)。

4. 《大陆居民往来台湾通行证》和签注

《大陆居民往来台湾通行证》为中华人民共和国公民居民(仅包括大陆地区居民,港澳居民不适用此证件)进入台湾地区境内的旅行通行证件。去台湾前,必须取得大陆公安部门签发有关去台湾目的签注(如团队旅游、个人旅游或其他签注等)。

(四)身份证

身份证是我国政府颁发的用于证明持有人中国公民身份的证件。1984年4月6日,中国大陆开始实行居民身份证制度。国务院发布《中华人民共和国居民身份证试行条例》。并且开始颁发第一代居民身份证。2004年3月29日起,中国大陆正式开始为居民换发内藏非接触式IC卡智能芯片的第二代居民身份证,第二代身份证表面采用防伪膜和印刷防伪技术,使用个人彩色照片,而且内置了数字芯片,采用了数字防伪措施,存有个人图像和信息,可以用机器读取。我国不满16岁的公民可以采取自愿的原则申请领取第二代身份证。证件号码由18位数字组成。

三、人员与物品的入出境规定

(一)不准出境和限制出境的人员

1. 不准出境的几种人

(1) 刑事案件的被告人和公安机关、人民检察院或者法院认定的犯罪嫌疑人。
(2) 人民法院通知有未了结民事案件不能离境的。

(3) 有其他违反中国法律的行为尚未处理，经有关主管机关认定需要追究的。

2．对下列人士，边防检查机关有权限制其出境

(1) 持无效出境证件的。

(2) 持伪造、涂改或他人护照、证件的。

(3) 拒绝接受查验证件的。

(二)不准入境的人员

1．不准入境的外国人

(1) 被中国政府驱逐出境、未满不准入境年限的。

(2) 被认为入境后可能进行恐怖、暴力、颠覆活动的。

(3) 被认为入境后可能进行走私、贩毒、卖淫活动的。

(4) 患有精神病、麻风病、艾滋病、性病、开放性肺结核等传染病的。

(5) 不能保障其在中国所需费用的。

(6) 被认为入境后可能进行危害我国国家安全和利益的其他活动的。

2．边防检查机关有权阻止入境的几种人

(1) 未持有有效护照、证件或签证的。

(2) 伪造、涂改或他人护照、证件的。

(3) 拒绝接受查验证件的。

(4) 公安部或国家安全部通知不准入境的。

(三)海关对物品入出境的规定

根据《中华人民共和国海关法》和《中华人民共和国海关对进出境旅客行李物品监管办法》的规定，进出境旅客行李物品必须通过设有海关的地点进境或出境，接受海关监管。旅客应按规定向海关申报。

旅客进出境携有需向海关申报的物品，应在申报台向海关递交《中华人民共和国海关进出境旅客行李物品申报单》或海关规定的申报单证，按规定如实申报其行李物品，报请海关办理物品进境或出境手续。在实施双通道制的海关现场，上述旅客应选择"申报"通道(亦称"红色通道")通关；携带无须向海关申报的物品的旅客，免填申报单，可选择"无申报"通道(亦称"绿色通道")直接通关。

1. 部分限制进出境物品

(1) 烟、酒。旅客携带烟草制品限量，12度以上酒精饮料限量：来往港澳地区的旅游者(含港澳旅客、内地因私前往港、澳探亲和旅游等旅客)可携带香烟200支或雪茄50支或烟丝250克，酒1瓶(不超过0.75升)；当天往返或短期内多次来往港澳地区的旅客香烟40支或雪茄5支或烟丝40克，不准免税带进酒；其他进境旅客可免税携带香烟400支或雪茄100支或烟丝500克，酒2瓶(不超过1.5升)。

(2) 旅行自用物品。非居民旅客及持有前往国家或地区再入境签证的居民旅客携进旅行自用物品照相机、便携式收录音机、小型摄影机、手提式摄录机、手提式文字处理机每种一件。超出范围的或单价超过人民币5000元的，需向海关如实申报，并办理有关手续。经海关放行的旅行自用物品，旅客应在回程时复带出境。

(3) 金、银及其制品。旅客携带金、银及其制品进境应以自用合理数量为限，其中超过50克的应填写申报单证，向海关申报；复带出境时，海关凭本次进境申报的数量核放。携带或托运出境在中国境内购买的金、银及其制品(包括镶嵌饰品、器皿等新工艺品)，海关验凭中国人民银行制发的"特种发票"放行。

(4) 外汇。旅客携带外币、旅行支票、信用证等进境，数量不受限制。旅客携带5000美元以上或等值的其他外币现钞进出境，须向海关如实申报；复带出境时，海关凭本次进境申报的数额核放。旅客携带上述情况以外的外汇出境，海关凭国家外汇管理局制发的《携带外汇出境许可证》查验放行。

(5) 人民币。旅客携带人民币出入境，限额为20000元，超出20000元的不准出入境。

(6) 文物(含已故现代著名书画家的作品)。旅客携带文物入境，如需复带出境，请向海关详细报明。旅客携运出境的文物，须经中国文化行政管理部门鉴定。携运文物出境时，必须向海关详细申报。对在境内商店购买的文物，海关凭中国文化行政管理部门钤盖的鉴定标志及文物外销发货票查验放行；对在境内通过其他途径得到的文物，海关凭中国文化行政管理部门钤盖的鉴定标志及开具的许可出口证明查验放行；未经鉴定的文物，不得携带出境。携带文物出境不据实向海关申报的，海关将依法处理。

(7) 中药、中药材。旅客携带中药、中药材出境，前往国外的，总值限人民币300元；前往中国港澳地区的，总限值人民币150元。寄往国外的中药、中药材，总值限人民币200元；寄往中国港澳地区的，总值限人民币100元。

入境旅客出境时携带用外汇购买的、数量合理的自用中药、中药材，海关凭有关发

第四章　旅行社、饭店及旅行常识

货票和外汇兑换水单放行。

麝香以及超出上述规定限值的中药、中药材不准出境。

(8) 旅游商品。入境旅客出境时携带用外汇在我国境内购买的旅游纪念品、工艺品，除国家规定应申领出口许可证或应征出口税的品种外，海关凭有关发货票和外汇兑换水单放行。

2. 禁止出境物品

(1) 内容涉及国家机密的手稿、印刷品、胶卷、照片、唱片、影碟、录音带、录像带、激光视盘、计算机存储介质及其他物品。

(2) 珍贵文物及其他禁止出境的文物。

(3) 濒危的和珍贵的动物、植物(均含标本)及其种子和繁殖材料。

四、货币知识

(一)外汇

外汇，是指以外币表示的可用于国际结算的一种支付手段，包括外国货币(钞票、铸币等)、外币有价证券(政府公债、国库券、公司债券、股票、息票等)、外币支付凭证(票据、银行存款凭证、邮政储蓄凭证等)以及其他外汇资金。

中国对外汇实行由国家集中管理、统一经营的方针。在中国境内，禁止外汇流通、使用、质押，禁止私自买卖外汇，禁止以任何形式进行套汇、炒汇、逃汇。

海外旅客来华携入的外币和票据金额没有限制，但入境时必须据实申报；在中国境内，旅游者可到中国银行及各兑换点兑换成人民币，但要保存好银行出具的外汇兑换证明(俗称水单，其有效期为半年)。出境时，人民币如未用完，可持水单将其兑换回外汇，最后经海关核验申报单后可将未用完的外币和票证携出。

在中国境内，以下国家和地区的现钞可兑换成人民币：欧元、澳大利亚元、加拿大元、日元、马来西亚林吉特、挪威克朗、新加坡元、瑞典克朗、瑞士法郎、英镑、美元、香港元。

泰国铢和菲律宾比索可在侨乡的个别中国银行兑换。台胞携入的台币，中国银行可通融兑换成人民币。

(二)旅行支票

旅行支票是银行或旅行支票公司为方便旅行者,在旅行者交存一定金额后签发的一种面额固定的、没有指定的付款人和付款地点的定额票据。购买旅行支票后,旅客可随身携带,在预先约定的银行或旅行社的分支机构或代理机构凭票取款,比带现金旅行安全便利。

购买旅行支票时,旅行者要当场签字,作为预留印鉴;支取款项时必须当着付款单位的面在支票上签字;付款单位将两个签字核对无误后付款,以防假冒。

中国银行在收兑旅行支票时收取 7.5‰的贴息。

(三)信用卡

信用卡通常是由银行或信用卡公司为提供消费信用而发给客户在指定地点支取现金、购买货物或支付劳务费用的信用凭证,实际上是一种分期付款的消费者信贷。信用卡上印有持卡者姓名、持卡者账号及每笔赊购的限额、签字有效期和防伪标记等内容。

五、保险知识

保险是一种风险转移机制,即个人或企业通过保险将一些难以确定的事故和责任转移给保险公司去承担。当然,办理保险本身不能消除风险,保险只能为因遭风险损失的个人或企业提供经济补偿。

《旅行社条例》规定,旅行社应当投保旅行社责任险。《旅行社条例实施细则》规定,为减少自然灾害等意外风险给旅游者带来的损害,旅行社在招徕、接待旅游者时,可以提示旅游者购买旅游意外保险。鼓励旅行社依法取得保险代理资格,并接受保险公司的委托,为旅游者提供购买人身意外伤害保险的服务。

2001 年由国家旅游局公布并于同年 9 月 1 日起实施的《旅行社投保旅行社责任保险规定》规定,旅行社企业必须购买旅行社责任险。这是一种由旅行社向保险公司支付保险费,保险公司对旅行社在从事旅游业务经营活动中,致使旅游者人身、财产遭受损害应由旅行社承担的责任,承担赔偿保险金责任的险种,是一种强制保险。

旅行社责任险的赔偿范围必须是由于旅行社的经营责任(包括导游员的责任)引起的旅游者人身、财产损害,保险公司才可承担赔偿保险金的责任。具体的责任范围包括以下几方面。

(1) 旅游者人身伤亡赔偿责任；

(2) 旅游者因治疗支出的交通、医药费赔偿责任；

(3) 旅游者死亡处理和遗体遣返费用赔偿责任；

(4) 对旅游者必要的施救费用，包括必要时近亲属探望需支出的合理的交通、食宿费用，随行未成年人的送返费用，旅行社人员和医护人员前往处理的交通、食宿费用，行程延迟需支出的合理费用等赔偿责任；

(5) 旅游者行李物品的丢失、损坏或被盗所引起的赔偿责任；

(6) 由于旅行社责任争议引起的诉讼费用；

(7) 旅行社与保险公司约定的其他赔偿责任。

由于旅游者的原因造成的人身、财产损失，不在旅行社责任险的赔偿范围内。

根据《旅行社投保旅行社责任保险规定》责任保险金赔偿限额不应低于下列标准：国内旅游每人责任赔偿限额为人民币 8 万元；入境旅游、出境旅游每人责任赔偿限额为人民币 16 万元。

《旅行社投保旅行社责任保险规定》还对旅游者参加团队旅游时购买个人保险做了规定。《规定》要求旅行社在与旅游者订立旅游合同时，应当推荐旅游者购买相关的旅游者个人保险。

目前，旅游者个人险多为"旅游意外伤害保险"，这是由旅游者通过旅行社向保险公司购买的一种保险，其保险范围较大。一般赔付保险金额为人民币 10 万元，可以多买多赔。

除此之外，旅游者乘坐飞机时的航空意外险，游览景点时的景点安全险，乘坐缆车、索道时的保险等旅游过程中的各种保险，作为导游员都应给予关注，必要时都应给旅游者提供帮助。

无论是旅行社责任险，还是其他类型的险种，都可能涉及索赔，因此，在发生保险责任事故时，导游员必须掌握出险处理程序。

(1) 保护现场；

(2) 及时通知事故发生地承保保险公司或其分支公司、公安、医疗等单位；

(3) 取得公安、医疗及承保保险公司或其分支公司等单位的有效凭证；

(4) 撰写出险情况说明书；

(5) 由组团社向承保保险公司索赔。

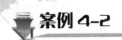

案例 4-2

谁的责任

林先生参加某旅行社的旅游团，在正常行程中不慎滑倒扭伤了脚，无法继续行程，只好打道回府。组团社根据有关规定，一是退回林先生尚未消费的团费；二是协助其向保险公司索赔医疗费用。但林先生认为旅行社除应退回其未消费的团费和保险公司理赔金外，旅行社还应赔偿其医疗期间的误工费、营养费等。

(资料来源：http://www.huanghetour.com/1861.aspx)

【思考题】 旅行社需要赔偿林先生吗？

【分析】 根据国家旅游局的有关规定，旅行社在组织团队旅游时，必须为旅游者办理旅游意外保险。旅游意外保险的赔偿范围包括旅游者在旅游期间发生意外事故而引起的赔偿，如人身伤亡、急性病死亡；受伤和急性治疗支出的医疗费等。林先生扭伤脚是意外事故，并非由旅行社的责任造成，故治疗支出的医药费用应按旅游意外保险赔偿的规定赔偿，旅行社则对本事故不负赔偿责任。

六、卫生救护常识

导游员在带团过程中应随时提醒客人不吃不卫生的食物，不喝不干净的饮料；夏天注意防暑，在野外注意防虫、蛇等。除此之外为保证旅游活动的顺利进行，导游员还应该掌握一定的卫生常识和急救措施。

(一)晕机、船、车

(1) 提醒游客不要在乘车前吃得太饱，尽可能提早吃些易消化的食物，不要吃油腻食品，系紧裤带，防止内脏晃动。

(2) 提醒有晕车史的游客尽量找摇晃不那么厉害的座位，如前三排的座位，眼望前方，听听收音机或做些轻松的事，使精神不至于过分集中。

(3) 提醒易晕车的游客上车后靠窗坐，坐在临窗通风的位置上，窗外微风可以减轻症状，并将眼睛闭起来，保持平静、平稳的呼吸，因为车窗一闪而过的物体能加重病态感受。

(4) 建议游客有恶心症状时，可以将腰带束紧，减少腹腔内脏的震荡，这样也能使恶心症状减轻。

(5) 提醒游客将衣服松开，行车途中注意休息，有机会多呼吸些新鲜空气。

(6) 提醒游客可以准备一些必要的防晕车物品，同时在太阳穴涂些风油精或清凉油，也能使症状减轻。

(7) 提醒游客如需服用抗晕车的药品如乘晕宁、苯海拉明片等，最迟应在乘车前30分钟服用，否则是没有功效的。

(8) 如发生晕车晕船，持续做张口深呼吸，手掐内关、合谷穴(食指与拇指间，虎口上一寸)。

(二)中暑

1．预防工作

(1) 合理安排作息时间，合理安排和调整旅游线路，尽量避免让游客在烈日下暴晒。

(2) 游客出现头痛、心慌时，应立即安排他到阴凉处休息、饮水。

(3) 提醒游客要多喝淡盐水或饮料，以补充体内的水分，要少量多次地喝。

(4) 建议游客出游时最好穿白色、浅色或素色的衣服，戴太阳镜、太阳帽，使用防晒霜等防晒物品。

(5) 提醒游客准备防中暑药。

2．应对中暑

(1) 迅速将病人移到阴凉、通风、干燥的地方，如走廊、树荫下，避免阳光直射。

(2) 让病人仰卧，解开衣扣，脱去或松开衣服。如衣服被汗水湿透，应更换干衣服，同时打开电扇或空调，以尽快散热。

(3) 用冷水毛巾冷敷头部、腋下以及腹股沟等处，或用浓度为30%的酒精擦身降温，或用冷水浸浴15～30分钟。尽快体温冷却至38摄氏度以下。

(4) 意识清醒的病人或经过降温清醒的病人可饮服绿豆汤、淡盐水等解暑，还可服用人丹或藿香正气水。

(5) 对昏迷者可按压人中穴，并立即送医院。

(6) 对于重症中暑病人，要立即拨打120急救电话，请医务人员紧急救治。

(三)食物中毒

旅游者因食用变质或不干净的食物后会发生食物中毒。其症状是上吐下泻；特点是

潜伏期短，发病快，且常常集体发病，若抢救不及时会给旅游者的健康造成严重损害，甚至危及旅游者的生命。

食入不洁食物一小时内发病的患者可催吐排毒，即先喝水再用手指抠嗓子，促使自己呕吐，排出胃内容物，如此反复进行；口服黄连素2～5片或氟哌酸1～2片，每日3次；腹痛者可服颠茄片1～2片；避免进食难消化的食物，可多饮水，最好是糖盐水。症状严重时应及时拨打120。另外还要迅速报告旅行社并追究供餐餐厅的责任。

为防止食物中毒事故的发生，导游员应注意以下问题。

(1) 务必带旅游团(者)到旅行社指定的餐厅就餐。

(2) 提醒旅游者不要在小摊上购买食物和饮料。

(3) 用餐时，若发现食物、饮料不卫生，或有异味变质的情况，导游员应立即要求餐厅进行更换，并要求餐厅负责人出面道歉，必要时向旅行社领导汇报。

(4) 食用海鲜、水产等特殊食品时，务必提醒旅游者有所节制，并事先介绍安全的食用方法。

食 物 中 毒

导游员小洪带领一个团队乘飞机来到某个海滨城市，到达后马上被接到某个餐馆用晚餐。客人们大吃海鲜，大饱口福。餐后客人们直接赶赴下榻的饭店。小洪分完房间，把分房名单拿到后，就向客人告别并进房休息了。后半夜总台服务人员把小洪用电话叫醒，告诉他有几个旅游者突然感到腹痛，有的还伴有腹泻、呕吐等症状。小洪赶紧起床前去查看。据小洪分析，可能是客人当晚食用了不新鲜的海鲜而导致食物中毒。小洪马上打电话给地接社和地陪。在地接社的安排下，客人被送往医院。由于抢救及时，没有产生更严重的后果。不过大部分客人已元气大伤，后面的行程安排只得取消。

(资料来源： http://jpk.hbtvc.com/2012mndy/ee/501.htm)

【思考题】 食物中毒发生后，导游员应采取什么措施？

【分析】 在旅游过程中，面对客人产生食物中毒的现象，导游员应该首先对有食物中毒症状的旅游者采取应急措施，应设法催吐；其次是将患者送往就近医院抢救，并请医生开具证明；再次是立即报告旅行社，追究供餐单位的责任；最后协助旅行社帮助旅游者向有关部门索赔。导游员还应照顾其他旅游者，关心他们的健康，安抚他们的情绪，努力设法使旅游活动继续进行下去。如果事故比较严重，导游员还需要写出书面报告。

(四)骨折

遇到游客骨折时,应在现场即时予以初步处理,然后将伤者尽快送医院救治。若是开放性骨折(折断的骨骼暴露在外面),首先将骨折的肢体抬高并进行止血。常用的止血方法有以下几种。

(1) 手压法,即用手指、手掌或拳头在伤口靠近心脏一侧压迫血管。

(2) 加压包扎法,即在伤口处放上厚敷料,用绷带加压包扎。

(3) 止血带法,即首先用弹性止血带绑在靠近心脏一侧的大血管处,然后进行包扎,包扎前应先清洗伤口。

若是闭合性骨折(痛处表面无伤口),应就地取材进行固定。一般用木板、木棍、树枝、扁担等,所选用材料要长于骨折处上下关节,做超关节固定。固定的松紧度要合适,不能太紧或太松。固定时可紧贴皮肤垫上棉花、毛巾等松软物,外以固定材料固定,以细布条捆扎。若右腿骨折,可将其固定在左腿上;若上肢骨折,可将其固定在胸前;若脊椎外伤疑为骨折,可让患者平躺在木板上,固定后才能搬运,以减少再次受伤的可能。搬动伤者时必须动作谨慎、轻柔、稳妥,以不增加病人痛苦为原则。疑脊椎骨折的必须用木板床水平搬动,绝对禁忌头、躯体、脚不平移动。注意保暖并采取现场抗休克措施。

(五)急性脑梗塞、脑出血

急性脑梗塞、脑出血发病较急,患者出现头痛、眩晕、呕吐,继之神志不清,口眼歪斜、上下肢偏瘫。遇到这种情况时,应立即让其平躺,上身稍微抬高一些,使其头部偏向一边,以防呕吐物引起窒息。若患者出现昏迷,应取出其口腔内的假牙,以保证其呼吸道通畅,并尽快送往医院救治。

(六)蜇伤、毒虫叮咬

毒虫叮咬:毒虫包括蜂类、蜈蚣、蝎子及毒蜘蛛等,被咬后局部红肿剧痛,但大都没有生命危险。处理方法如下所示。

(1) 先在伤口近心端扎止血带,然后用镊子拔出毒针,吸出毒液后松开止血带。但不要挤压,以免剩余的毒素进入体内。

(2) 伤口可以冰镇及涂抹肥皂水、5%苏打水、3%淡氨水以减轻疼痛。

(3) 用冰块敷在蜂蛰处，可以减轻疼痛和肿胀。如果疼痛剧烈可以服用一些止痛药物。

(4) 如果蛰伤疼痛有蔓延趋势，出现皮肤发红及红斑、面部及眼睑肿胀等，可能有过敏反应，应该服用一下抗过敏药物，如苯海拉明、扑尔敏等抗过敏药物。

(5) 密切观察半小时左右，如果发现有呼吸困难、呼吸声音变粗、带有喘息声音时，哪怕一点也要立即送最近的医院去急救。

(七)蛇咬

蛇咬后伤口有牙痕并伴有红肿和剧痛，伤者出汗、视力模糊、呼吸困难、恶心呕吐，严重者意识丧失、呼吸停止。

(1) 迅速用有弹性的条状物在伤口上方5～10厘米处结扎，防止毒素进入血循环，或用消毒刀片在蛇毒牙痕处切一道深约半厘米的切口，切口方向应与肢体纵向平行。

(2) 用嘴吸出毒液吐掉(口腔内有破损时不可)。

(3) 尽快送患者去医院。

(八)小腿抽筋

小腿抽筋也叫"腓肠肌痉挛"，主要是指脚心和腿肚抽筋。发作时不仅疼痛难忍，而且还不能活动，日常生活中时有发生，游泳时发生的频率更高一些。对于小腿抽筋情况，导游员和游客应采取以下急救措施。

(1) 游泳时发生小腿抽筋，一定不要慌张，先深吸一口气，把头潜入水中，使背部浮在水面，两手抓住脚尖，用力向自身方向拉。一次不行的话，可反复几次，肌肉就会慢慢松弛而恢复原状。如果逞强硬想上岸，往往会适得其反而溺毙。

(2) 日常生活中发生小腿抽筋，可迅速地掐压手上合谷穴(即手臂虎口、第一掌骨与二掌骨中间陷处)和上嘴唇的人中穴(即上嘴唇正中近上方处)。掐压20～30秒，疼痛即会缓解，肌肉会松弛，其有效率可达90%。如果再配合用热手巾按揉、用手按摩，效果会更好。

(九)溺水

溺水的抢救刻不容缓，现场复苏最为重要。将溺水者救出水后，立即清除口鼻及咽部的呕吐物和异物。使溺水者的头部偏后一侧，保持气道通畅，将舌头拉出，以免舌头后坠阻塞气道。如呼吸心跳已停止，同时肺内和胃内有大量的水滞留，应采取腹部垫高，胸和头部下垂，或抱其双脚，将其腹部放在施救者的肩上走动或跳动以"倒水"。也可将患者腹部俯卧于抢救者下跪的大腿上，头部放低倒水。

倒水后放平患者即行人工呼吸和胸外心脏按压，以恢复心脏搏动和自主呼吸，打开呼吸道进行人工呼吸：用仰头举颏法打开呼吸道，使下额角与耳垂连线垂直于地面90°；人工呼吸：吹气时间为一秒以上，吹气量700～1100毫升、频率为12次/分钟；胸外心脏按压：心肺复苏有效症状：伤病员面色、口唇由苍白、青紫变红润；恢复自主呼吸及脉搏搏动；眼球活动，手足抽动，呻吟。如经短时间急救无效者不可放弃，而要一面坚持，一面送往医院继续抢救。

(十)流鼻血

(1) 出鼻血时不要惊慌，头不要往后仰，也不要低头，而应让血液顺利地从鼻腔流出。用冰袋敷鼻梁及前额，这样可以反射性地引起血管收缩而止血。

(2) 把双侧鼻翼捏向鼻中隔，一般压迫3～5分钟，出血就会停止。

(3) 用细绳扎住无名指根部，左鼻孔出血扎右手，右鼻孔出血扎左手。如无细绳，用手捏住也可以。

(4) 用拇指和食指捏患者脚后跟(踝关节与足根骨之间的凹陷处)，左鼻孔出血捏右脚根，右鼻孔出血捏左脚根，当即可止血。

(5) 左鼻孔出血上举右臂，右鼻孔出血上举左臂，两鼻孔出血上举双臂，对止血有奇效。举臂时要求身体立直，举起的臂与地面垂直，与身体平行。

(十一)急性心肌梗死

急性心肌梗死，发病较急，患者自感胸部持续剧烈疼痛(有的不痛)、面色苍白，嘴唇发紫，大汗淋漓，呼吸困难，脉搏细弱，心律不齐，心动过速，恶心呕吐等。游客发生这种情况时，应立即与附近医院联系。医护人员到来前轻将患者仰卧休息，切忌变动体位或挪动，如果脉搏消失，呼吸停止，应立即实施人工呼吸或胸外按压。

(十二)日光性皮炎

患处皮肤呈现弥漫性浮肿、灼痛、瘙痒。预防方法有：外出时戴帽、头巾或打伞。皮肤暴露处涂防晒霜。

(十三)擦伤

如伤口较浅,出血不多,可用卫生棉稍加挤压,挤压出被污染的血液。如伤口很脏,可用清水冲洗后用酒精消毒,然后用纱布包扎。

(十四)扭伤、拉伤

伤势不重,可用绷带或布条将受伤部位包扎,如可能,用冰块或冰袋敷患处。如伤势较重,进行上述处理后送医院治疗。

(十五)晕厥

晕厥即面色苍白,恶心欲呕,出冷汗甚至不省人事。此时,可用拇指食指捏压患者虎口(即合谷穴),捏压十余下时,一般可以苏醒。

(十六)便秘

在大便时以左手中指点压左侧天枢穴上,至有明显酸胀感即按住不动,坚持一分钟左右,就有便意,然后屏气,增加腹压,即可排便。

案例4-4

游客突发心脏病

美BTS旅游团一行15人按计划5月3日由W市飞往S市,5月7日离境。在从W市飞往S市途中,团内一位老人心脏病复发,其夫人手足无措……该团抵达S市后,老人马上被送医院,经抢救脱离危险,但仍需住院治疗。半个月后老人痊愈、返美。

(资料来源:http://wenku.baidu.com/view/55f28e320912a216147929a6.html)

【思考题】 游客突发心脏病,导游员如何应对?

【分析】 游客心脏病突发时,千万不能搬动和拖拉游客,而应让其就地平躺,头略高,由患者亲属或领队或其他游客在其身上寻找急救药。及时拨打医院急救电话。

案例4-5

游客被烫伤

辽宁省鞍山市有个汤岗子温泉。这里的泉水温度高达72摄氏度,清澈透明、无色无味，含有人体所需的多种微量元素，有滋肤、活络、健体、祛病之疗效。过去伪满皇帝溥仪和婉容曾来此地疗养，张学良将军也曾是这里的常客。

一天，北京某旅行团一行 37 人，由玉佛苑转到这里参观。大家看到泥疗场地十分新鲜，都想试一下。最后，男男女女，不分老少都躺在了泥床上。不久，多数人都起来去淋浴了，一位老先生最后起来，走路十分吃力。导游员一看他的脚，居然烫起了一个拳头大小的水疱。导游员立即扶着客人坐下，并马上通知了这里的医生。在等医生时，导游赶忙打来清水，帮助客人清洗泥迹。这时，许多人围了上来，一些游客还指责导游员事前未提醒大家应该注意这里的高温。导游员一边忙着为老人检查其他部位有无受伤，一边向大家致歉。10 分钟后，医生为客人进行了治疗，诊断并无大碍后送客人回房间休息。

（资料来源：http://www.fkzz.com/jpwz/dyyw/News.asp-class_id=259&news_id=1015.htm）

【思考题】 游客烫伤，导游员如何应对？

【分析】 在本案例中，导游员没有预想到泥疗也会出现意外。当她面对游客的指责时，意识到，如果能够提前将一些注意事项交代给游客就好了。这样，就不会出现客人怨声载道的场面了。 幸运的是，老人家除了水疱外，并无大的影响。导游员能够在第一时间给予及时的处置，也减少了老人的疼痛。由此可见，在旅游活动中，"意外"是经常会发生的。如果有游客被烫伤(烧伤)的情况应尽快进行如下处置：①轻度的烫伤，宜将烫伤部位泡在冷水中，一直泡到疼痛减缓为止，在烫伤部位局部涂上消炎药膏，清凉油等。②如果出现水疱，不要把水疱挑破，以防继发性感染。③疼痛较严重时，适当给患者服些镇静止痛药，并少量喝些温开水以立和紧张情绪。④严重烫伤或烧伤者，应尽快送往医院救治，以免延误病情。

案例 4-6

团体签证分离

某欧洲旅游团持集体签证在中国旅游。在旅游过程中，客人 Mr. Swort 向全陪小王提出希望团队旅游结束后留在中国继续参观并办点私事。小王告诉他，在中国旅游的境外旅游团必须整团出入中国国境，所以回绝了他的要求。在旅游团队离开中国的前一天，他再次向小王提出了他的要求并讲明理由，小王以时间紧迫为理由给予拒绝。Mr. Swort 认为小王侵犯了他的合法权益，回国后，通过其领队向小王的旅行社提出了投诉。

（资料来源：http://www.fkzz.com/jpwz/dyyw/News.asp-class_id=259&news_id=1015.htm）

【思考题】 外国游客可以申请团体签证分离吗？

【分析】 Mr. Swort 提出的要求是可以满足的，导游员小王应在汇报旅行社领导后给予应有的帮助，帮助其办理签证分离手续。

知识拓展

1. 高铁

高速铁路是指通过改造原有线路(直线化、轨距标准化)，使列车的行驶速度达到每小时 200 公里以上，或者专门修建新的"高速新线"，使列车的行驶速度达到每小时 250 公里以上的铁路系统。2007 年 4 月 18 日起在中国铁路第六次大提速后开行动车组列车(包括 G、C、D 三种车次类型)。中国现在使用的动车组名称是"和谐号"，英文名称缩写是 CRH，全称是 China Railways High-speed(中国高速铁路)。

2. 机场安检禁止物品

枪支、军用或警用械具类(含主要零部件)及仿制品；爆炸物品及仿制品；管制刀具；易燃、易爆物品，瓶装压缩气体、液化气体、汽油、乙醇、油漆等；毒害品、剧毒农药等剧毒物品；硫酸等腐蚀性物品；放射性物品；其他危害飞行安全的物品，如可能干扰飞机上的各种仪表正常工作的强磁化物、有强烈刺激性气味的物品等；国家法律法规规定的其他禁止携带、运输的物品。

本章小结

本章介绍了旅行社、饭店相关业务知识；介绍了旅行过程中常用知识，例如出入境知识、交通知识、货币知识、保险知识、急救护理知识等。其中旅行社旅游产品、饭店主要接待部门、旅行常识是学习的重点。

习　题

一、单项选择题

1. 《旅行社条例》规定旅行社的业务主要有三大项，下列不属于这三项之中的是(　　)。

第四章 旅行社、饭店及旅行常识

  A. 国内旅游业务   B. 入境旅游业务
  C. 边境旅游业务   D. 出境旅游业务

2. 民航规定出售儿童半价票的年龄为(　　)。
  A. 2 岁以下   B. 2 岁以上，8 岁以下
  C. 2 岁以上，12 岁以下   D. 2 岁以上，6 岁以下

3. 乘火车随同大人购买座别相同的半价票的儿童，身高不得超过(　　)。
  A. 1 米   B. 1.1 米   C. 1.3 米   D. 1.5 米

4. 出境通过安检时，已填写海关出境行李申请单的游客应走的通道是(　　)。
  A. 国内游客通道   B. 国际游客通道
  C. 红色通道   D. 绿色通道

5. 游客在野外被毒蛇咬伤，导游员首先应该(　　)。
  A. 用苏打水清洗伤口   B. 包扎伤口上方，减缓血液循环
  C. 用刀片划开伤口排毒   D. 立即送客人到医院抢救

二、多项选择题

1. 散客旅游的特点有(　　)。
  A. 要求多   B. 预订期长   C. 批次多   D. 批量小

2. 饭店最基本、最传统的功能是(　　)。
  A. 住宿功能   B. 餐饮功能   C. 商务功能   D. 会议功能

3. 旅游签证属于普通签证，在中国为 L 字签证，发给来中国(　　)的人员。
  A. 旅游   B. 学习   C. 探亲   D. 工作

4. 旅行社单项服务包括(　　)。
  A. 导游服务   B. 代办交通票据
  C. 代办签证   D. 代订饭店客房

5. 外国游客中不准出境的几种人包括(　　)。
  A. 出现人员死亡的旅游团队
  B. 在旅途中有不当言行的人
  C. 刑事案件的被告人
  D. 公安机关、人民检察院或者法院认定的犯罪嫌疑人

三、简答题

1. 旅行社的业务流程。
2. 什么是半包价旅游?
3. 饭店的等级有哪些?
4. 护照及其类别。

四、论述题

旅行社责任险的责任范围包括哪些?

五、案例分析题

小刘随旅游团参观景区,当天太阳很大,小刘由于走得急,忘了带遮阳用具,刚开始小刘还感觉良好,但过一段时间后就感到头痛、头晕、眼花、恶心、呕吐,最后竟晕倒在地。

问题:

导游员如何对小刘进行急救?

第五章

导游服务程序与内容

【学习目标】

通过本章的学习，掌握地陪、全陪、领队和景区景点导游员的工作程序和内容；学习如何按照旅游接待计划为旅游者提供服务，包括日程安排、生活服务和导游讲解等。

【关键词】

地陪、全陪和领队　工作程序

导游实务

 引导案例

导游员小王带着一个18人的团队去黄山。下了火车与地陪接洽后，发现18人的团坐18个座的车，怎么也坐不下。原因是团里有两个孩子，身高都超过了1.3米，由于费用自理，没有算在内。可是孩子家长以车距不够没法搂孩子为由，拒绝孩子让座，而交费的另两个散客只能在车外站着。这是由于组团社的工作人员没有和客人讲清，小王提前没有和地陪说清，才出现了这种情况。

(资料来源：http://jpk.hbtvc.com/2012mndy/fhgjyuyk/1225.htm)

造成这种情况的原因在于地陪在进行准备工作时，也没有对团队成员的具体情况进一步了解，结果造成游客的座位不够，出现了很大麻烦。因此导游在带团时，应该详细了解旅游团队成员的基本信息，尤其是团队中是否有老人和儿童。

第一节 地陪导游服务程序和内容

一、服务准备

(一)业务准备

1. 熟悉、研究计划

地方陪同导游员在旅游团(者)抵达前应认真阅读接待计划和有关资料，详细、确切地了解该旅游团(者)的基本情况、日程安排及服务项目和要求，重要的事宜记录在陪同日志本上，根据旅游团计划，地方陪同导游员要分析、研究的问题主要有以下几方面。

(1) 计划签发单位(即组团社)、联络人的姓名及电话号码。

(2) 境外组团社名称、旅游团名称、代号、电脑序号、国籍、语种、收费标准和方式，领队的姓名。

(3) 团队组成情况，即人数、性别、姓名、年龄、职业、文化层次、宗教信仰、风俗习惯等。

(4) 旅游线路和交通工具：包括全程旅游线路、出入境地点、交通工具情况、抵离本地所乘的交通工具及班次、抵达时刻、具体抵达地点。

(5) 交通票据情况：去下一站的交通票据是否订妥，与原计划有无变更及变更后的落实情况；有无返程票，若有要弄清落实情况。

第五章 导游服务程序与内容常识

(6) 掌握团队的特殊要求和有关注意事项,如会谈、拜会、宴请、风味、住房、用餐、交通及需特殊照顾的老弱病残者。

(7) 有无须办理通行证地区的游览项目,若有则要及早办好有关手续。

(8) 有无增收费用的项目,如机场税、超公里费、额外游览项目等。

(9) 旅游团的接待规格及服务范围,例如团内是否有 2 岁以下婴儿、12 岁以下的儿童,餐饮标准等,尤其要搞清楚饭店和餐饮是外方旅行社自订、组团社代订、旅游者自理,还是由地接社代订。

2. 落实接待事宜

地方陪同导游员应在旅游团(者)抵达的前一天,与旅行社各有关部门或人员联系落实,检查旅游团的交通、住宿、行李运输等事宜。以下是接待计划书和某公司接待通知单。

旅行社接待计划书

旅行社名称			(盖章)	电话		
团号			游客类别	□国际 □国内	游客人数	
导游姓名		专兼职		导游证号		
目的地				团队性质	□地接 □出游	
任务时间		年 月 日至		年 月 日	天	夜
乘坐交通情况	抵达	交通工具:	航(车、船)次:		月 日 时	
	离开	交通工具:	航(车、船)次:		月 日 时	
	接送站	接:车型 座数 司机 送:车型 座数 司机				
	城市间					
住宿饭店				住宿天数		
游览景点						
进餐地点						
购物地点						
其他安排						
计调部负责人			(签名)	计调部电话		
完成任务情况及有关说明						

福州海外旅游公司接待通知单

组团单位：上海青旅	团名：GLOTS-0205B		国籍：中国上海		人数：17+1	大人 17+1 小孩 0
抵达时间：2009年9月19日 CZ5184机 18时25分到			离开时间：2009年9月22日 CZ5139机 09时50分赴上海			
住宿饭店：福州西湖大酒店　8双标间　1单间　加1全陪床　等级：豪华双标间						

餐饮：	时间	早		中		晚	
		地点	标准	地点	标准	地点	标准
	9月19日					福来香	便餐
	9月20日	饭店	中早	新闽楼	便餐	聚春园	风味
	9月21日	饭店	中早	景江	便餐	西酒	宴会
	9月22日	饭店	中早				

观光	9月19日	机场接机　入住酒店　晚餐
	9月20日	鼓山　　三坊七巷　　晚上夜游闽江
	9月21日	马尾船政文化（造船厂、马江海战纪念馆、船政文化博物馆）西湖　　林则徐出生地　　晚上欣赏闽剧
	9月22日	机场送机

派车单位：国旅车队	车号：闽A—06666	车队电话：82348901

行李车联络人：张师傅　13987609903
旅行社联络电话：88899561　计调：徐庆　29986657　夜间电话：13901029873

备注	1.请导游与机场确认航班到达时间，并确认客人的回程机票。 2.福来香、新闽楼、景江、聚春园的餐已订好，请陪同约好开餐时间。 3.团队购物店为：紫金漆器厂，福州寿山石市场，名苑茶坊。 4.此团为我社重点开线团，请陪同做好导游服务工作，并注意餐饮质量

全陪：张环　　地陪：×××

(1) 核对日程安排表。地方陪同导游员应就接待社在当地参观游览活动安排日程表的日期、出发时间、游览项目、就餐地点、购物、晚间活动、自由活动以及会见等特殊项目同组团社的接待计划进行核实，如发现有出入应与旅行社的有关人员联系，问明情况并作必要的修订。

(2) 落实旅行车辆。导游员应提前与车辆单位联系，弄清接待车辆的车型、车牌号及车内设备的完好程度，并对以上情况作书面记录；与司机约定接头地点、出发时间(准确估计时间，提前半小时到达接站地点)；接待大型旅游团时，须在车上贴编号或醒目标记。

(3) 落实住房。地方陪同导游员应熟悉旅游团(者)所住饭店位置、概况、服务设施和服务项目；核实旅游团(者)所订房型、房间数、是否含早餐等。如有必要，特别是接待重点旅游团(者)，地方陪同导游员要亲自前往饭店向有关人员了解团队排房情况，主动介绍旅游团(者)的特点，与饭店接待人员配合做好接待工作。

第五章 导游服务程序与内容常识

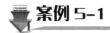

案例 5-1

经 验 之 误

小王是一家旅行社的老导游员了,凭借多年的带团经验,不论是哪种类型的旅游者,她都能够很好地驾驭。这次,小王接待的是来自台北的 VIP 旅游团,小王的接团计划书写着,客人下榻的饭店是本市的五星级大饭店香格里拉。当游客下了飞机后,小王便直接带着游客到了香格里拉饭店入住。可是,当她到前台取房卡时,工作人员称,小王所在旅行社并没有在这里订房。小王马上把电话打到旅行社计调那里,经证实,由于变更了计划,酒店改到了另一家五星级饭店。小王此时只能满脸堆笑,向游客们求情,请大家再登上旅游车,前往另一家饭店入住。可是,当客人一进这家酒店大堂时,几乎所有的人都拒绝入住。因为,虽然同为五星级,可这里的环境和地理位置等诸多因素与刚刚去过的香格里拉大饭店相差许多。无奈,小王向旅行社经理求助,经理来后,亲自向领队解释并为每位客人买了水果并且道歉,客人才入住。

(资料来源:http://vip.book.sina.com.cn/chapter/5170582/10121365.html)

【思考题】 小王为什么带错了饭店?

【分析】 地陪导游员在带团的过程中,最重要的一个环节就是要认真落实各项接待事宜,尤其是与旅游者密切相关的餐、车、房等方面。小王自认为经验丰富,不需要再进行确认了,因为这一点的怠慢,却给旅行社造成很严重的影响,使旅行社在经济上有所损失,而且小王也破坏了自己在游客心目中的形象。

(4) 落实用餐。地方陪同导游员应提前与各有关餐厅联系,确认旅游团日程所安排的每一次用餐情况。在确认时,须讲明旅行社的名称、团号、人数、餐饮标准、用餐时间和餐次、特殊要求等,最后记录接待人员的姓名和通知时间。

(5) 与内、外勤联系。地方陪同导游员应提前同有关人员落实票务、行李车的安排情况,问清行李员的姓名和会面地点。

(6) 与全程陪同导游员联系。如所接待的旅游团是入境团(首站抵达),地方陪同导游员应主动询问全程陪同导游员的情况,并与全程陪同导游员取得联系,约定见面地点和时间,一起提前到机场(车站、码头)迎接旅游团。

(7) 了解不熟悉景点的情况。对新开放景点或不熟悉的景点,地方陪同导游员应事先了解行车路线、景点设施、位置及开放时间等情况,以保证旅游活动的顺利进行。

案例 5-2

导游迷途，游人遭罪

广东某公司十几名职员利用假期到湖南南岳衡山旅游。经过与广东一家旅行社联系，旅行社派给了他们一位导游，湖南人，据说很熟悉衡山。于是这些游客在导游的带领下去了衡山，看了南岳大庙，看了麻姑仙境。导游劝这些游客夜登祝融峰，于是游客听从了导游的建议，可是导游却带他们走上了岔路，晚上山上大雾夹杂着雨水，把游客淋得够呛。游客提议下山，不想导游又走岔了路，翻到了山的那一边，一直走到山下的一个村子，村民告诉他们那里根本没有其他的路走出去，只有往回走再上祝融峰，然后从山的另一边下去。于是游客不得不冒着大雨翻过南岳最高峰再下山，几位游客因受雨淋感冒发烧，其他游客也被折腾得不能动弹。

(资料来源：http://jpk.hbtvc.com/ldyy2010/ku/307.htm)

【思考题】 导游为什么会带错路？

【分析】 导游员的基本职责就是向导，所以要熟悉景点的旅游线路，第一次走的线路一定要提前踩点。

(二)知识准备

在接团前，地方陪同导游员要根据旅游团(者)的特点和参观游览节目的安排，对自己和接待对象有充分的了解，做到知己知彼。

(1) 根据接待计划上确定参观游览项目，对翻译、导游的重点内容，特别是对自己不太熟悉的内容，要提前做好外语和导游知识的准备。

(2) 根据旅游团大部分成员所从事的专业，要做好相关专业知识准备。

(3) 了解当前的热门话题，国内外重大新闻及旅游者感兴趣的话题。

(4) 掌握旅行常识。地方陪同导游员应熟悉并掌握在服务过程中涉及的交通、通信、货币、海关、卫生等方面的常识。

(三)物质准备

地方陪同导游员在接团前必携带好旅游接待计划、导游证、胸卡、名片、导游旗、接站牌、手提扩音器(但在景点的室内讲解时，不宜用扩音器，以免影响其他旅游者)、景点门票结算单、团队结算凭证、计车牌(或行李标签)、必要的费用、记事本、意见表等物品。

(四)形象准备

导游员的自身形象不是个人问题,他作为所属地区和企业的形象代表,在宣传旅游目的地、传播中华文明起着重要作用。地方陪同导游员每次上团前要做好仪容、仪表方面的准备。

(1) 要有饱满的精神状态。

(2) 导游员的着装要符合导游员的身份,要方便导游服务工作。一般应着庄重服装。切忌穿奇装异服,或一味追求名牌高档服装,哗众取宠。

(3) 修饰要有度,服饰整洁、大方、自然,佩戴首饰要适度,不浓妆艳抹、花枝招展,注重清洁卫生。

(4) 上团时,导游员必须将胸卡佩挂在胸前,并随身携带导游证,以表明自己的身份。

(五)心理准备

1. 准备面临艰苦复杂的工作

导游工作既是一项脑力劳动,又是一项体力劳动。在接待工作中,经常会发生各种各样的问题与事故,需要导游员去面对和处理。

2. 准备承受抱怨和投诉

在旅游接待过程中,有时可能遇到下列情况:导游员已尽其所能向旅游者提供热情周到的服务,但由于其他接待环节出现差错或非人为因素造成旅游过程中的不愉快,导致旅游者的抱怨和投诉;甚至还有一些旅游者会无故挑剔或提出苛刻要求。为此,导游员必须有足够的心理准备,冷静、沉着地应对,继续以自己的工作热情去感化旅游者。

3. 抵御各种污染和诱惑

因为接待对象及整个旅游环境的复杂,在接待过程中,导游员必须具备高尚的情操,时刻准备面对各种精神污染和物质诱惑。

二、接站服务

接站服务是指地方陪同导游员前往机场、(车站、码头)迎候旅游团(者)并将旅游团(者)转移到所下榻饭店过程中所要做的工作。接站服务在整个接待服务工作中至关重要,其好坏直接影响到以后的工作质量。

(一)旅游团(者)抵达前的服务安排

1. 确认旅游团准确抵达时间

包括提前去旅行社落实或打电话询问旅游计划有无变更情况和出发前向机场(车站、码头)问讯处问清所接旅游团(者)所乘班次的准确抵达时间。一般情况下,至少应在飞机抵达的预定时间前 2 小时,火车、轮船抵达的预定时间前 1 小时向问讯处询问。

2. 与旅行车司机联络

电话通知司机出发的时间,商定见面地点和停车位置,并告知活动日程和具体安排。

3. 提前抵达接站地点

地方陪同导游员应提前半小时抵达机场(车站、码头),与司机商定车辆的停放位置;如已安排行李员,地方陪同导游员应与行李员取得联络,并向行李员交代旅游团的名称、人数,通知行李的运送地点,了解行李抵达饭店的大体时间。若所接待的是散客或小包价旅游团,地方陪同导游员应提前 20 分钟抵达接站地点,在出口处的醒目位置等候。

4. 再次核实班次抵达的准确时间

地方陪同导游员在落实上述工作后,还须再次向问讯处确认或通过班次抵达显示牌确认班次的准确抵达时刻。

5. 持接站标志迎候旅游团

在旅游团出站前,地方陪同导游员应持接站标志,站在出口处的醒目位置,热情迎候旅游团。接小型旅游团或无领队、无全程陪同导游员的散客旅游团时,要在接站牌上写上旅游者的姓名,以使旅游者能主动与地方陪同导游员联系。

(二)旅游团(者)抵达后的服务

1. 认找旅游团(者)

旅游团(者)所乘班次的客人出站时,地方陪同导游员要举接站牌站在明显的位置上,让领队或全程陪同导游员(或客人)前来联系。同时地方陪同导游员还应根据旅游者的民族特征、衣着、组团社的徽记等做出判断,或主动询问,问清该团领队(或客人)的姓名、人数、国别、团名,大型旅游团还要问清团号,一切相符后才能确定是自己所要接待的旅游团。若接待散客,则应与司机一起站在不同的出口处举接站牌迎接、接到后要认真核对旅游者的姓名。

2. 简单介绍

地方陪同导游员接到和确认旅游团(者)后,应向领队(或客人)进行自我介绍,并介绍全程陪同导游员,向游客表示欢迎。

3. 核实人数

地方陪同导游员在找到所要接待的旅游团(者)后,应及时向领队核实实到人数。如有变化,应及时与旅行社取得联系,对变化情况进行核实,并采取相应的措施。

4. 集中清点行李,并交接行李

如旅游团是乘坐飞机抵达的,地方陪同导游员应协助旅游者将行李集中到指定位置,提醒他们检查各自的行李物品是否完好无损。与领队、全程陪同导游员、行李员一起清点并核实行李件数,填好行李卡(一式两份),与行李员双方签字,一份交予行李员。如在检查过程中发现有行李未到或破损现象,地方陪同导游员应协助当事人到机场失物登记处或有关部门办理行李丢失登记和赔偿申报手续。

若所接旅游团乘坐火车抵达,在接到旅游团后,地方陪同导游员应向全程陪同导游员或领队索取行李托运单,并将单据交给行李员,同样需填写行李卡,行李卡上应注明团号、人数、行李件数、所下榻饭店,一式两份,并经双方签字。

5. 询问旅游团(者)情况

地方陪同导游员还应向领队询问团内旅游者的身体状况和有无特殊要求,如团队是白天到达的,则应与全程陪同导游员、领队商定是先回饭店,还是马上进行游览。

6. 集合登车

地方陪同导游员要提醒旅游者带齐手提行李和随身物品，引导其前往乘车处。旅游者上车时，地方陪同导游员应站在车门一侧恭候客人上车，并向客人问好，必要时可助其一臂之力。旅游者上车后，应协助其就座，礼貌地清点人数，等所有人员到齐、坐稳后，方可示意司机开车。

(三) 到饭店途中的服务

指导游员带旅游团(者)离开机场(车站、码头)前往所下榻饭店的整个过程。

1. 致欢迎词

一般情况下，旅游者上旅游车后，在赴饭店途中致欢迎辞，但如果遇到有领导前往迎接或在机场逗留时间较长，或旅游团人数较多不能保证每辆车上都有陪同时，则可在机场致欢迎词。欢迎词的内容应视旅游团(者)的国籍、旅游者的年龄、文化水平、职业、居住地区及旅游季节等不同而有所不同，不可千篇一律。欢迎词大致包括以下内容。

(1) 问候语。
(2) 介绍自己的姓名和所属旅行社的名称，介绍司机。
(3) 代表所在接待社、本人及司机欢迎旅游者来本地参观游览。
(4) 表明自己提供服务的工作态度和希望得到合作的愿望。
(5) 预祝旅游愉快、顺利。

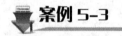
案例 5-3

导游欢迎词范文

各位游客大家好，俗话说，有朋自远方来，不亦乐乎。认识大家是我的荣幸，首先做在这里一个自我介绍，我是××旅行社的导游，，我姓×，大家在以后的几天叫我×导或小×都可以。坐在我旁边的驾驶员是我们的司机×师傅，我们坐他的车会感觉到安全、舒适和快捷，大家本次××地×日游的行程将有我和司机师傅一起来为大家服务，大家有什么要求可以提前告诉我，我和我们的师傅会尽力为您提供完善的服务，接下来大家要记住我们的旅游车是×颜色的，车号是×××××××，下面简单地说一下我们本次的行程(简要概述一下日程安排和接待标准让游客做到心中有数)。

现在正值炎炎夏季，到了目的地以后估计中午的气温比较高、日照比较强，爱美的女士和怕热的先生们要注意了,请备好自己的太阳伞或者我们旅游公司为您发的遮阳帽,一来可以遮阳避光,二来我们还可以"以帽取人",这里的"帽"是帽子的帽哦!呵呵。

现在车子已经高速行驶在××路上了,在这里呢小×要给大家提几点建议,希望大家对我的工作予以配合,主要从安全、纪律和卫生三方面入手……最后我提前预祝大家旅途愉快,希望这次旅游能成为您今后生活美好的记忆。我会用我的真心换您的放心,用我的尽心换来您的开心!

(资料来源: http://www.so100.cn/html/daoyouhuanyingci/20105/92225.html)

2. 调整时差

接入境团(者),地方陪同导游员要介绍两国(两地)的时差,请旅游者调整好时间,并告知在今后的游览中将按北京时间为作息时间标准。

3. 首次沿途导游

在进行首次导游时,导游员应做到以下几方面。

(1) 就位于车厢前部,靠近车门和司机的地方,面对旅游者这样全车游客你可以一览无余,同时可以让游客看到认识你、熟悉你,便于配合工作,以减少在游览过程中出现游客走失、走散的可能性。另外,离车门和司机近,遇有情况也好及时处理。

(2) 面带微笑,表情自然。

(3) 使用话筒时,切忌向话筒吹气或以手拍打话筒来试音,而应以向游客问好的方式来检查音响效果和音量是否适度。

(4) 应注意音量适中,节奏快慢得当,使车辆内每一个旅游者都能听清楚。

(5) 对重要的内容要重复讲解或加以解释。

首次导游的内容主要包括风光、风情及饭店概况介绍和在当地活动日程的安排等。

(1) 介绍机场(车站、码头)的基本情况。

(2) 风光导游。地方陪同导游员应向旅游者介绍沿途见到的有代表性的景物。

(3) 风情导游。地方陪同导游员应适时地介绍当地的政治、经济、历史、文化、风土民情、风物、特产、气候、货币、语言、交通、城市概况等,并提示注意事项。

(4) 饭店介绍。地方陪同导游员应向旅游者介绍下榻饭店的基本情况:饭店名称、位置、行车距离、星级、规模、主要设施及设备的使用方法、入住手续等(根据路途距离和时间长短酌情增减,也可在入店时进行介绍)。

(5) 宣布当地活动日程。地方陪同导游员可在沿途讲解中见缝插针地向旅游者宣布当地活动日程安排，有时甚至在车上就可确定日程(对一般观光旅游团而言)。

(6) 分发资料。根据旅行社规定，向旅游者分发导游图和社徽等资料。

必须说明的是，地方陪同导游员在沿途导游服务时，应见机行事，穿插进行以上讲解内容，避免机械、生硬和杂乱无章。

4．宣布集合时间、地点及停车位置

(1) 旅游车抵达下榻饭店，地方陪同导游员应在旅游者下车前向全体成员讲清并请其记住车牌号码、停车位置、集合地点和时间。

(2) 提醒旅游者将手提行李和随身物品带下车。

(3) 向司机交代清楚第二天出发的时间。

5．帮助旅游者下车

地方陪同导游员应在旅游者下车前首先下车，站在车门的一侧，在旅游者下车时给予必要的帮助。

三、入店服务

(一)协助旅游团(者)办理住房登记手续

(1) 旅游团(者)抵达饭店后，地方陪同导游员可在饭店大堂内指定位置让旅游者稍作等候，并尽快向饭店总服务台讲明团队名称或旅游者姓名(散客)、订房单位。

(2) 帮助填写住房登记表，并向总服务台提供旅游团(者)名单，拿到住房卡(房间号)后，再请领队分配房间和分发房门钥匙(或磁卡)。

(3) 地方陪同导游员应掌握领队、全陪和团员的楼层房间号，并告知与自己联系的方法。

(二)介绍饭店设施、设备和服务项目

(1) 介绍外币兑换处、商场、娱乐场所、公共洗手间、中西餐厅等设施的位置。

(2) 说明旅游者所住房间的楼层和房间门锁的开启方法。

(3) 提醒旅游者住店期间的注意事项及各项服务的收费标准。

(4) 如旅游者系晚间抵达(需用晚餐)还应宣布晚餐时间、地点、用餐形式。

第五章 导游服务程序与内容常识

(三)带领旅游团(者)用好第一餐

(1) 地方陪同导游员应与旅游团(者)约定集中用餐的时间和地点。

(2) 等全体成员到齐后，亲自带领旅游者进入餐厅，向餐厅领座服务员询问本团的餐桌号，然后引领旅游团(者)成员入座。

(3) 等大家坐好后，应向旅游者介绍就餐的有关规定，如哪些饮料包括在费用之内，哪些不包括，若有超出规定的服务要求，费用由旅游者自理等，以免产生误会。

(4) 地方陪同导游员还应向餐厅说明旅游团中有无食素旅游者，有无特殊要求或饮食忌讳。

(5) 将领队、全陪介绍给餐厅经理或主管服务员，以便直接联系。

(6) 用餐过程中要巡视游客用餐情况一两次，征求游客的意见，解答游客提出的问题，监督、检查餐食质量标准并解决出现的问题。

(7) 如果在饭店外用餐，用餐后，按实际用餐人数、标准和领用酒水数量，如实填写《餐饮费结算单》，与供餐单位结账。

(8) 如果所带旅游团(者)的第一餐安排在下榻宾馆外面，品尝风味或用便餐，地方陪同导游员必须提前通知餐厅用餐的大概时间、团名、国籍、人数、标准、要求等。

带领旅游团用好第一餐

"各位接站的旅客朋友请注意了，由上海飞往沈阳的 CJ6304 航班，将于北京时间 18:50 准时到达机场，请接机的朋友做好迎接准备。"从机场广播室里传出的声音告诉吴皓，上海一行 18 位游客即将到达机场了。吴皓打开了随身包，将导游旗的旗杆拔出来，平整了一下导游旗，做好了接团前的准备。15 分钟后，游客们在吴皓的带领下上了旅游车。飞机上几个小时的飞行，使许多游客显得比较疲倦。吴皓看了一下手表，已经 7:00 多了。他问道："大家在飞机上是不是已经用过晚餐了？"大家说："吃是吃了，可是飞机餐一点也不好吃。我们想来沈阳吃顿正餐，导游有没有安排啊？"吴皓在接团前仔细看过接团计划单，在行程中，旅行社特地为刚下飞机的客人安排了晚餐。于是，吴皓说："大家请放心，我们旅行社早已考虑到大家可能会在飞机上吃不好晚餐。所以，我们现在就到沈阳最有特色的'老边饺子馆'去吃晚餐。东北人有一句话，叫'站着不如倒着，好吃不如饺子'。沈阳的'老边饺子'在全国可是很有名气的。中央电视台的满汉全席比赛——饺子宴,'老边饺子'拿回好几个金奖呢,一会儿,准保让大家吃得满意,大家看怎么样?"吴皓的一席话,将全团游客的热情一下子调动了起来,许多人还在车上讲着自己在家包饺子的心得。一路轻松,当车子停到饭店门口,吴皓第一个从车上下来,一路小跑进了餐厅。原来,他想马上去趟洗手间。客人走进大厅,看不见吴皓,也不知道该往哪里走,正在焦急等待时,吴皓非常抱歉地跑了回来,将客人引领到提前预订好的餐位上。从上海一同到沈阳的全陪张小姐和司机师傅一直跟着团队客人,不知道自己该坐在哪里为好。吴皓在忙着给客人倒水,两个人没好意思上前打扰。此时,服务员过来询问两个人是否需要帮助,二人讲明身份后,服务员将两位引到陪同桌坐下。由于过了用餐高峰,餐厅里的客人不是很多,后厨上菜也很快,也许是这里的饺子确实独树一帜,上海游客品尝后连连称赞。

(资料来源:http://www.docin.com/p-598741493.html)

【思考题】 导游员小吴在服务中出现了哪些小失误?

【分析】 小吴的小失误包括:没有及时引领游客进入餐厅用餐区,忽略了司机和全陪,照顾不周等。

(四)重申当天或第二天的活动安排

地方陪同导游员应向全体旅游者重申当天或第二天的日程安排,包括叫早时间、用餐时间和地点,集合地点、出发时间、用餐形式和地点等;提醒旅游者做必要的游览准备。一般在第一天晚餐将要结束,旅游者还未离开之前重申。

(五)照顾旅游者和行李进房

旅游者进房时,地方陪同导游员必须到客人所在的楼层,协助楼层服务员做好接待工作,并负责核对行李,督促行李员将行李送至旅游者的房间。若出现诸如客房不符合标准、房间不够整洁或漏做卫生、重复排房、室内设施不全或有损坏等现象,以及行李没有及时送到、错拿、破损等问题,地方陪同导游员应尽快查明原因,采取相应的措施,协助饭店有关部门及时处理。

(六)确定叫早时间

待一切安排妥当后,地方陪同导游员应与领队、全陪一起商定第二天的叫早时间,并请领队通知全团成员。地方陪同导游员还应将叫早时间通知饭店的总服务台,办理叫早手续。

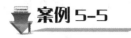

入店服务

由格林女士任领队的美国 GB 旅游团与全陪、地陪一起，于某日 19 时到达饭店，地陪为游客办理了住店登记手续并分发了房卡，游客便陆续进入各自的房间。稍后，当地陪正准备离开饭店时，一位游客匆匆赶到大堂，请地陪为其在华的中国亲属办理随团活动手续。地陪思考片刻后说："今天时间晚了，有什么事明天再说吧！"

(资料来源：http://www.360doc.com/content/10/0825/17/2903271_48722727.shtml)

【思考题】 地陪入店服务中有哪些不妥之处？

【分析】 根据导游员工作规范，地陪下述这些方面做得不妥：不应为游客办理住店手续，而是应协助领队办理住店手续；不应向游客分发房卡，房卡应由领队分发；没有具体介绍饭店的服务设施和位置；没有照顾游客的行李进房；没有宣布用餐时间，没有陪同游客进第一餐；没有留下足够的时间处理游客进入房间后可能出现的问题，而是急着回家；未立即着手帮助游客联系、办理其亲属随团活动的有关事宜。

四、核实、商定日程

旅游团抵达后，地方陪同导游员应把旅行社有关部门已经安排好的活动日程与领队、全陪一起核对、商定，征求他们(包括旅游者)的意见。这样做，一是表明对领队、全陪、旅游者的尊重；二是旅游者也有权审核活动计划，并提出修改意见。同时导游员也可利用商谈机会了解旅游者的兴趣、要求。

核定日程

西安某旅行社在国庆节期间组团前往宁夏沙湖。这个团为标准团。事先其领队曾对游客讲过旅游地的地陪人员紧张，旅游服务水平还不高，请大家有所准备。该团到达宁夏后，行程安排得比较紧，地陪在没有跟大家商量，也没有和领队、全陪核对的情况下，便向大家宣布行程，致使其中一个旅游项目没有宣布，引起游客不满。当晚又在没有了解准确到站时间及换车车次的情况下，就向游客宣布，游客提出质疑，且对到站时间及提前离开表示极为不满，当晚便与地陪发生争执。经全陪调查，原定列车已被取消，这次列车准确到站时间改为早 6:50(原以为凌晨 4 点)。尽管如此，因为地陪的表现及在与游客争执中语言欠妥，致使游客返回后对此地陪提出投诉。

(资料来源：http://www.17u.net/bbs/show_4_185098.html)

【思考题】 地陪的服务有哪些不妥之处？

【分析】 首先，没有按导游工作程序进行，行程应先与全陪、领队核实后再向游客宣布；第二，没有做好本职工作，例如车票具体时间及车次变化等情况，应在调查询问清楚后再告诉领队和全陪，由他们向游客说明情况；第三，导游员不应与游客当面争执，更不能出言不逊伤害游客。

(一)与旅游团核实、商定日程的时间、地点和对象

商定日程的时间宜在旅游团抵达的当天，最好是在游览开始之前。对一般观光旅游团，可在首次沿途导游过程中，即在宣布本地游览节目时，用最短的时间确定日程安排。也可在旅游团进入饭店，待一切安排完毕后再进行。对重点团、记者团、专业团、考察团，则应在旅游团到达饭店后进行。

商谈日程的地点可因地制宜，一般在饭店的大堂，有时也可在旅游车上，对重点团、记者团、考察团，必要时可租用饭店会议室。商谈日程的对象，可视旅游团的性质而定，对一般旅游团可与领队商谈，也可由领队请团内有名望的人参加。对重点团、专业团、记者团、考察团，除领队外，还应请团内有关负责人参加。

(二)与旅游团商谈日程的原则

商谈日程时必须遵循的原则是：宾客至上、服务至上的原则，主随客便的原则，合理而可能的原则，平等协商的原则。日程安排既要符合大多数旅游者的意愿，又不宜对已定的日程安排做大的变动。如果变动过大，就会涉及和影响其他部门的工作安排。

(三)在核对日程时，可能出现不同的情况，地陪要采取相应的措施

1. 地陪的接待计划与领队、全陪手中的计划不一致

(1) 地陪应及时报告旅行社查明原因，分清责任。

(2) 按照旅行社的指示，做出调整。

2. 旅游者提出小的修改意见或增加新的游览项目

(1) 地陪应及时向旅行社有关部门反映，对合理而可能的要求应尽力予以满足。

(2) 如需增收费用，地方陪同导游员应事先向领队或旅游者讲明，并按规定的标准收取费用。

(3) 对无法满足的要求，要做好详细解释、耐心说服工作。

3. 旅游者提出的要求与原日程不符且涉及接待规格

(1) 一般应婉拒，并说明地接社不便单方面违反合同。

(2) 特殊情况，并由领队提出时，地方陪同导游员必须请示旅行社有关领导，根据领导的指示而定。

在满足旅游者的要求和接受旅游者的修改意见、增加新的游览项目时，导游员一定要谨慎从事，注意规避风险。

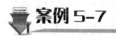

导游员的游览计划和领队的有出入

小张是一个东南亚旅游团的地陪。旅游团到了饭店后，小张就和领队商谈日程安排。在商谈过程中，小张发现领队手中计划表上的游览点与自己接待任务书上所确定的游览景点不一致，领队的计划表上多了两个景点，且坚持要按他手上的景点来安排行程。为了让领队和游客没有意见，小张答应了。在游览结束后，领队和游客较满意。但小张回旅行社报账时却被经理狠狠批评了一顿，并责令他赔偿这两个景点的门票费用。

(资料来源：http://www.mdjdx.cn/jpk/dyyw/class.asp?id=16)

【思考题】 旅行社所下达任务单上游览景点与游客手中计划书上景点不符，地陪应如何应对？

【分析】 这种情况的出现，基本上有两种原因：一是双方在洽谈过程中发生误会；二是对方旅行社为掩盖其扣游客费用而采取"瞒天过海"的一种手段。导游员碰到这类问题时，必须弄清真相，不然，或者会给旅行社带来损失，或者会导致游客有意见。本案例中，导游员小张就是因自作主张随意答应了游客的要求，结果导致旅行社利益受损，吃力不讨好。

五、参观、游览服务

(一)出发前的导游服务

1．提前到达集合地

出发前，地方陪同导游员应提前10分钟到达集合地，并督促司机做好各项准备工作。这样，一是表示导游员以身作则遵守时间；二是表示对旅游者的礼貌；三是导游员可乘客人还未到齐前向已到的旅游者了解他们的要求和想法，应对紧急突发事件。

2．礼迎旅游者上车

客人上车时，地方陪同导游员应恭候在车门的一侧，热情招呼客人。

3．清点人数

待旅游者上车后，地方陪同导游员应礼貌地清点人数(切忌指点客人)。若发现有旅游者未到，地方陪同导游员应向领队或其他旅游者问明情况，设法及时找到；若旅游者自愿留在饭店或不随团活动，地方陪同导游员要问明情况，并做出妥善安排；若旅游者要求自由活动，地方陪同导游员应做好提醒工作，必要时写便条交给旅游者，以保证旅游者能按时顺利归队。

4．做好预报和提醒工作

地方陪同导游员应向旅游者预报当日的天气和游览地点、地形、行走路线的长短等情况，必要时提醒他们带好衣物、雨具、合适的鞋等。

在预报天气时，如果旅游者来自使用华氏温度的国家和地区，地方陪同导游员应按照摄氏温度与华氏温度换算公式进行换算后，再将华氏温度告诉旅游者。

5．示意司机开车

一切准备妥当后，地方陪同导游员方可示意司机开车，并进行途中导游、讲解。

案例 5-8

地陪没有准时到达旅游团集合地

小徐是从××外语学院德语专业毕业分配到旅行社从事导游工作的。这天，他做地陪接了一个德国团。早上 7:30，他就跨上自行车去游客下榻的饭店，因为旅游团 8:00 在饭店大厅集合。小徐想："从家里到饭店骑车 20 分钟就到了，应该不会迟到。"然而，当经过铁路道口时，开来一列火车，把他挡住了。待列车开过去时，整个道口已挤得密密麻麻，因为大家都急着赶时间去上班，自行车、汽车全然没有了秩序。越是没有秩序，越是混乱，待交通警察赶来把道口疏通，已过 8:00。10 分钟后，小徐才到饭店。这时，离原定游客出发时间已晚了十多分钟，只见等候在大厅里的那些德国游客个个脸露不悦，领队更是怒气冲冲，走到小徐面前伸出左手，意思是说："现在几点了?"

(资料来源：http://www.docin.com/p-109259948.htmll)

【思考题】 德国游客为什么会生气?

【分析】 德国游客的时间观念也许是世界上最强的，讲好 8:00 出发，绝对会一个不漏、一秒不迟地准时在大厅集合。这时，如果导游员自己迟到了，在他们心目中的形象就会大打折扣，即使前面的工作非常出色，也将事倍功半。本案例中，小徐应该把赶往饭店的时间更提早些，这样，也就不会出现本案例中所述的最后一幕。当然，作为导游员，不仅是带德国游客，带任何一个旅游团，都要守时，绝不能迟到，这是导游从业人员起码的素养。

(二)抵达景点途中的导游讲解服务

1．宣布当日活动日程

地方陪同导游员在前往景点途中，首先向旅游者寒暄问候，然后宣布(重申)当天的活动日程，包括途中所需时间、每个游览项目所需大致时间、午餐、晚餐的时间地点。若需乘船、乘缆车，要讲明准确的乘坐时间、地点，并提醒注意事项。

2．介绍新闻和热门话题

根据团队的情况，适当介绍国内外重要新闻和热门话题。

3．途中讲解

(1) 沿途风光讲解。地方陪同导游员在沿途讲解时要不失时机、有选择地介绍途中的所见景物，回答旅游者提出的问题，讲解时要注意所见景物与介绍"同步"，并留意观察旅游者的反应。

(2) 介绍所参观游览景点的概况。在到达游览景点前，地方陪同导游员应简明扼要地介绍景点概况，包括历史沿革、艺术价值、形成原因、景观特色等，以激起旅游者游览的欲望。

(三)抵达景点后的导游服务

1．游览前的导游讲解

(1) 抵达景点时，在下车前，地方陪同导游员应向旅游者讲清在该景点的停留时间以及参观游览结束后的集合时间和地点。

(2) 提醒旅游者记住旅行车的型号、颜色、标志、车牌号；在进景点前，地方陪同导游员应向旅游者讲解游览线路，提醒游览的注意事项。

(3) 若旅途较短，来不及介绍完景点概况，可作简短说明。

2．游览中的导游讲解

(1) 在景点导游过程中，地方陪同导游员应保证在计划时间和费用内，使旅游者充分地游览、观赏，做到导和游相结合，适当集中和分解相结合，劳逸结合。

(2) 为了防止旅游者在游览中走失，除了做好提醒工作外，还须做到时刻不离旅游者，并注意观察周围的环境，特别关照老弱病残的旅游者。为旅游团服务时，应与领队、全程陪同导游员一起密切配合，随时清点人数。

地方陪同导游员在景点讲解时，要做到心中有数，先讲什么，后讲什么，中间穿插什么典故和趣闻故事都要预先设计；讲解内容翔实，语言流畅；讲究讲解方法和技巧，并观察旅游者的反应，灵活调整讲解内容和速度；力求做到有声有色，情景交融，详略得当，有虚有实。内容讲解一要给旅游者以生动、形象、具体、亲切、灵活的感受。

(四)参观活动中的导游服务

1．参观前的准备工作

(1) 地方陪同导游员应问清前往人数，弄清参观时间和内容。

(2) 了解宾主之间是否有礼品互赠，若礼品系赠送给外宾的应税物品，则一要提醒有关人员缴税，保存发票和证明，以备旅游者出关时海关查验。

(3) 提前联络，落实接待人员。

2．参观时的导游翻译工作

(1) 到达参观点后，地方陪同导游员应及时联系接待人员，并向旅游者作介绍，提醒参观时的注意事项。

(2) 在接待人员向旅游者作介绍时，地方陪同导游员要认真做好翻译工作。翻译时如遇介绍者语言有不妥之处，或涉及有价值的经济情报，地方陪同导游员要严格把关，予以提醒。

(五)返程中的导游服务

返程导游服务是指一天的游览活动即将结束，从最后一个参观游览点返回饭店途中的导游服务工作。

1. 回顾当天活动

地方陪同导游员在返程中应回顾当天参观、游览活动内容，作必要的补遗讲解，回答旅游者的提问。

2. 风光导游

地方陪同导游员在选择返程路线时，尽量避免原路返回，力求做到让旅游者看到更多的景物，并做好沿途的讲解工作。

3. 宣布次日活动日程

到达饭店前，地方陪同导游员应向旅游者预报晚上和次日的活动日程和时间安排，特别强调第二天的叫早时间、早餐时间和地点、出发时间和集合地点，提醒旅游者下车前带好随身物品。车到饭店后，地方陪同导游员应率先下车并站在车门的一侧照顾旅游者下车，并一一与他们告别。

接待散客时，在接待计划规定的景点游览结束后，地方陪同导游员应将其分别送回饭店。

六、其他服务

(一)购物

购物是旅游者的一项重要活动，既推销了商品，又满足了旅游者的购物需求。

1. 严格按照旅行社的规定提供导游服务

地方陪同导游员必须带旅游团(者)去定点商店购物，应遵循旅游者"需要购物，愿意购物"的原则，避免购物次数过多，强行推销。

2．了解对象，因势利导

根据旅游团的特点，向旅游者介绍本地商品特色。

3．当好购物参谋

地方陪同导游员必须熟悉商品的产地、质量、使用价值和艺术价值等商品知识，并向旅游者介绍；介绍有关商品的托运种类，以及海关对旅游者携带物品出境的有关规定。

4．积极维护旅游者的利益

如遇小贩强卖，地方陪同导游员有责任提醒不要上当受骗，切不可放任不管；如遇商店不按质论价、推销伪劣商品、不提供标准服务，地方陪同导游员应向商店负责人反映，采取措施，以维护旅游者利益。事后也可向旅行社报告，通过旅行社的交涉，避免以后出现类似问题。

5．对游客要求托运的商品要给予必要协助

购物活动既可安排在前往景点的途中顺便进行，也可作专门的安排，主要取决于旅游者及游览计划的安排。

游客不愿进购物商场

某日，H市的地陪小姚接待了一个旅游团，在游览完了景点后便按照计划去一家购物商场。由于在前面几个城市的游览过程中，当地地陪已多次带着大家去购物，因此游客中大部分对购物兴趣全无。小姚带游客到了商场门口后，一部分游客不愿意下车。见到这种情况，小姚便说："你们在H市，我们仅安排了唯一的一次购物，希望大家给我面子，请大家一定去这家商场看看，不购物也没关系。"听了小姚这几句话，游客们才懒洋洋地进了商场。

(资料来源：http://jpk.hbtvc.com/ldyy2010/ku/307.htm)

【思考题】 地陪的做法妥当吗？

【分析】 购物是旅游活动的六大要素之一，也是一个国家、地区旅游收入的重要组成部分。但是，作为旅行社、导游员在安排游客购物时必须注意到游客的购物心理、购物行为，强迫游客去购物或勉强为之都是违背购物原则的。

(二)社交活动

1. 会见

(1) 事先了解会见时是否需要互赠礼品,如知道客人要送礼品,则要事先通知接待方;如赠送的礼品属应税物品,应提醒有关人员办妥必要的手续,以备旅游者出关时被海关查验。

(2) 承担翻译任务。必要时地方陪同导游员可充当翻译,若是重要会见,特别是涉及政治、科技问题,一般有专职翻译,地方陪同导游员则在一旁认真倾听,做好记录。

(3) 旅游者若会见在华亲友,地方陪同导游员应协助安排,一般没有充当翻译的义务。

2. 宴请和品尝风味

(1) 宴会。参加宴会,地方陪同导游员应做到准时出席,服装整洁大方(最好按要求着装)注意宴会礼节。地方陪同导游员要做的具体工作是介绍主宾双方,当好翻译(翻译时要注意气氛,切忌边吃东西边翻译)。

(2) 风味餐。品尝具有地方特色的风味餐,是旅游者在旅游过程中经常参加的活动项目。风味餐有两种形式,一种是计划内风味(在旅游接待计划中已安排,费用含在团费中),另一种是计划外风味(由旅游者自费品尝的风味)。地方陪同导游员不管是陪同旅游者品尝计划内风味餐,还是被邀请参加计划外风味餐,充当的角色主要是向旅游者介绍餐馆的历史、特点、名气、菜肴名称、特色、吃法、制作方法及著名菜肴的来历等。

案例 5-10

品尝风味餐

喜欢出门旅行的人大多有这样一个习惯,即来到异地他乡,总想品尝一下当地的独特风味和不同地域文化所带来的特色美食。李先生一行来到成都参观游览,除团队正常安排的团队餐外,他们更想到小吃街上尝尝那里的特色餐食,因此,特向导游小张请教,当地最有代表性的小吃是什么,及其所处的地理位置等许多大家关心的"美食"题。看到大家对这里的小吃如此感兴趣,小张也非常高兴。这毕竟是对地方经济的一种推动,更说明了这里的饮食已在旅游者心目中占有一席之地了。小张告诉大家:"此次四川之旅，旅行社为大家安排团队用餐中已经包含一些地道的小吃，可能是因为与正餐一起品用，使大家感受不深。如果大家还要自费品尝的话，我可以帮大家推荐一些有代表性的美食。"说着，小张便如数家珍般地把各种美味小吃介绍了一番，游客早就按捺不住美食的诱惑了，没等小张介绍完，便三三两两地结伴而行了。

（资料来源：http://www.docin.com/p-439774134.html）

【思考题】 游客品尝风味餐时，导游需要陪同前往吗？

【分析】 计划外的品尝风味餐导游员不需要陪同前往。导游在帮助安排风味餐时应实事求是地向游客预报要产生的餐费或其他可能产生的费用，严禁欺诈、欺骗游客。提醒游客注意饮食卫生，严防不洁饮食和食物中毒。

(三)文娱活动

文娱活动是旅游者晚间活动的重要内容之一。地方陪同导游员应预先了解剧情，向旅游者简单介绍节目的内容和特点，引导旅游者入座。在观看节目的过程中，地方陪同导游员要向旅游者作剧情介绍，解答旅游者的提问，并始终不离开旅游者。同时，提醒旅游者不要走散，并注意旅游者动向和周围环境，以防不测。

(四)自由活动

(1) 旅游者离开饭店时，地方陪同导游员要提醒他们带上饭店的店徽、名片，以便他们外出后，能自己返回饭店。

(2) 提醒旅游者不要走得太远，不要太晚回饭店，并宣讲其他安全注意事项。

(3) 地方陪同导游员还应帮助旅游者找车辆。

(五)游览市容

游览市容是当今旅游者认识和了解一个旅游地风土民情、城市面貌的主要休闲方式。

游览市容一般采取徒步和乘车游览的方式。游览过程中要时刻注意周围环境和旅游者动向，确保旅游者的安全。

七、送站服务

送站服务是旅游团接待工作的最后阶段。因此，导游员必须善始善终，以饱满的工作热情和良好的精神状态做好最后阶段的工作，使旅游者顺利、安全地离开。

(一)送行前的业务准备

1．核实交通票据

旅游团离开本地的前一天，地方陪同导游员应认真做好旅游团离团的交通票据核实工作，核对团名、代号、人数、全程陪同导游员的姓名(如非集体票，则要核对每一位旅游者的姓名是否与有效证件吻合)以及航班(车次、船次)、始发到达站、起飞(开车、启航)时间(要做到四核实，即计划时间、时刻表时间、票面时间、问讯时间的核实)；弄清启程机场(车站、码头)的位置；核查班次有无变更，内勤是否已通知下一站，以免漏接；提醒全程陪同导游员向下　站交代有关情况。假若地方陪同导游员是送乘飞机离境的旅游团，应提醒或协助领队提前72小时向民航确认机票(团体机票确认一般用传真向有关民航售票处确认即可)。

2．确定出行李的时间和方法

地方陪同导游员应在旅游团离开的前一天与领队、全程陪同导游员商定出行李的时间，并通知每一位旅游者；然后与旅行社行李部(或行李车队)联系，告知该团出行李的时间、抵达启程站的大致时间等，并通知饭店行李部行李交接的时间。

3．商定第二天叫早、早餐、集合及出发时间

在叫早和早餐、集合、出发时间确定后，地方陪同导游员要通知饭店有关部门和旅游者。

4．协助饭店结清与旅游者有关的账目

地方陪同导游员应在旅游团离店前一天提醒、督促旅游者尽早与饭店结清所有自费项目账单(如洗衣费、电话费、饮料酒水费等)。地方陪同导游员应尽早通知饭店总台该楼层旅游团离房的时间，提醒他们及时与旅游者结清账目。

5．提醒有关注意事项

地方陪同导游员应提早告知旅游者行李托运的有关规定，提醒其将有效证件，所购买的贵重物品及发票放在手提包里随身携带。

6．及时归还证件

旅游团离开的前一天，地方陪同导游员应检查自己的行李，看一看是否还保留有旅游者的证件、票据等。若有应立刻归还，并当面点清。一般情况下，地方陪同导游员不应保留旅游团的旅行证件，若需用可通过领队向旅游者收取，用完后立即归还。

(二)离店

1．集中交运行李

旅游团离店前，地方陪同导游员应按商定的时间与领队、全程陪同导游员、饭店行李员一起检查行李是否捆扎、上锁，有无破损等，在每件行李上加贴行李封条，然后共同清点，确认行李件数，并填写好行李交运卡。

2．办理退房手续

无特殊原因，地陪应安排旅游团在中午 12:00 以前办理退房手续。

3．集合登车

旅游者上车后，离开饭店前，地方陪同导游员要清点人数，并得到领队的确认。再次提醒旅游者有效证件是否随身携带，有无遗漏物品等，一切妥当后方可开车。

(三)送行

1．致欢送词

致欢送词能够加深彼此间感情，营造告别气氛。所以，地方陪同导游员在致欢送词时要真诚。致欢送词的场合多选择在行车途中，也可选择在机场(车站、码头)。

欢送词的内容主要包括以下几方面。

(1) 回顾旅游活动，感谢合作(对旅游团而言，一般先感谢客人，再感谢领队、全程陪同导游员、司机)。

(2) 表达友情和惜别之情。

(3) 征求旅游者对工作的意见和建议。

(4) 旅游活动如有不尽如人意之处，地方陪同导游员可借此机会向旅游者表示歉意。

(5) 期待重逢。

(6) 美好祝愿。

案例 5-11

欢送词范文

各位游客：好花不常开，好景不常在，今日离别后，何日君再来？邓丽君小姐的这首《何日君再来》是我们常常唱起的一首歌。几天前我们在这里开始起程，今天大家又回到了起点，我们七天的行程马上就要结束了。有一首诗大家一定不会陌生，那就是：轻轻地我走了，正如我轻轻地来，我挥一挥衣袖，不带走一片云彩。但是我相信，我们之间友情的花朵会常开，黄山、天柱山、九华山、西递宏村、齐云山、歙县、新四军军部旧址、花山谜窟的美景永远常在，今日离别后，什么时候你会再来？也许从此之后我们不会再相见。在人家这次黄金之旅的最后时刻，我们还不得不谢谢一个人，就是我们的高师傅，高师傅用他高度的责任心和高超的车技，给了我们一个安全的旅行，也请大家给我们亲爱的高师傅点掌声，谢谢。在这几天游览过程中，我们一同走过了……（回顾行程）

各位到了机场后，即将乘坐飞机，回到自己温暖的家，在这里小王代表黄山旅行社祝大家一路平安、旅途愉快。

最后，祝大家在以后日子里，生活好，工作好，样样都好，亲戚好，朋友好，人人都好。中国有句古话，叫"两山不能相遇，两人总能相逢"，我期盼着在不久的将来在这里或者是你们那里能和大家再相会，我期盼着，谢谢大家！再见！

(资料来源：http://wenku.baidu.com/view/de0627442e3f5727a5e9623d.html)

致完欢送词以后，要把事先准备好的"旅游者意见表"交给领队或客人代表填写。然后，再向旅游者介绍一些该团队未去过的本地颇具特色或新开发的景点，欢迎客人下次再来此地观光旅游。

2. 提前到达离开地点

如旅游团(者)乘坐出境航班离开，则要求提前 180 分钟抵达机场；如旅游团(者)乘坐国内航班离开，则要求提前 120 分钟抵达机场；如旅游团乘火车、轮船离开，则要求提前 1 小时抵达车站、码头，散客旅游者则需提前 40 分钟。

在旅行车即将抵达机场(车站、码头)之前，地方陪同导游员应提醒旅游者带齐随身行李物品，准备好旅行证件，照顾全体旅游者下车，请司机协助检查车内有无旅游者遗留物品。

3. 移交交通票据和行李卡

如送国内航班(车、船),到达机场(车站、码头)后,地方陪同导游员应尽快与行李员联系,取得交通票据和行李票,将交通票据和行李票交给全程陪同导游员或领队,并一一清点核实。如送国际航班(车、船)地方陪同导游员应请领队、全程陪同导游员一起与行李员交接行李,并清点检查后将行李交给每一位旅游者。

4. 协助办理离站手续

进行完交通票据和行李卡移交工作后,地方陪同导游员仍不能马上离开旅游团(者)。若乘坐国内航班(车、船),地方陪同导游员应协助旅游者办理离开手续(帮助旅游者交付机场税、领取登机牌,并请领队分发登机牌;帮助办理超规格行李托运手续);若乘坐国际航班(车、船),地方陪同导游员将旅游团送至隔离区,由领队帮助旅游者办理有关离境手续。

5. 握手告别

若送乘坐飞机离开的旅游团(者),当旅游者进入安检口或隔离区时,导游员应与旅游者握手告别,并祝他们一路平安。若送乘坐火车、汽车、轮船离开的旅游团(者),导游员应等交通工具起动后或旅游者出关后,方能离开。

6. 结算事宜

若接待国内段旅游团,地方陪同导游员应在团队结束当地游览活动后、离开本地前,与全程陪同导游员办理好拨款结算手续;若接待离境旅游团,地方陪同导游员应在团队离开后,与全程陪同导游员办理好财务拨款结算手续,妥善保管好单据。

案例 5-12

送 客 服 务

清晨 8 时,某旅游团全体成员已在汽车上就座,准备离开饭店前往车站。地陪 A 从饭店外匆匆赶来,上车后清点人数后开始致欢送词:"女士们,先生们,早上好。我们全团 15 个人都已到齐。现在我们去火车站。今天早上,我们乘 9:30 的××次火车去×市。两天来大家一定过得很愉快吧。我十分感谢大家对我工作的理解和合作。中国有句古话:相逢何必曾相识。短短两天,我们增进了相互之间的了解,成了朋友。在即将分别的时候，我希望各位女士、先生今后有机会再来我市旅游。人们常说，世界变得越来越小，我们肯定会有重逢的机会。现在，我为大家唱一支歌，祝大家一路顺风，旅途愉快！(唱歌)好，火车站到了，现在请下车。"

(资料来源：http://www.360doc.com/content/10/0825/17/2903271_48722727.shtml)

【思考题】 地陪做法不妥之处有哪些？

【分析】 送团当天，地陪本应比平时更早到达饭店大厅，但他迟到了；由于迟到了，他没能在离开饭店前亲自与领队、全陪与行李员清点行李；没有提醒游客结账，交客房钥匙；没有提醒游客带齐各自的物品和旅行证件；没有征求游客的意见和建议；欢送词中没有回顾游览活动内容；下车前没有再次提醒游客不要遗忘随身携带的物品。

八、善后工作

(一)处理遗留问题

地方陪同导游员应按有关规定和旅行社领导的指示，妥善处理好旅游团临行前的委托事宜，如委托代办托运、转交信件、转递物品等。

(二)结清账目，归还物品

送走旅游团后，地方陪同导游员应在旅行社规定的时间内及早与财务部门结清账目，归还有关资料、表单及物品。

(三)总结工作

地方陪同导游员应认真做好陪同小结，实事求是地汇报接团情况。对旅游团的有关资料进行整理归档，具体说，地方陪同导游员应向旅行社提供发票、结算单、支票存根、签单、门票存根等资料；团队行程执行情况报告；团队额外旅游销售和购物情况报告；如系外聘导游，还应交还相关证件，由旅行社保管。地方陪同导游员还可根据在接待过程中所存在的问题作自我批评，这样有助于自身提高。

第二节　全陪导游服务程序

全程导游服务通常可分为服务准备、首站(入境站)接团服务、各站服务、离站服务、途中服务、末站(离境站)送团服务及后续工作等环节。

一、服务准备

(一)熟悉接待计划

1. 熟悉旅游团成员的基本情况

旅游团成员的基本情况包括人数、性别比例、年龄状况、职业性质、所属国家和地区以及宗教信仰情况等。如果是入境团,则特别要记住领队的姓名和联系方式。并且要了解是否有需要特殊关照的游客,如旅游经营商、记者、残疾人、老年人、儿童等。

2. 熟悉旅游团的行程计划

(1) 了解旅游团所到各地的接待旅行社的情况,包括联系人、联系方式、地陪情况等。

(2) 了解沿线各站的基本情况,包括历史、地理情况、人口、气候特征、风土人情、将要游览的旅游点的主要特色、自费节目等。

(3) 了解交通情况,如旅游团在沿线各站的抵离时间、所乘坐交通工具的种类及档次、交通票据是否需要确认。

(4) 了解住宿情况,如各站所住饭店的名称、位置、等级、客房条件以及特色等。

(5) 了解饮食情况,包括饮食标准、规格、团队成员是否有饮食禁忌等。

(6) 了解是否有会见、座谈、文娱节目等的特殊安排。

(7) 了解沿线是否有尚未确认或困难之处。

(二)物质准备

(1) 必备的证件:必备的证件包括身份证、导游证、边防通行证等。

(2) 接团资料:旅游团接待计划、记载各地接社联系方式的通信录、讲解资料、旅游宣传品、行李卡、旅游团徽记、全陪日志等。

(3) 所需结算单据和费用:拨款结算单、支票、差旅费等。

(4) 其他旅行必备物品。

(三)知识准备

1. 客源国(地区)知识

全陪应了解旅游者所在国(地区)的一些基本情况,如政治、经济、文化、风俗特点

等，了解这些情况有助于全陪在讲解时作一些对比和参考，加深游客的印象。

2. 专题知识

专题知识是全陪为准备专题讲解所用的，其内容一般根据旅游者的情况和沿途景点的情况确定。针对旅游者的性别、年龄、职业、民族等特点准备一些游客可能感兴趣的内容，作为沿途讲解的补充。

3. 目的地知识

全陪还应对旅游团沿途将参观的景点有一个基本的了解，特别在景点风格近似的情况下，要注意比较各地景点的异同，发掘深层次的文化价值和历史价值，让客人能够在短暂的旅游过程中，真正领会中国文明的意蕴。有时候在首站全陪会充当地陪的角色，这是一个和游客沟通的好机会，应该好好把握。所以，全陪对首站的讲解要精心准备，争取在团内建立良好形象，树立威信，有助于在接下来的旅程中能顺利进行。

(四)与各地接社联络

接团前一天，全陪应同地接社取得联系，特别是首站接待社，互通情况，妥善安排好有关事宜，并准备好相应的交通票据。

二、实际接待工作

(一)首站(入境站)接团服务

在首站(入境站)让旅游团在抵达后能立即得到热情友好的接待，让旅游者有宾至如归的感觉，是全陪同旅游者建立良好关系的基础。

1. 迎客服务

全陪迎客工作要做到准确无误、热情友好，以消除旅游者抵境后的不安心理，使客人产生亲切感。

(1) 接团之前，全陪应向接待社了解首站接待工作的详细安排情况。

(2) 全陪应在交通工具抵达前半小时到达接站地点，在海关入口处与地陪一起迎候旅游团。

(3) 交通工具抵达后，全陪要协助领队尽快找到旅游团，此时要认真核对，预防空接和错接事故的发生。找到旅游团后，全陪与领队交换名片，并立即着手核实实到人数、行李件数、住房、餐饮等方面的情况。

　　(4) 把地陪介绍给领队，协助领队与地陪清点、交接行李。

　　(5) 把旅游团带到旅游车停放的地方，协助游客等车。

2．入境介绍服务

　　(1) 致欢迎词。全陪应代表组团社和个人向旅游团致欢迎词，内容包括：表示欢迎，自我介绍(同时把地陪和司机介绍给全团)；表示提供服务的真诚愿望；预祝旅行愉快。

　　(2) 全程概述。对于沿线中的交通、住宿条件、作简要介绍，让客人适当了解，有一定心理准备。

　　(3) 介绍境内旅游注意事项，并校正时差。

3．入住饭店服务

　　(1) 全陪应主动协助领队办理旅游团的住店手续。

　　(2) 拿到房卡后，应让领队分配住房，但全陪要掌握住房名单，并掌握领队的房号以便联系。

　　(3) 热情引导旅游者进入客房。

　　(4) 如果首站无地陪，则全陪还要负责照顾行李进房。如果地陪不住饭店，全陪则要负起全责，照顾好旅游团成员，应对随时处理可能出现的问题。

　　(5) 掌握饭店总服务台的电话号码和与地陪联系的方法。

4．核对、商定旅游活动日程

　　由于计划变更、营销目的和天气等其他因素，海外旅行社的旅游活动计划与组团社的行程计划时有差异。由于文化背景和社会环境的差异，全陪和领队在各种问题的认识上难免会有一些不同。因此，全陪和领队核对、商定日程是非常必要的，也是双方良好合作的开始。核对日程一般在饭店内进行。全陪应认真和领队核对、商定旅游活动日程，活动日程应以组团社与海外旅行社共同约定的接待计划为准，避免大的修改。小的变动可以主随客便；如果是一些无法满足的要求，则要依据客观情况耐心解释；对一些有较大出入的提议，全陪应立即请示组团社，使领队得到及时的答复。旅游日程确认后，由领队向旅游团全体成员正式宣布。

第五章 导游服务程序与内容常识

(二)途中各站服务

1．向地陪通报旅游团的情况，并协助地陪工作

(1) 通过交谈和观察了解旅游团的情况。全陪要了解旅游团的需要和旅游兴趣(观光、购物或自由活动等)，旅游者的性格，团队中的"核心人物"和"活跃分子"等，作为调整旅游活动日程安排的依据。

(2) 入住饭店时，全陪应协助领队办理旅游团的入住登记手续，并要掌握住房名单。如果遇到由于组团社原因造成订房被压缩的问题，则要由全陪负责处理。

(3) 针对个别游客提出的合理而又可能的要求，全陪要协同地陪给予必要的帮助。

(4) 如遇到旅游者生病，一般由全陪及患者亲友送其去医院，地陪则继续带团游览。

2．检查、监督各地接社服务质量，酌情提出意见和建议

(1) 如果活动安排与前几站有明显雷同，全陪则应建议地陪做必要的调整。如果游客对地接社的工作有意见，全陪要诚恳地向地陪提出，必要时要向组团社汇报。

(2) 通过观察和征求游客意见的方式检查各地旅游产品的供给质量，如果发现有减少规定游览项目和降低质量标准的现象，应及时向地陪提出改进或补偿意见，必要时可向组团社报告。

3．保护旅游者的安全，预防和处理各种问题和事故

(1) 每次集合或上车时，全陪要负责清点人数。提醒旅游者注意人身和财物安全，如发生意外事故，应按照规范程序做出妥善处理。

(2) 在参观游览过程中，全陪要注意观察周围的环境，留意旅游者的动向，避免旅游者走失或发生意外。

(3) 旅游者购买贵重物品特别是文物时，要提醒其保管好发票，不要将文物上的火漆印去掉，以备海关查验；旅游者购买中成药、中药材时全陪要向他们讲清海关的有关规定。

(4) 每次抵离交通港时，全陪要注意负责清点行李。

4．做好联络工作

(1) 做好领队与地陪、旅游者与地陪之间联络、协调工作。

(2) 做好旅游线路上各站间，尤其是上、下站之间的联络工作，通报情况(如领队的意见，旅游者的要求等)，落实接待事宜。

(三)离站服务

(1) 提醒地陪落实离站的交通票据，核实离站的准确时间。如果离站时间有变化，要迅速通知负责下一站接待的旅行社；如果时间变化过大，甚至影响到行程安排，要及时向组团社汇报请示。

(2) 协助领队和地陪办理离站事宜。

① 向旅游者讲清我国关于航空、铁路、水路有关托运或携带行李的规定。

② 协助领队、地陪清点好旅游团的行李。

(3) 离站前，要与地陪、司机话别，对他们的热情工作表示感谢，以利于下次合作。

(4) 妥善保管票据。到达机场(车站、码头)之后，全陪应与地陪交接交通票据、行李卡或行李托运单。交接时一定要点清、核准并妥善保管，避免出现不必要的麻烦。

(四)途中服务

(1) 乘坐交通工具时，全陪要积极争取交通部门工作人员的支持，共同做好安全保卫、生活服务工作。

(2) 在旅行途中，全陪要组织好娱乐活动，协助安排好饮食和休息，努力使旅行轻松、愉快、充实。

(3) 如果在途中需要用餐，全陪应提早进行安排，对于游客的特殊饮食要求要尽量满足。

(4) 保管好行李托运单和各种交通票据等单据，抵达下站时将其交与当地的地陪。

(5) 乘坐长途汽车时，全陪可以根据游客的特点和旅途中的具体情况，做些专题性的讲解。

(6) 如果旅游团中有晕机(车、船)的游客，要给予重点照顾。

(五)末站服务

(1) 落实好旅游团的交通票据。在离境前一天，再次确认交通票据和交通工具离港的具体时间。

(2) 离境前一天晚上，可以借晚餐的机会向旅游团话别，简单回顾与旅游团共同度过的愉快的旅途生活，感谢大家的合作，并征求旅游者对整个接待工作的意见和建议。

对于一些由于接待方责任使游客感到不满的事情再次道歉,争取游客的谅解。

(3) 赴出境站途中,向游客致欢送词,对旅游者给予的合作再次表示感谢并欢迎再次光临。提醒游客准备好出境时所需的护照、海关申报单、购买的文物及贵重药材的发票等有关证明。

(4) 旅游团如果是乘坐飞机离境,全陪应该提前两个小时将旅游团送到机场,提醒游客自带行李入关接受检查。同时要向领队及游客介绍如何办理出境手续,送团至进关处。

三、后续工作

(一)认真处理遗留问题

旅游团离境后,全陪应认真处理好旅游团的遗留问题,提供可能的延伸服务。在带团过程中,如有重大情况发生,则要向本社作专题汇报。

(二)认真填写《全陪日志》

认真、按时填写《全陪日志》或是提供旅游行政管理部门及旅行社所要求的资料。《全陪日志》的基本内容包括以下几方面。

(1) 旅游团的基本情况。
(2) 旅游日程安排及飞机、火车、航运情况。
(3) 各地旅游接待质量,包括旅游者对食、住、行、游、购、娱等方面服务的满意程度。
(4) 发生的问题及处理经过。
(5) 旅游者的反映、意见和建议。
(6) 对于此类游客的接待建议。

(三)结清账目

按照财务部门的有关规定,粘贴票据,填写结账单,在规定时间内结清该团账目。

(四)归还物品

到相关部门归还所借用的物品,如团旗、接站牌等。

第三节　海外领队服务程序和内容

一、海外领队的作用

(一)领队是旅游计划的执行者和监督员

由于接待社是在境外具体负责执行旅游计划的企业，领队要协调好和接待社的关系，要求接待社按计划游览，维护旅游者和组团社的利益。

(二)领队是民间大使

在境外，领队不仅应当为旅游者提供优质的旅游服务，还要向目的地国的人民恰如其分地宣传我国的历史文化、风土人情，让他们更多地了解中国。

(三)领队是旅游者的良师益友

旅游者身处陌生的环境对所在地的地理、法律、风俗知之甚少，在旅游过程中或会遇到突发事件，在生活中或会遇到障碍与困难。在这个时候，就需要领队以自己的知识和经验为旅游者排忧解难。

二、海外领队的工作程序

(一)出发前的准备

1. 业务准备

(1) 掌握旅游团的情况并熟悉旅游接待计划，要了解团内成员的姓名、性别、职业、年龄，重要人物情况，旅游者的特殊要求。

(2) 核对票证。拿到全团护照和机票后，将机票和护照核对，认真检查数量是否一致，再核对姓名是否相符，以及前往国家和地区使领馆是否盖签证章等。

(3) 核对名单和护照。认真核对"旅行团出境名单"上的内容是否与护照内容一致。

(4) 核对护照内容。包括正文页与出境卡项目核对，出境卡两页是否盖章，是否与前往国相符等。

第五章 导游服务程序与内容常识

2. 身体准备、知识与心理准备

(1) 健康是非常重要的，只有健康的领队才能完成国外旅游的繁重任务。

(2) 了解目的国和地区的情况，如旅游景点、风俗习惯、气候等。

(3) 心理上做好吃苦和遭遇各种情况的准备。

3. 物质准备

(1) 准备好各种表格。包括"游客情况一览表"、团队旅游行程、海关申报表、海外住房名单表、前往国家(地区)出入境卡、前往国家(地区)海关申报表、我国海关申报表、国家旅游局颁布的《出境名单表》和电话簿。

(2) 护照、签证、机票、机场预付金或转账凭证、卫生检疫黄皮书、导游旗、领队证、行李牌、胸卡、领队日志、游客问卷、常用药品及日用品等。

(二)召开说明会

出团说明会是旅行团出发前，领队与团队成员正式见面的开始，是与团队成员熟悉的机会。要做出服务承诺，让游客感到领队热爱自己的这项工作，也愿意做好这项工作。

介绍团队行程前，领队务必首先强调集合时间、集合地点和航班的起飞时间。要介绍行程中的主要景点和城市间移动的时间安排等。

1. 说明会内容

(1) 安全问题。包括人身安全，证件安全问题。

(2) 提醒旅游者自备药品，如感冒药、泻药、止痛药、消炎药、晕车药等。

(3) 提前申明有关特殊饮食要求，旅游者应了解在饮食上有特殊要求的应在出发前向领队申明，以便给予特殊照顾。

(4) 了解饭店情况。多数饭店不提供拖鞋、牙具。房间内无开水，如需要，须付小费。房间内打长途或消费冰箱内的酒水或饮料费用不在团费内。有些饭店设有付费电视频道，使用前要了解付费方法。

(5) 提醒旅游者先了解一下前往地区气候以准备不同衣物。

(6) 强调纪律，请旅游者遵守时间，记住汽车牌号，导游和领队的姓名、联络方式。

(7) 请旅游者遵守当地法律法规，尊重当地风俗习惯，比如去新加坡，不能携带整条香烟，否则会被罚款。

导游实务

案例 5-13

风俗禁忌

在东南亚国家中,泰国可以说是最富特色的旅游胜地。不论景物、文化或风俗,均别具一格,而且带有非常浓厚的宗教色彩。陈先生是一位旅游爱好者,他在某国际旅行社报了名,参加新马泰三国 7 日游。由于该旅行社组团人数不足,在征得陈先生和其他游客同意的前提下,将其他两家旅行社的 10 位游客也凑在同一个旅游团内,但到出发前的一天,领队是哪一位都不清楚,直至到达飞机场时,领队宋先生才出现在游客面前。宋先生和大家简单认识了一下后,便帮助大家办理登机手续,一路上的行程安排得比较合理,陈先生一行游客非常满意。第 5 天,旅游团到达了陈先生最向往的美丽城市曼谷。地接导游员按照接团计划,第一站就带游客去了泰国最有名的"护国寺"——玉佛寺参观。当所有游客正准备进寺参观时,陈先生被地接导游员挡在了门外,一问才知道,原来在泰国参观寺院时必须要穿戴整齐,而陈先生只穿了休闲短裤和露肩背心。情急之下,陈先生只能去寺院旁的服装店花高价买了一身新衣服。在试穿时,店家的小儿子正在摇篮里玩耍,陈先生本能地用手摸了一下小宝宝的头却惊怒了店主。店主将陈先生赶出了商店,并用泰语说了一大串的话,陈先生虽不懂泰语,却感觉这些话一定是在诅咒自己。丈二和尚摸不着头脑的陈先生衣服没买成,自然也就无法进入寺院参观。在门口等待的时候,陈先生和司机师傅聊天,想了解一下自己到底犯了泰国人什么样的忌讳。司机师傅用不太流利的汉语告诉陈先生:"在泰国人的观念中,头部是全身的精灵之地,不可以随便触摸。家长们认为自己家里孩子的头上是有佛光的,如果被别人抚摸,佛光就不见了。只有国王、父母和僧侣才能摸小孩子的头,即使在理发的时候,也要先说一声对不起。"听完了司机的解释,陈先生对自己刚才的无知感到非常抱歉。可陈先生心里还想着一件事,就是要向主管部门投诉旅行社和领队,为什么不在出国前将这些禁忌提前告知游客呢?越想越生气的陈先生拿起电话打到了国内。

(资料来源: http://www.docin.com/p-708078048.html)

【思考题】 陈先生为什么违反了泰国的风俗禁忌?

【分析】 作为出境旅游团,在出发或入境之前,必须召开行前说明会。领队在说明会上应将此行可能出现的或异国的一些情况向游客进行简单的介绍,避免因不懂风俗习惯而触犯禁忌。

2. 需落实的事项

(1) 房间分配。

(2) 是否有离团活动和单项服务等特殊要求。

(3) 是否有餐饮特殊要求的客人。

对于说明会未到的客人，领队必须与他们取得联系，确认以上各项事宜后，与外联人员及时沟通。

(三)出入境手续的办理

1. 出境手续的办理

(1) 领队应按规定时间，提前到达集合地点，在指定位置等候游客到达。

(2) 清点人数，联络尚未到达的客人，确认其所在位置，催促其尽快赶到。

(3) 购买国际机场建设费(或客人自理)，12岁以下儿童免交。

(4) 指导需要办理海关申报的客人走红色通道，办理申报手续。其他游客走绿色通道。

(5) 前往指定柜台，清点行李件数，统一办理登机手续，办理行李托运，检查游客行李领取牌，分发登机牌和护照，提醒登机时间和登机口。

(6) 卫生检疫：出示黄皮书或购买药盒的发票。

(7) 过边检：持护照按出境名单顺序通过，未在出境名单上的客人须填写出境内外卡。

(8) 出境名单的收存：过边检时将出境名单一式三联递交边检人员，通过后边检留存一份，其余两份由领队收存以便入境时据此能行。

(9) 过安检、候机、登机：如果航班需要经停一空港后离境，领队应提醒游客在出发地办理海关申报手续，行李即可直接运到目的地。领队带领大家走 S 通道，出境手续在离境空港办理。

2. 目的国入境手续的办理

(1) 预先填妥入境卡和行李申报单，准备好有关证件。

(2) 带领旅游团办理好证件查验、海关检查和卫生检疫等入境手续。

(3) 乘坐火车，汽车通过国界时领队应将团队的证件收齐。

3. 目的国离境手续的办理

(1) 托运行李的安全检查。境外许多国家在托运前进行行李安全检查，检查过的行李要粘贴封条或用打包带机打包。

(2) 办理登机牌及行李托运手续。在所乘航班的办理柜台办理换登机牌和行李托运手续。

(3) 填写出境卡。有些国家的出境卡只有在柜台才能拿到，比如澳大利亚。领队须指导游客填写出境卡，必要时可代游客填写。

(4) 过关时旅游者手持护照、出境卡、登机牌，排队过关。

(四)境外游览过程中领队的工作

(1) 介绍目的国的情况和主要参观景点。向旅游者介绍目的国家(地区)的情况和参观景点是领队首要任务。包括向旅游者介绍目的地国家或地区的民族特点、信仰、生活习俗、礼仪及其著名的旅游景点和特色等。

(2) 及时向旅游者报告天气。

(3) 游览过程中的讲解工作。导游讲解以地方导游为主，领队起组织作用。领队可以多讲些当地导游讲解中没涉及的内容。

(五)购物过程领队工作

作为领队在购物环节应避免同外国导游一起带客人买假货，应对客人负责。购买贵重商品时应提醒客人认真选购，并要求商店开具保单，当好游客购物的好参谋。

(六)旅行结束后的工作

旅行结束领队带团回国后，及时清点行李物品并尽快到派遣单位报到。及时反映情况并填写领队日志。

第四节　景区、景点导游员服务程序和内容

一、服务准备

(一)熟悉接待计划

在接待前，导游员首先了解所接待旅游团(者)的基本情况，要弄清旅游团(者)的人数、性质、身份、要求等。

(二)熟悉景区、景点的情况

(1) 根据旅游团(者)的情况,掌握相关的知识。
(2) 掌握必要的环境保护和文物保护知识及安全知识。
(3) 熟悉景区、景点的有关管理条例。
(4) 物质准备:准备好导游器材和游览工具;准备好导游图册、宣传资料和纪念品;佩戴好导游胸卡并随身携带导游证。

二、接待服务

(一)致欢迎词

欢迎词的内容包括向旅游团(者)进行自我介绍,表示欢迎,表达工作愿望,希望得到大家的合作和指导。

(二)导游讲解

(1) 景区、景点的概况介绍。内容包括基本概况,如历史背景、规模、布局等;特征、价值;参观游览的有关规定和注意事项。
(2) 向旅游者讲明参观、游览的线路和主要内容。
(3) 积极引导旅游者参观游览。导游员应根据旅游者的兴趣、爱好进行有针对性的讲解。
(4) 宣传与讲解相结合。导游员应根据所参观、游览的景区、景点的具体内容适时地宣传环境、生态知识及文物保护知识,并认真回答旅游者的询问。
(5) 留意旅游者的动向,提醒安全注意事项。

(三)购物

导游员应主动向旅游者实事求是地介绍有特色的纪念品,做好旅游者的购物顾问,制止尾随兜售或强买强卖的现象。

三、送别服务

(一)致欢送词

致欢送词是景区、景点导游员最重要的工作内容之一,包括对旅游者的合作表示感谢，征询意见和建议，向旅游者表示祝愿，欢迎再次光临。

(二) 向旅游者赠送有关宣传资料或小纪念品

旅游者离别时，可送一些宣传资料或小纪念品，使他们留下更美好和难忘的印象。

(三) 与旅游者告别

导游员应以各种方式同旅游者告别，并将旅游者送上交通工具，等交通工具离开后，方可返回。

(四) 填写接待记录

送走旅游团后，导游员应按照本景点管理部门的要求，认真填写接待记录，做好信息反馈工作。

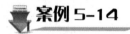

案例 5-14

地陪落实接待事宜举例

1. 导游员与汽车公司调度员的电话联络

导：是天马旅游汽车公司的王调度吗？

调：是的，请问您是哪位？

导：我是东方旅行社的导游员小李，请问明天接待我社的 DF—020712 团的旅游车安排好了吗？

调：已经安排好了，33 座的金龙，司机是刘建国。

导：王调度，我们原来预订的可是 45 座的，33 座不行呀！

调：现在是旅游旺季，车辆较为紧张，如果实在不行的话，能不能再加一辆 17 座的小车？

导：我的旅游团是一个整体，大家希望活动时始终在一起，再说加一辆车，就需要增加一位导游，实在有困难，请您想办法再调整一下。

调：好吧，我想办法给您安排一辆 45 座的金龙吧。

导：您现在能告诉我司机是哪位吗？

调：现在不能，等调整过后才能知道，您下午再来电话好吗？

导：好，我下午再与您联络。

2. 导游员与司机的电话联络

导：是张师傅吗？我是东方旅行社的导游小李，您明天和我一起接团吗？

司：是的，明天怎么接头呢？

导：明天下午3点的飞机，您看我们明天下午2点钟在假日酒店门口见面好吗？

司：好，就这样。

导：张师傅，对不起，能问一下您车上的空调与麦克风都还好吧？

司：没有问题。

导：另外，我再简单地跟您介绍一下团队的行程，等我们见面后再详细向您说。(简单介绍行程)请您现在告诉我您的车牌号码，好，记下了。这次又让您辛苦了，多谢，明天见。

3. 导游员与宾馆总服务台的电话联络

记住下榻饭店、餐厅和景点电话，接团前再和这些单位落实相关接待事宜。

导：请问是假日酒店总台吗》？我是东方旅行社的导游员小李，请问您接到我社明天抵达的DF—020712团的住房预订了吗？

宾：请您稍等，我查一下。好，有的，明天入住，人数36+1，共18间标准间，1个全陪床，对吗？

导：对，但是我们要求其中有12间为水景房，请问，这能保证吧？另外，希望您能尽量满足全团住在同一楼层，好，太感谢您了。

宾：您还有什么要求吗？

导：这个旅游团，在我们这里是入境的第一站，可能会有很多游客要换汇，请您通知一下酒店的外汇兑换处多准备一些零钞。

宾：好的。

导：还有，请问这个团队的早餐是用西餐吗？

宾：是的。

导：这个团队明天晚8点以后入住，请您通知宾馆的行李服务生做好准备。好，拜托了，谢谢，再见。

4. 导游员与餐厅的电话联络

导：您好，您是××餐厅的主管吗？我是东方旅行社的导游员小李，明天晚上我社有一旅游团在您那里用餐，请问，您接到预订了吗？

餐：有的，是36+3吗？

导：是的，现在有几个问题需要跟您落实一下。一是其中有10个人是吃全素，请单独安排，多做些笋类、菌类及豆制品和青菜类饭菜。二是含酒水，请提前把啤酒和饮料冰镇。三是菜不要放辣椒，不要太咸，清淡一些最好。团队估计要在晚上六点半赶到，请做好准备，门口请给留一个大车位。好，拜托，谢谢，再见。

(资料来源：http://www.docin.com/p-713549242.html)

知识拓展

1. 泰国风俗禁忌

泰国人不喜欢勾肩搭背，不喜欢从背后惊吓别人，女士进入皇宫时不可穿短袖和无袖装，男士必须穿有领子的上装，不得穿拖鞋，男女不得露肩。打招呼时要双手合掌，不可用脚指人或物。不可以触摸别人的头，因为在泰国头部是身体最神圣的部位。公共场所男女不可有太过亲密的动作。泰国禁赌，即使在酒店房间内也不能打麻将；看人妖表演，如果和人妖合影要付费。去寺庙要脱鞋，服装应整齐，肢体端正，不可穿短裤。

2. 导游扩音器使用注意事项

使用扩音器时应避免话筒正对喇叭，音量调节合适清晰，这样能避免失真及反馈啸叫现象；使用中不要扯拉、拖绞话筒线，否则容易出现线间导线接触不良；主机电池不要长时间过充过放电，低电量提示时应及时充电，寒暑假闲置不用时应注意一至两月充一次电。

本章小结

本章介绍了地陪、全陪、领队和景区景点导游员的工作程序，叙述了各个导游服务环节最基本的工作：地陪要接站、送站、要做沿途风光导游和风情导游，在景点要作精彩的导游讲解，还有食宿、购物、娱乐等相关服务。全陪、领队和地陪通力合作，但他们的工作各有侧重。

第五章 导游服务程序与内容常识

习　　题

一、单项选择题

1. (　　)是旅游团抵达后的一项重要工作,前者针对绝大多数旅游团队和散客旅游者,后者只针对特种旅游团队、重点旅游团队或散客。
   A. 导游、接站服务　　　　　B. 接站、导游服务
   C. 商定、核定日程　　　　　D. 核对、商定日程

2. 旅行团抵达饭店后,由(　　)负责分发房卡。
   A. 领队或全陪　　　　　　　B. 领队或地陪
   C. 全陪　　　　　　　　　　D. 地陪

3. 某旅游团将于10月28日下午乘16:00的航班回美国,从宾馆到机场的路程大约需要60分钟,请问该团最迟何时动身为宜(　　)。
   A. 12:00　　B. 12:40　　C. 14:00　　D. 13:30

4. 送客服务中,若系乘飞机离境的旅游团,地陪应提醒或协助领队提前(　　)小时确认机票。
   A. 24　　B. 48　　C. 72　　D. 96

5. 下列由全陪或领队承担的主要事宜是(　　)。
   A. 参观游览服务　　　　　　B. 购物服务
   C. 途中各站服务　　　　　　D. 餐饮服务

二、多项选择题

1. 下列属于地陪致欢迎词的主要内容有(　　)。
   A. 介绍自己的姓名及所属单位　　B. 介绍司机
   C. 提醒旅游者强化时间观念　　　D. 预祝客人旅游愉快

2. 地陪接待计划中旅游行程与全陪手中的行程不一致时,地陪正确的解决办法是(　　)。
   A. 与旅游者商量,按照多数旅游者的意愿决定最终行程
   B. 与旅行社联系,告知情况,请求核实
   C. 以全陪手中的行程为准,因为全陪手中的行程已经得到了旅游者的认同
   D. 征求旅行社意见后,做出调整

3. 首站接团时,导游员应尽快找到旅游团,主要方法有(   )。
   A. 站在明显位置举起接站牌,以便对方前来联系
   B. 对出站旅游团一一直接询问
   C. 主动从旅游者的特征、衣着、组团社徽记等方面分析判断
   D. 问清团队来自哪个地区(国家)、组团社名称、领队及全陪姓名
4. 导游员在送站前应该核实交通工具的(   )。
   A. 时刻表时间   B. 离站时间
   C. 票面时间   D. 问询时间
5. 从机场到下榻饭店的行车途中,地陪要做的工作是(   )。
   A. 致欢迎词   B. 调节时间
   C. 简介旅游计划   D. 宣布停车地点和集合地点

三、简答题

1. 导游员要落实哪些接待事宜?
2. 旅游者提出小的修改意见或增加新的游览项目时,导游员应如何应对?
3. 海外领队的作用包括哪些?
4. 全陪的物质准备包括哪些?

四、论述题

试创作一篇导游欢迎词。

五、案例分析题

正值春光明媚的四月。一天,杭州××旅行社的导游员小谢带了一批远方来的游客在杭州游览。这批游客是清一色的年轻人,他们喜爱杭州的山水,早出晚归,但对旅行社安排的购物却兴趣全无。在宣布行程时,有部分游客就声明他们只要游览,而不想去参观、选购杭州的丝绸,连有名的"龙井问茶"也不想造访。这样一来,使得地陪小谢十分尴尬:不去,这是旅行社规定的项目;去了,又生怕游客闹意见。小谢处于两难之中。照计划这天下午去"龙井问茶"。午餐时,小谢与游客闲聊对这次行程安排及对景点游览的反应。他想试探一下,如果游客仍对"龙井问茶"不感兴趣的话,那只好取消该项目。游客们对行程安排及景点游览均表满意,尤其是对小谢的热情服务表示感谢。小谢听了,心里美滋滋的。做导游的,有什么能比游客对自己的服务予以肯定而更令人

第五章　导游服务程序与内容常识

高兴的呢！但小谢心里始终惦记着去"龙井问茶"的事，他想，这时候建议游客去"问茶"是个机会。于是小谢说："各位朋友，午餐这一餐不能吃好，但各位要吃饱，因为下午我们还有两个游览参观项目。其中一个是'龙井问茶'，大家从遥远的地方来到我们美丽的西子湖畔，确实不太容易。来到杭州，则一定要品尝一杯西湖龙井茶，这在我们杭州是个不成文的习俗，凡来者皆为客，请游客喝一杯香茶，这也是对游客的尊敬与欢迎。再说龙井茶名扬天下，它还是全国闻名的十大绿茶中的第一名茶。去'龙井问茶'，不光是喝杯茶，还是了解中国文化。因此，我建议大家一定要去。"游客听了小谢这番话后，都一致同意去"龙井问茶"。

下午的第一站游览结束后，游客都兴高采烈地去了"龙井问茶"。当游客们听了有关龙井茶的历史、传说、功用的讲解，观看了茶农的炒茶表演及茶道表演后，纷纷惊叹龙井茶的非同凡响，并认为是真正的不虚此行。最后，游客们还都买了龙井茶。

（资料来源：http://jpk.hbtvc.com/ldyy2010/ku/307.htm）

问题：

导游员如何通过优质服务来引导游客购物？

第六章

导游员带团及讲解技能

【学习目标】

通过本章的学习,掌握导游员带团的基本技能;熟悉常用的导游讲解技巧;了解导游语言的定义和表达形式;理解导游语言的特点和主要功能;掌握导游语言运用的基本要求和原则。

【关键词】

带团技能　讲解技能　导游语言

导游实务

引导案例

旅行车在一段坑坑洼洼的道路上行驶，游客中有人抱怨。这时导游员说："请大家稍微放松一下，我们的汽车正在给大家做身体按摩，按摩时间大约为10分钟，不另收费。"引得游客哄堂大笑。

(资料来源：http://wenku.baidu.com/view/31d9575c804d2b160b4ec0f0.html)

这位导游以巧妙的语言借题发挥，化解了不利因素，赢得了主动。因此导游员必须掌握基本的带团讲解技能，灵活地运用导游语言。

第一节 导游带团技能

一、导游安排日程的原则

(一)适用性原则

适用性原则是指主要活动安排必须适合旅游团的特点。如果旅游团是一般的观光团，旅游者的旅游动机就是以游览名胜古迹、自然景观和领略当地风情为主，如果旅游团是专业团队，导游员在安排活动时就必须突出专业特点和要求。另外，导游员在安排活动日程时，要考虑到团员的年龄、身体等情况，如果团中有需要照顾的老、幼、病、残成员时，更要注意劳逸结合，给旅游者安排充足的休息时间。在休息的时间和地点上选择要适当，一般以游览活动进行到一半时左右，在距离洗手间较近的地方为宜。在旅游团离开本地的当天，导游员在时间安排上要留有余地，要保证旅游者有充足的时间前往机场(车站、码头)。

(二)全面性原则

全面性原则是指在安排活动日程时要兼顾参观、游览和购物等各项活动，使旅游者在当地逗留期间既感到充实，又觉得轻松愉快，获得了各方面需要的满足。

(三)典型性原则

典型性原则是指导游员在安排日程时，必须将本地最具代表性的游览项目呈现给观众。

1. 从旅游者的需求出发安排活动

导游员安排的活动是否能让旅游者满意,关键要看那些项目是不是符合旅游者的需求。

2. 游览项目的安排点面结合

"点"是指参观游览日程上既定的项目,如游览景点。"面"是指参观游览景点以外的较为广泛的风貌,如市容、重要街道、商业区等。在游览过程中注意点面结合,使旅游者获得更美好的享受。

3. 活动内容丰富多彩,不要雷同

除专项旅游外,雷同的活动安排常常令求新猎奇的旅游者失去兴趣,重复的游览内容也往往使本来充满美感的项目乏味平淡。旅游者一天的活动可分为三个时段:上午、下午、晚上。上午、下午一般安排外出参观游览,晚上一般安排观看演出、联欢会或舞会、宴请、座谈等活动。导游员应注意避免一天的游览项目雷同,如果上午安排参观宫殿、寺庙等封闭式建筑,下午就应该安排游览园林或街景等开放式的景点。

4. 游览活动要注意层次感

导游员带团参观时应注意项目的层次感。一天的游览顺序应采用"先一般后精彩、渐入佳境"的方法,使旅游者越游越有兴致。整个的旅游行程的安排则应将精彩项目分散在每天,使旅游活动高潮迭起,让旅游者每天都有值得回味的内容。

二、旅途中的活动组织

组织好旅途中的活动是导游服务的重要方面。在坐火车或汽车旅行时,由于路途较远,又比较枯燥,所以导游员要有调剂、丰富和活跃旅游生活的知识和技能。一方面导游员尽可能当个多面手:讲故事、说笑话、猜谜语、演小品、唱歌唱戏等都得会一点;另一方面导游员要善于调动旅游者的积极性,把旅游者组织起来,共同参与旅途中的活动,如打扑克、下棋、唱歌、做游戏、讨论问题等,通过组织这样的活动,使旅游者的旅途生活更加丰富多彩。

三、导游员团队组织技巧

(一)导游员与旅游者的交往

1. 自信谦恭

为适应旅游者在心理上对导游员的期待，导游员首先要表现出自信，始终保持精神饱满，遇事沉着果断，办事干脆利索，说话不模棱两可，不推诿责任；其次要谦虚谨慎，忌狂妄自大、夸夸其谈，更忌不懂装懂、目中无人。

2. 热情诚恳

尊重旅游者的人格、尊重他们的习俗、满足他们合理合法而有可能的要求，是导游员应尽的义务。旅游者可以借故出气，可以投诉，但是导游员绝不能意气用事，要始终主动、热情、诚恳、礼貌地为旅游者服务。只有如此，才能与旅游者在短暂的旅程中建立起良好的伙伴关系，才能得到旅游者的理解、体量、合作与帮助。

3. 注重细节

旅游者需要真情，渴望真情，他们可能会忘却某一次旅游经历中看过的景物、住过的宾馆，但他们永远忘不了导游员真诚的关怀。有时为旅游者所做的一件小事、一个细致礼貌的动作，所说的一句暖人的话语，都会给身在他乡的旅游者留下深刻的印象。

(二)导游员与司机的合作

(1) 如果接待外国旅游者，在旅游者到达景点时，导游员用外语向旅游者宣布集合时间、地点时，要记住用中文告诉司机。

(2) 旅游线路发生变化时，导游员应提前告诉司机。

(3) 导游员要协助司机做好安全行车工作。

(4) 与司机研究日程安排，征求司机对日程的意见。导游员注意倾听司机的意见有利于旅途的顺利、安全。

(三)与其他旅游接待单位的合作

1. 多与接待单位沟通，协调供给关系

导游员要主动协调好旅游供给关系。为了保证旅游接待环节不出现问题，导游员应

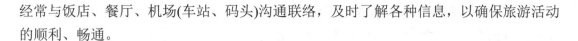

经常与饭店、餐厅、机场(车站、码头)沟通联络，及时了解各种信息，以确保旅游活动的顺利、畅通。

2．尊重相关旅游接待人员

是否尊重为旅游者提供相关旅游接待服务的人员，是衡量导游员修养水平的重要尺度。导游员应在尊重自己的同时，尊重同事的劳动和人格。当其他专业人员登场为旅游者服务时，导游员应积极辅助。

3．工作上相互支持

旅游者消费的是综合性旅游产品，在与饭店、交通、景区景点以及其他部门的接触中，导游员应注意在工作上给予他们支持和帮助，使旅游者在旅游活动的各个环节都能感到满意。

所以导游员一定要和相关部门的工作人员配合好，共同做好旅游接待工作。

(四)协调好旅游者之间的不同意见

1．求同存异

一个旅游团队中，如果大部分旅游者想去某景点观光游览，一小部分旅游者认为该旅游项目没有多大意义而想去购物。这时，导游员就应该采取求同存异的办法：先把想购物的旅游者安排在旅游景点附近的购物商场(请全陪或领队陪同，负责旅游者的安全问题)，并且确定全体集合的时间、地点。然后带领另一部分旅游者进行景点观光游览，最后按照规定的时间、地点会合，进行下一个活动项目。这样，旅游者的要求就得到了满足。值得一提的是，遇到这类问题时，导游员切忌让旅游者 "举手表决"，其结果也许不是少数服从多数，而是导致四分五裂的尴尬局面，那时导游员就会陷入完全被动的境地。

2．金蝉脱壳

在某种情况下，导游员还应通过自己准确无误、符合逻辑的语言使旅游者放弃自己的主张，而接受导游员的安排。比如，由于突然下雨，原定的室外游览项目只能取消。这时旅游者必然会七嘴八舌地提出自己的想法。面对如此情景，导游员只能采取"金蝉脱壳"的办法才能左右局面，即旅游者的意见都不采纳，而是提出自己的主张：带旅游者参观一个室内景点，如艺术博物馆、民俗博物馆等。理由是雨天不宜在室外游览，在博物馆参观可免遭雨淋,另外,博物馆新近增加的展品颇具欣赏价值等,旅游者觉得导游员的意见不错,自然会放弃他们的主张,接受导游员的安排。

总之,导游员要善于采取各种有效的手段和方法,尽可能地把旅游者中的不同意见巧妙地统一起来,使旅游团的活动得以顺利进行。

四、参观游览的组织技能

景点景区属于人员比较复杂的场所,尤其是在旅游旺季,景区内游客、导游、各种商贩云集,所以导游员带团进入景区景点需要很强的组织技能。一般来讲,景点游览路线都由导游员来确定,导游员要根据旅游团的性质、特点、成员情况来选择最佳的旅游线路,尽量避免走回头路并确定合适的行进速度、游览节奏,选择恰当的讲解内容,以使旅游者获得最佳感受。

(一)参观游览活动要有张有弛

在景点游览,旅游者经常需要上下坡,虽然劳累,但可以使人获得冒险的享受。导游员一定要注意使活动节奏与旅游者的生理与心理节奏合拍,才能收到好的效果。

(二)行进速度要有急有缓

导游带团游览参观过程中,既不能为了赶时间而匆匆忙忙,也不能因时间宽裕而慢慢吞吞,应疾缓搭配有度。一般情况下,旅游活动要求"行速游缓",即行路时快一些,观赏时放慢速度。这就要求导游员要十分熟悉沿途各景点的情况及其观赏价值,让旅游者有时间拍照,还要计划好在哪里休息、上洗手间和购买纪念品。

总之,导游员要合理安排行进速度的快、慢及中途休息,使之符合旅游者的生理和心理需求,从而令旅游者感到从容自如、轻松悠闲。

(三)游览顺序要先高后低

所谓先高后低是指导游员在安排一天的游览项目时,应先安排耗费体力大的登高项目,因为旅游者在玩第一个景点时,其精神状态以及体力最为充沛。反之,一天游览过半,再安排登高活动,也许相当一部分旅游者因体力关系而无法参加活动。

(四)讲解内容要有取有舍

导游员在讲解任何一处景点时,都不可能面面俱到,只能有所取舍,而且导游员在

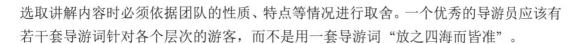

第六章 导游员带团及讲解技能

选取讲解内容时必须依据团队的性质、特点等情况进行取舍。一个优秀的导游员应该有若干套导游词针对各个层次的游客,而不是用一套导游词"放之四海而皆准"。

(五)把握适合的讲解时机与地点

导游员讲解游览点的历史、规模、传说等要选择合适的时机和地点,而且要根据季节、天气的变化灵活掌握。在现场讲解时,还要选择合适的地点。如在夏季要找一个阴凉通风地方讲解;在冬天则要找一个避风有阳光的地方讲解,而且时间不能过长。注意不要站在露天长篇大论,让旅游者忍受寒冷或酷暑。

(六)选择适当的旅游时间与线路

在导游接待过程中,根据客观环境的变化和游客的要求合理改变导游程序和线路,是衡量导游员组织能力的一个重要方面。如果游览目的地的人员过于拥挤,导游员可适当调整游览时间或路线,错开高峰时期或换一种游览顺序,以避免或缓解矛盾。

五、特殊旅游团队(者)的导游服务

(一)大型旅游团队的导游服务

大型旅游团队,是指旅游团人数超过百人以上,在旅游接待中需要提供三辆以上大型旅游车及相应的导游员的旅游团队。

1. 大型旅游团队的主要特征

(1) 人数多。随着旅游产品类型的不断丰富,以包机、火车专列等形式组织的旅游团队越来越多,各组团社也常常利用人数上的优势与相关接待部门获得较为优惠的价格,让利于旅游者,从而又吸引了更多的旅游者参团。团队人数多者可达近千人,少者也有一百人以上,有些会议旅游的人数可能会更多。

(2) 行动统一。旅游团队抵离旅游目的地所乘坐的交通工具在时间上的统一性和不可变更性,决定了旅游团在旅游过程中行动上的统一性。同时抵达,同时离开,同时游览,同时用餐。团队行动上的统一,既体现了旅行社对旅游秩序的有效管理,也为圆满地完成旅游行程提供了可靠的保证。

(3) 标准一致。旅游团队的收费必须一致。虽然一个大型旅游团可能因收费的不同,同时有豪华等、标准等、经济等的区别,但更多的是全团为同一标准,同一等级。在收费上的一致性，就决定了为整个旅游提供服务标准的一致性。在住房、餐饮、用车、游览等项目上的无差别、无薄厚，按照合同约定的内容与标准予以相应的安排，既有效地保障了旅游者的合法权益，也避免了旅游团内部成员因心理上的不平衡所造成的诸多麻烦。

(4) 日程紧张。首先，大型旅游团队在时间的安排上，不会像一些小型旅游团队那样在一地逗留过久，一般是在尽可能短的时间内，安排游览更多的内容。因此，便常常会出现时间短、游览项目多而显得日程十分紧张的状况。其次，大型团队的各项活动，包括集合、游览、行车、用餐等方面，甚至去厕所，都会比小型团队占用更多的时间，因此团队的行程就会更加紧张。

(5) 从众心理明显。从众心理，是人们普遍存在的一种心理。在旅游过程中，导游员为其提供的个性化服务较之小型旅游团要相对少一些。但如果由于旅行社或导游员的责任而使旅游者产生了不满情绪，后果也十分严重，从众心理会在此时产生作用，使原来可以妥善解决的问题由于众人情绪激动而发展到难以收拾的局面。

2．接待大型旅游团队的措施

人数多是大型旅游团最主要的特点。大型旅游团的服务，正是针对旅游者人数多所引起的方方面面的问题来采取相应措施的。

(1) 有序接待。有序，是接待大型旅游团队最首要的因素。有序接待就是按照接待程序将整个工作细化，做到心中有数、条理清晰、责任明确、服务规范。

(2) 化整为零，分而不散。将一个大型旅游团队分为若干个小组，或以乘坐的旅游车为单位，或以所居住的饭店为单位，委派相应的导游员，明确责任，每个小团由一位导游员负责全部的讲解及生活照料服务。

(3) 统一指挥，分工负责。所有参加接待的导游员应有明确的分工，做到责任到人、心中有数。如车辆的分配与集中；饭店的联络与住房的分配；用餐的安排与协调；行李的解送、清点与托运。

(4) 准备充分，落实得当。旅游团抵达前，导游员要根据接待计划中的安排，提前与有关接待单位落实相关事宜。如与饭店落实房间数量；与餐馆落实用餐要求；与景点景区落实游览事项；与汽车队(汽车公司)落实用车情况。大型旅游团的接待工作比一般团队的工作要多一些，除了常规必需物品的准备之外，还要有根据大型团队特点准备的其他物品，包括旅游车玻璃窗前后粘贴编号或字母或数字、导游旗与号旗、标志、喇叭、桌签等。

(5) 严格控制。大型旅游团队的接待过程，实际上就是对各个环节严格控制的过程。只有加强控制，才能保证团队的顺利运行。同时加强与领队、全陪的合作，做好安全保障工作，使旅游团的活动始终处于控制状态。

案例 6-1

超级旅行团，旅行真是难

四川 ZL 旅行社承办的由成都发往昆明的"蓝叶号旅游专列五日游"，组团人数逾千人，是旅行团里的"巨无霸"，但缺点却无处不在，致使游客怨声载道。首先，无端耗费时间。由于此团是一个超级旅行团，抵达昆明后，仅来火车站接客的大客车就达二十多辆，还要求统一行动，因交通拥挤不堪，光编队过程便多耗费了游客一个多小时。而且，大型车队行驶起来并不快，比正常行车多花半个小时，导致游览景点的时间大大缩短。其次，吃饭也成了大问题。在"七彩云南"吃自助餐时，因人太多分两轮轮换吃，由于旅行社的负责人安排不当，吃饭场面混乱，浪费惊人，气氛紧张，以致最后一批客人吃饭时无碗可拿、无饭可吃、无菜可夹，只有乱哄哄地胡抢。再次，组织工作漏洞大。团队下榻滇池边的福保文化城时，居然有二三百人安排不上铺位，第二天又因双方接待单位闹矛盾，大队人马被迫搬出福保文化城，被安置在荒郊野外并非二星级标准的疗养院。在"世博会"吉鑫园大宴会厅里集体进餐时，组织方竟要求游客以不进餐方式向接待方施压，游客成了双方纠纷的筹码。

(资料来源：http://jpk.hbtvc.com/ldyy2010/ku/306.htm)

【思考题】 大型旅游团有何有利与弊？

【分析】 大型旅行团声势浩大，规模庞大，具有很好的市场轰动效应，对于宣传旅游，树立企业形象，推出旅游产品都颇具优势。但营销这种"巨无霸"有许许多多难以想象的困难。在我国现阶段的基础设施条件下，大型旅游团的吃住行要整齐划一，还要快速优质，相当困难；大部分景点还不适宜于大型旅游团同时到达、迅速散开、同步离去的要求；再加上部分地区管理的低效率，可以说是雪上加霜，极有可能乱成一锅粥。

(二)专业人士考察团的导游服务

专业人士考察团是旅游的特殊形式，是指以特定的旅游资源为对象，进行有目的、有计划的考察活动的旅游团体。

1. 专业人士考察团的主要特征

(1) 有较多的相关专业知识。

(2) 有组织机构,如官方组织、民间组织、会议组织等。

(3) 目的明确。

(4) 观察细致。

2. 接待专业人士考察团的措施

(1) 克服畏难情绪。

(2) 做好知识准备。对考察的专业有一般了解,搜集有关资料,掌握背景翔实,针对考察的具体对象重点准备。

(三)宗教旅游团的导游服务

在旅游市场中,有一个特殊的群体——宗教界人士。宗教旅游是一种以宗教朝觐为主要动机的旅游活动。

1. 宗教旅游团的主要特征

(1) 目的明确。

(2) 时间严格。

(3) 禁忌较多。

(4) 待人宽容。

2. 接待宗教旅游团的措施

(1) 了解并掌握我国的宗教政策。我国的宗教政策是自治、自养、自传。中国不干涉宗教界人士的国际友好交往,但未经我国宗教团体的邀请和允许,不得擅自在我国境内传经布道和散发宗教宣传品。对于常规礼拜活动,经上报宗教主管部门同意后,可在指定场所举行。任何人不得利用宗教进行破坏社会秩序、损害公民身体健康、妨碍国家教育制度的活动。

(2) 做好、做细准备工作。导游员在接到工作任务以后,要认真分析接待计划,做好、做细准备工作,对接待对象的个人背景、宗教教义、教规、生活习惯和禁忌等都要充分了解。

(3) 尊重并满足其特殊需求。对宗教界人士在生活习惯上的特殊要求和禁忌,导游员要设法给予满足。饮食方面的禁忌和要求,一定要提前通知餐厅,如伊斯兰教人士,一定要去有穆斯林标志的餐厅。导游员要处处尊重宗教旅游者的宗教信仰,并把服务做到旅游者开口之前。

(4) 不要多加评论。无论在讲解还是生活交谈中,导游员都要注意避免陷入有关宗教问题的争论,不要把宗教问题与政治问题混为一谈,不要对对方的宗教信仰妄加评论,更不能在言谈中透露出不理解和不尊重。

(四)高龄旅游团的导游服务

高龄旅游团是以老年人为主体,以休闲观光为主要目的旅游团体。近年来,我国的老年人旅游有了很大的发展,国内旅游市场的老年人旅游已经成为一种品牌出现。

1. 高龄旅游团的主要特征

(1) 行程舒缓。
(2) 希望得到尊重。
(3) 对讲解要求较高。

2. 接待高龄旅游团的措施

(1) 行程安排宽松,要做到劳逸结合,安全第一。
(2) 讲解速度要慢,声音洪亮,态度亲切热情。
(3) 提供耐心、细致的服务。做到生活上关心、游览中留心、服务上耐心。

案例 6-2

接待老年团

西安某旅行社接待了一个老人团,该旅行社委派陈某作为该团的导游员。在参观游览的过程当中,陈某反复对游客说,大家到古城西安来一次不容易,既然来了,就应该多看几个景点,以免留下遗憾,在征得少数的游客同意后,陈某增加了小雁塔和碑林两个计划外景点,为此又向游客加收了 80 元的费用。为了能挤出时间参观这两个景点,陈某缩短了原计划景点的参观时间,使老年游客疲惫不堪,旅游活动结束后,许多游客感觉到在计划景点的参观太匆忙,没有达到预期目的,因此对陈某的行为不满意,他们认为,陈某缺乏导游经验,不了解老年人的身体特点,为了多挣钱,擅自增加景点,对旅游活动进行了误导。旅游结束后,该团游客集体签名向旅游质监执法机构进行投诉。

(资料来源: http://jpk.hbtvc.com/2012mndy/gjjyy/464.htm)

【思考题】 导游员陈某的做法有哪些错误之处？

【分析】 本案例中，陈某也没有根据老年团的特点来组织游览，行程安排过紧。未经旅游者签字确认，擅自安排合同约定以外的用餐、娱乐、医疗保健、参观等另行付费项目的。

(五)残疾人旅游团的导游服务

1. 残疾人旅游团的主要特征

(1) 残疾人普遍存在自卑和孤独、敏感多疑、自尊心强、情绪不稳定等心理特征。

(2) 残疾人在生理和身体结构上的缺陷给其行动带来了很大的不便。

2. 接待残疾人旅游团的措施

(1) 尊重。对残疾人旅游者的最大尊重就是把他们作为正常人。导游员在接待残疾人旅游者之前，就应该设计好不同的接待程序，把对他们的照顾关心做得不露痕迹，不刻意地为照顾而照顾。过多的当众关心，反而是在提醒他们与常人的不同，势必引起他们的反感。"扬长避短"这四个字特别适合用于对残疾人旅游者的接待，导游员要善于发现他们的长处，并学会对他们的残疾视而不见，以维护他们的自尊心。

(2) 关心。尽管处处维护残疾旅游者的自尊心，但他们毕竟有这样或那样的不方便，确实需要照顾，因此在从活动计划安排到生活照顾的各个方面，都要考虑他们的特殊需求，如线路选择尽可能不走或少走台阶，安排餐厅和客房时尽可能在一楼方便进出的地方，等等。

(3) 做好针对性接待。对于不同情况的残疾旅游者，要有针对性地区别对待。

① 视力障碍者。他们除了视力有障碍之外，一切都是正常的，他们拥有和正常人一样的听觉、触觉、味觉等，导游员要能发挥他们这方面的特长，讲解时让内容更形象，能用手触摸的，让他们摸一摸；能聆听的，让他们安静地听一听。寺庙的钟声，泉水的流动声，鸟儿的鸣叫声，山林中的新鲜空气，长城上的城砖的厚重，所有这一切都可以让他们获得极大的满足。

② 听力障碍者。不管在车上还是在游览中，在对他们的接待中要尽量把他们安排在靠前的位置，一方面因为要照顾到他们，另一方面因为听力障碍者大多要靠读唇语来获取信息，要保证他们在听不到导游员声音时，能看到口形，所以导游员要适当地放慢速度，并加大口形幅度，以便他们理解更多的内容。

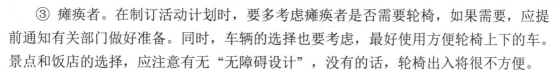

③ 瘫痪者。在制订活动计划时，要多考虑瘫痪者是否需要轮椅，如果需要，应提前通知有关部门做好准备。同时，车辆的选择也要考虑，最好使用方便轮椅上下的车。景点和饭店的选择，应注意有无"无障碍设计"，没有的话，轮椅出入将很不方便。

对于残疾人旅游团，导游员在日程安排上一定要保证其隐私的保密性，注意其身体的健康，适当增加休息时间，做好劳逸结合，活动量不能太大，景点选择少而精，以细讲慢看为宜；饮食安排要做到卫生、可口、易消化吸收；遇到天气变化，应提醒旅游者注意增减衣物。

第二节　导游讲解技能

导游讲解服务是导游员最重要的服务工作之一，从某种程度上来讲，讲解服务是导游服务的灵魂。常言说："没有导游的旅游，是没有灵魂的旅游。"就是针对此提出的。因为，讲解服务能够给旅游者带来知识享受和美感享受，而这两种享受才是旅游者进行旅游活动的真正目的。

一、导游讲解服务的地位

导游讲解服务是指导游员在旅游者旅行游览途中所做的介绍、交谈和问题解答等导游活动，以及在参观游览现场所做的介绍和讲解。导游员实地讲解在导游服务中占据主导地位，是旅游者在旅游中获取知识的主要渠道。导游讲解的内容非常丰富，除了景点知识外，还有旅游目的地其他方面的大量知识。近年来，很多城市和景点各式各样的图文声像导游资料与设备越来越多，如导游图、导游宣传册、电子导游机等，图文声像导游资料与设备具有形象生动、便于携带、系统翔实、语言规范、清晰无干扰，可以自主选择介绍内容等优点，成为导游员实地导游讲解的重要补充。

与导游员实地导游讲解相比，图文声像导游仍处于从属地位，实地导游讲解方式不会被图文声像导游方式所替代。

(一)导游讲解是一种双向循环运动过程的传播类型

旅游者来自各个阶层，有着不同的社会背景，出游的想法和目的不尽相同，有的人会直接表达出来，有的人比较含蓄，还有的人可能缄默不言。单纯依靠图文声像这种千篇一律的固定模式介绍旅游景点，不可能满足具有不同社会背景和出游目的旅游者的需要。导游员可以通过观察旅游者的举止，同旅游者进行交谈，了解不同旅游者的想法和出游目的，然后根据旅游者的不同需要，在对参观游览的景物进行必要的介绍的同时，有针对性、有重点地进行讲解，这是图文声像导游所不能替代的。

(二)现场导游讲解可提供因人而异的个性化服务

导游员在对参观游览的景物进行介绍和讲解时，旅游者中有的会专心致志地听，有的人则会心不在焉，有的人还会突发奇想，提出各种稀奇古怪的问题。这些情况都需要导游员在讲解过程中沉着应对、妥善处理。一方面在不降低导游服务质量标准的前提下，满足那些确实想了解参观游览地景物知识的旅游者的需要；另一方面想方设法地调动那些游兴不高的旅游者的兴趣，积极解答旅游者提出的各种问题，活跃旅游气氛。此类复杂情况图文声像导游是无法驾驭的。

(三)现场导游讲解具有激发性

旅游，是客源地的人们到旅游目的地的一种社会文化活动，通过对目的地社会文化的接触来了解目的地人民，实现不同国度、地域、民族之间的人际交往，建立友谊。导游员是旅游者首先接触而且接触时间最长的人员，导游员的行为举止、言谈话语及讲解方式都会给旅游者留下难以磨灭的印象。通过导游员的介绍和讲解，旅游者不仅可以了解目的地的文化，增长知识，陶冶情操，对与其相处时间较长的导游员，还会自然而然地产生一种情感交流，增进相互间的了解和友谊。虽然这种友谊不一定用语言表达出来，但对旅游者和导游员来说都是十分宝贵的。这同样是图文声像导游难以做到的。

案例 6-3

电子导游与实地口语导游

2005 年 8 月 16 日上午，天坛公园来了一千名新员工——电子导游机。据天坛公园管理处介绍，这是目前世界上最先进的电子导游机，会说 8 种语言。包括普通话、粤语、英语、法语、德语、日语、韩语、西班牙语，全是由中央人民广播电台的外语播音员翻译和录音的。

2002 年《南方都市报》报道：重新开放的南越王博物馆推行电子语音导览机，游客只需付上 10 元，便可租一个，边听边游览。导览机出现后，向游客出租导览机便成

为讲解员的日常工作。讲解员会不会因此丢了饭碗呢？对此《南方都市报》记者走访了广州市内的博物馆，发现虽然博物馆设备日趋现代化，但专业的讲解员仍然告急。

(资料来源：http://www.docin.com/p-84263767.html)

【思考题】 实地口语导游方式会不会被图文声像导游方式所替代？

【分析】 任何现代化的讲解手段都无法取代传统导游讲解员与游客面对面的交流，更无法实现针对个人的"因人施讲"。因此，实地口语导游不会被图文声像导游方式所取代，而且会永远在导游服务中处于主导地位。

二、导游讲解中应注意的问题

导游员在旅游途中，通过和旅游者交流，讲解知识，调节情绪，沟通情感。交流得好，相互间可以建立起良好的信任关系，使整个旅游过程充满情趣。相反，导游员在讲解中内容处理不当，关系把握不好，服务态度有问题，导致工作失职，旅游者投诉，直接影响整个旅游过程。概括起来，导游员在讲解中应注意以下四个方面的问题。

(一)涉及内容要得体

中外国情不同，历史文化背景不同，政治见解不同，在旅游途中对同一个问题会形成不同的观点，有的甚至分歧甚大，难以弥合，这是很正常的。作为导游员，要立足于国家的立场观点。涉及政治内容要讲完即收，绝不参与争论、辩论。对旅游者中的敌对挑衅、恶意诋毁，则要立场坚定，观点鲜明，理直气壮地予以澄清，并要求对方立即停止与旅游无关的话题。导游员不得盲从于外国人，一味附和，更不能为迎合个别旅游者而对国家和地区有不当的言论，这是关系到立场的原则问题。

(二)处理好宗教与迷信的关系

参观庙宇、道观、教堂是旅游活动的重要组成部分。导游员在导游中要把握如下原则：一是尽量从文化学、艺术学的角度去介绍宗教知识，介绍宗教的文化内涵，介绍宗教艺术对人们思想的影响，而避免成为传道和布道者。二是要尊重旅游者和参观景点的宗教信仰，不要在宗教信徒面前和在宗教场所内发表不恰当的言论，如对伊斯兰教徒不要讲佛教的事情，带团去佛教寺庙不要讲基督教的事情等。三是要尊重旅游区域的宗教习惯和文化传统，如参观清真寺时，不得携带与猪有关的物品；在清真餐厅就餐，不得提出有违伊斯兰教禁忌的餐饮要求。四是不参与旅游者的看相、算命、测字等迷信活动，但对旅游者一般祈福避邪的活动，如烧香、拜佛、摸佛、求佛像等则一般不予干涉。

(三) 力戒黄段子

有的导游为了取悦部分不文明的旅游者，在导游讲解中主动或被动地津津乐道"黄段子"，不以为耻，反以为能，这与当前提倡的精神文明、文明旅游格格不入。导游员要用深厚的传统文化和健康的传说笑话来引导、教育和鼓舞旅游者，提倡健康、高雅的娱乐活动。低级趣味不但不会赢得旅游者的好感，反而会遭到鄙视。

(四) 避免缄默冷淡

导游员不讲解，是旅游者投诉的内容之一。这是一个敬业问题，也是一个乐业问题。究其原因，一是不会讲，缺乏对导游讲容的研究，尤其是沿途导游的研究，想说不会说。应在平时多钻研业务，增加导游讲解的点和话题。二是不愿讲，态度冷漠，工作无热情，只是在旅游开始阶段，才勉强说上几句，这说明导游员的职业道德修养不够。导游是导游员的基本职责，导游员要尽己所长，有针对性地多讲，尽责尽力，赢得旅游者的好感。

案例 6-4

导游讲解不能低俗

导游夏某接待了一个旅游团。在旅途中，导游为了"活跃"气氛，竟然讲了一些掺杂着庸俗下流和一些带有政治色彩的"笑话"，在游客中造成恶劣影响。旅游团的客人对此非常反感，旅游结束后向旅游行政管理部门投诉。经核查，情况属实。据此旅游行政管理部门对该导游员进行了处罚，并对其所在的旅行社也给予了警告。

(资料来源：http://jpk.hbtvc.com/2012mndy/gjjyy/464.htm)

【思考题】 导游员夏某有哪些错误做法？

【分析】《导游员管理条例》第十二条规定："导游员进行导游活动时，应当遵守职业道德，""不得迎合个别旅游者的低级趣味，在讲解、介绍中掺杂庸俗下流的内容。"本案例中，导游信口编造故事吸引游客，大讲黄色的甚至带有政治色彩的"笑话"，不仅损害了导游员的形象和旅游业的声誉，还败坏了社会风气。依据《导游游人员管理实施办法》第十五条规定，在导游活动中有这种情形的应一次性扣除 8 分，并在导游员年审时向全行业通报。

三、导游讲解技能

导游讲解就是导游员以丰富多彩的社会生活和璀璨壮丽的自然美景为题材,以兴趣爱好不同、审美情趣各异的旅游者为对象,对自己掌握的各类知识进行整理、加工和提炼,用简要明快的语言进行一种意境的再创造的工作。

(一)导游方法与技巧运用原则

正确掌握导游艺术、灵活运用导游方法是完成高质量的导游服务的基本保证之一。导游方法和技巧的运用是一种创造性劳动,由于导游员的具体条件各异,工作范围不同,因此每个导游员的导游方法和技巧应该各不相同。在现场导游时,针对不同的对象必须采用不同的导游方法和技巧。

导游讲解方法和技巧千差万别,各人在运用时又千变万化,然而,各种方法和技巧都有其内在的基本规律,导游员在导游活动中必须遵循如下原则。

1. 因人而异

因人而异就是从旅游者的实际情况出发,决定讲解内容的深度、广度和重点。导游员的服务对象复杂,层次不同,审美情趣各异,因此,面对不同的旅游者,在接待方式、服务形式、导游内容、语言运用、讲解的方式方法上应该有所不同。

2. 因地制宜

因地制宜就是根据地点的不同采取不同的导游方法和技巧。不同的景点和景观类型、同一个景点在不同的观赏角度或空间条件变动的情况下都应灵活使用导游方法和技巧。

3. 因时而变

大自然的千变万化和阴晴不定,随时变化的游览气氛和旅游者情绪,都可能导致旅游者对旅游景点的不同审美感受。即便是针对同一个景点,在不同的情境下进行讲解时,也应根据实际情况来确定讲解内容的广度、深度和重点。因此,导游员必须根据季节的变化、时间、对象的不同,因时而变,灵活地选择导游知识,采用切合实际的方式进行导游讲解。

(二) 导游讲解方法

导游讲解方法是指导游员对景点内容的组织。导游讲解的内容包罗万象，复杂多样，一个景点该讲哪些，不讲哪些，也无定数，一切都要根据时空条件和旅游者的情况进行选择。但一般情况下，导游员应掌握以下导游内容讲解的基本方法。

1. 面的讲解

面的讲解一般有两种含义。

第一种是概况介绍。一般来讲，概况介绍都是导游讲解的开始。比如，旅游者初到一地，首先要了解的就是当地的概况，地理位置、地域规模、气候特点、人文历史、文化教育、卫生环境、经济状况、发展前景、旅游资源等都是旅游者感兴趣的内容。

第二种是景点内容外延的讲解，这是增加导游讲解内容的一种行之有效的方法。一棵树、一栋普通的建筑或一座桥，要使之有较多的内容或让旅游者能享受更多的知识，扩充景点外延。

2. 线的讲解

线的讲解，就是沿途导游，是导游沿着旅游行车路线进行的讲解。它是对旅游目的地可视及范围所作的介绍，也是对概况做出的具体说明。行程中的多侧面介绍，直观地讲解本地景观，能够强化旅游者对本地的认知度和亲和力。长途旅行中的线的讲解更重要，它不仅仅是旅游者获得知识的途径之一，更重要的是，线的讲解能够使旅游者有效地消除旅途疲劳和寂寞，还可以提高旅游者的游兴。

3. 点的讲解

点的讲解，就是景点讲解。旅游者的大多数时间是在景点中度过的。景点导游，边走边讲，是导游讲解的核心所在。

对于景点的讲解，导游应根据旅游者的差别、游览时间的长短、季节的变化等客观情况，进行导游内容的选择、组织，并穿插一些导游技巧和娴熟的语言艺术，使景点讲解更富有感染力，吸引旅游者，强化旅游者的审美感受。

4. 即兴讲解

即兴讲解一般是由旅游者引起，无定式，又随时触及。有时在答疑解难中表现，有时在谈笑中表现，有时在调动旅游者的情绪时表现。内容会涉及世界风云、时政方针、年节民俗、俚语笑话、社会百态等一切旅游者感兴趣的话题。

(三)常用导游讲解技巧

导游讲解技巧是导游艺术的重要组成部分。为了使自己成为旅游者注意的中心，并将他们吸引在自己周围，导游员必须结合游览活动的内容和所处的情境，合理运用各种导游讲解技巧。或有的放矢、层层递进、引人入胜，或触景生情、启发联想、深化交流，或设置悬念、有问有答、释疑解惑，使导游讲解更具魅力。

1. 平铺直叙

"平铺直叙"是按前后顺序、因果关系对景物进行系统讲解的导游技巧，其关键是在有条理的基础上给旅游者带来足够的信息量。该技巧有简述和详述之分，前者是对景物进行概要讲述，后者则是详细介绍。

平铺直叙是导游讲解中使用最为广泛的技巧之一。不论是自然景观，还是人文景观，运用此种讲解技巧，导游都能讲清该景观的来龙去脉、规模特点，同时又能有效地控制所要讲解的内容。但这种讲解技巧是导游一人在讲，旅游者则是被动地听，旅游者容易疲倦，以致厌烦。因此，导游采用这种技巧时，应掌握好时间，不宜过长，而且应注意讲解语言的抑扬顿挫，并适当配合一些手势和表情，切忌单调乏味。

2. 分段讲解

"分段讲解"是将一个景区分为前后衔接的若干部分来进行讲解，适用于规模较大、内容庞杂的景区。导游员在对景区进行简要介绍后一般都会按游览的顺序进行分段讲解。在讲解时要注意衔接和过渡，在讲解景区前面的景点时注意不要过多涉及后面的景点，但可以在快要结束前一个景点的游览时适当地提一提后一个景点，目的是引起旅游者对下一个景点的兴趣，并使导游讲解一环扣一环，让景点讲解扣人心弦。

3. 突出重点

"突出重点"是指导游在讲解时要避免面面俱到，而要突出某个方面的讲解技巧。一个景区，要讲解的内容很多，导游员必须根据不同的时空条件和对象区别对待，有的放矢地做到轻重搭配，重点突出。导游讲解时一般要注意突出以下四个方面。

(1) 突出景区中具有代表性的景观。

游览规模大的景区，导游员必须做好周密的计划，确定重点景观。这些景观既要有自己的特征，又能概括全貌。如去天坛游览，主要是参观祈年殿和圜丘坛(包括皇穹宇)，讲解内容主要也是这两组建筑。

(2) 突出景点的特征及其与众不同之处。

旅游者在中国游览，总要参观很多宗教建筑，如佛教寺院、道教宫观、伊斯兰教清真寺等。就是同为佛教寺院，即使是同一佛教宗派的寺院，其历史、规模、结构、建筑艺术、供奉的佛像等也各不相同，导游员在讲解时必须讲清其特征及与众不同之处，尤其在同一地区或同一次旅游活动中参观多处类似景观时，更要突出介绍其特征，以有效吸引旅游者的注意力，避免产生"雷同"的感觉。

(3) 突出旅游者感兴趣的内容。

旅游者的兴趣爱好各不相同，但从事同一职业或文化层次相同的人往往有共同的爱好。导游员在研究旅游团的资料时要注意旅游者的职业和文化层次，以便在游览时重点讲解旅游团内大多数成员感兴趣的内容。投其所好往往能产生良好的导游效果，如游览故宫时，面对以建筑界人士为主的旅游团，导游员除一般介绍故宫的概况外，要突出讲解中国古代宫殿建筑的布局、特征，故宫的主要建筑及其建筑艺术，还应介绍重点建筑物和装饰物的象征意义等。面对以历史学家为主的旅游团，导游员就不能大讲特讲建筑艺术了，而应更多地讲解故宫的历史沿革，它在中国历史政治上的地位和作用，以及在故宫中发生的重大事件了。

(4) 突出"……之最"。

面对某一景点，导游员可根据实际情况，介绍这是世界(中国、某省、某市、某地)最大(最长、最古老、最高，甚至可以说最小)的……因为这是景点的特征，很能引起旅游者的兴致。如北京故宫是世界上规模最大的宫殿建筑群，长城是世界上最伟大的古代人类建筑工程，天安门广场是世界上最大的城市中心广场，洛阳白马寺是中国最早的佛教寺庙等。如果"之最"算不上，第二、第三也是值得一提的。例如，长江是世界第三大河等，这样的导游讲解突出了景点的价值，激发旅游者的游兴，会给他们留下深刻的印象。不过，在使用"……之最"的导游讲解时，必须实事求是，要有根据，绝不能杜撰，也不要张冠李戴。

4．触景生情

"触景生情"是一种见物生情、借题发挥的导游讲解技巧。在导游讲解时，导游员不能就事论事地介绍景物，而是要借题发挥，利用所见景物制造意境，引人入胜，使旅游者产生联想，从而领略其中妙趣。

触景生情法有两个含义,第一个含义是就所见景物进行扩充讲解,介绍情况,借题发挥。如旅游者刚下飞机,从北京机场高速公路到入住酒店的行车途中,就所见的四通八达的城市道路网,导游可以适时地介绍北京市政府为改善城市交通,在全市修建了100多座立交桥和大量的过街天桥、地下通道的业绩。

触景生情法的第二个含义是导游讲解的内容要与所见景物和谐统一,使其情景交融,让旅游者感到景中有情,情中有景,给旅游者以想象空间,从而调动旅游者的审美感觉。如当旅游团参观北京故宫宽广的太和门广场、高大巍峨的太和殿时,导游员可适当地描述皇帝登基的壮观场面:金銮殿香烟缭绕,殿前鼓乐喧天,广场上气氛庄严肃穆;皇帝升殿,文武百官三跪九叩,高呼万岁、万万岁。旅游者望着宏伟的太和殿,听着风趣的讲解,就会联想起太和殿前曾经的辉煌和威严,从而产生朝代更替、世事沧桑的审美感受。

5. 虚实结合

"虚实结合"就是在导游讲解中将典故、传说与景物介绍有机结合,即编织故事情节的导游技巧。也就是说,导游讲解要故事化,以求产生艺术感染力,努力避免平淡的、枯燥乏味的、就事论事的讲解方法。

虚实结合法中的"实"是指景物的表象信息和内涵信息,如成因、环境、特征、历史价值、艺术价值等,而"虚"则是指景观的延伸信息,如民间传说、神话故事、趣闻逸事等。过实,会显得平淡枯燥;过虚,会显得积淀不足。"虚"与"实"必须有机结合,以"实"为主,以"虚"为辅,"虚"为"实"服务,以"虚"烘托情节,以"虚"加深"实"的存在,通过导游讲解努力将无情之景变成有情之景。如讲解颐和园的十七孔桥时,当然要讲十七孔桥是模仿北京的卢沟桥和苏州的宝带桥修建的,阳数之极"九"在桥上的体现,桥上的狮子比卢沟桥上的还多等。但是,只是这样讲显得平淡枯燥,如果加上一段关于鲁班帮助修桥的传说就显得生动风趣多了。

在中国,几乎每一个景点都有一个美丽的传说,如三峡风光中有"神女峰"的故事,杭州西湖有动人的爱情佳话等。导游员讲解时选择"虚"的内容要"精"、要"活"。所谓"精",就是所选传说是精华,与讲解的景观密切相关;所谓"活",就是使用时要灵活,见景而用,即兴而发。

6. 有问有答

"有问有答"就是在导游讲解时,导游员向旅游者提问题或启发他们提问题的导游技巧。采用有问有答的形式,可以增进导游员与旅游者之间的交流,活跃游览气氛,激发旅游者的想象,使旅游者在参与和互动过程中获得成就感。有问有答的导游技巧可以有效地避免导游员唱独角戏的灌输式讲解,能够获得更好的导游效果。

(1) 自问自答。

导游员自己提出问题,并作适当停顿,让旅游者猜想,但并不期待他们回答,只是为了吸引他们的注意力,促使他们思考,激起兴趣,然后做简洁明了的回答或做生动形象的介绍,还可借题发挥,给旅游者留下深刻的印象。

(2) 我问客答。

导游员要善于提问题,但要从实际出发,适当运用,希望旅游者回答的问题要提得恰当,估计他们不会毫无所知,也要估计到会有不同的答案。导游员要诱导旅游者回答,但不要强迫他们回答,以免使旅游者感到尴尬。旅游者的回答不论对错,导游员都不应打断,更不能笑话,而应给予鼓励。最后由导游员讲解,并引出更多、更广的话题。

(3) 客问我答。

导游员要善于调动旅游者的积极性和他们的想象力,欢迎他们提问题。旅游者提出问题,说明他们对某一景物产生了兴趣,进入了审美角色。对他们提出的问题,即使是幼稚可笑的,导游员也绝不能置若罔闻,千万不要笑话他们,更不能显示出不耐烦,而是要善于有选择性地将回答和讲解有机地结合起来。不过,对旅游者的提问,导游员不要他们问什么就回答什么,一般只回答一些与景点有关的问题,注意不要让旅游者的提问冲击自己的讲解,打乱自己的安排。在长期的导游实践中,导游员要学会认真倾听旅游者的提问,善于思考,掌握旅游者提问的一般规律,并总结出一套相应的"客问我答"的导游技巧,以求随时满足旅游者的好奇心理。

7. 制造悬念

"制造悬念"是指导游员在导游讲解时提出令人感兴趣的话题,但故意引而不发,激起旅游者急于知道答案的欲望,使其产生悬念,俗称"吊胃口"、"卖关子"。

制造悬念的技巧有很多,引人入胜、引而不发等方式都可能激起旅游者对某一景物的兴趣,引起他们的遐想,使他们急于知道结果,从而有效地制造出悬念。如游览十三陵中的定陵,导游讲解可分为三部分:示意图前、展室和地宫。每一部分有讲解重点,同时为下一步设下悬念。示意图前讲完定陵,末了可提出"定陵是怎样发掘的","想知道发掘过程吗?那就请到展室参观"。旅游者在展室听完发掘过程的介绍,参观完出土文物,导游员又可提出这样的问题:"中国皇帝的坟墓是什么样子的?万历皇帝是怎样入葬的？若想知道详情，请去参观地宫。"这样巧妙安排，环环相扣，旅游者听来就会津津有味。

8. 画龙点睛

"画龙点睛"是指导游员在讲解的关键处或者讲解结束时用精辟的词句概括景观的独特之处，给旅游者留下突出印象的导游技巧。比如导游可以用"风花雪月"来概括大理风光，因为这四个字代表了大理的四大名景"下关风，上关花，苍山雪，洱海月"。

9. 类比旁通

"类比旁通"是指以熟喻生，通过将旅游者熟悉的事物与眼前的事物进行比较，便于他们理解的导游技巧。该技巧能够使旅游者对陌生的景物产生亲切感，从而达到事半功倍的导游效果。

(1) 同类相似类比。

将相似的两种景物进行比较，便于旅游者理解并使其产生亲切感。如将北京的王府井比作日本东京的银座、美国纽约的第五大街、法国巴黎的香榭丽舍大街；参观苏州时，可将其称作"东方的威尼斯"；讲到梁山伯和祝英台或《白蛇传》中许仙和白娘子的故事时，可以将其称为"中国的罗密欧和朱丽叶"等。

(2) 同类相异类比。

这种类比法可将两种景物比出规模、质量、风格、水平、价值等方面的不同。例如，在规模上将唐代的长安城与东罗马帝国的首都君士坦丁堡相比；在价值上将秦始皇陵地宫的宝藏同古埃及第十八朝法老图坦卡蒙陵墓的宝藏相比；在宫殿建筑和皇家园林风格与艺术上，将北京的故宫和巴黎附近的凡尔赛宫相比，将颐和园与凡尔赛宫花园相比等，不仅使旅游者对中国悠久的历史文化有较深的了解，而且还可以对东西方文化传统的差异也会有进一步的认识。

(3) 时间对比。

在游览故宫时，导游员若说故宫建成于明永乐十八年，不会有几个外国旅游者知道这究竟是哪一年，如果说故宫建成于公元 1420 年，就会给人以历史久远的印象。但如果说在哥伦布发现新大陆前 72 年、莎士比亚诞生前 144 年中国人就建成了面前的宏伟宫殿建筑群，这不仅便于旅游者记住中国故宫的修建年代，给他们留下深刻的印象，还会使外国旅游者产生中国人了不起、中华文明历史悠久的感觉。

正确地使用类比法，要求导游员掌握丰富的知识，熟悉客源国，对相比较的事物有深刻的了解。面对来自不同国家和地区的旅游者，要将他们知道的景物与眼前的景物相比较，切忌作胡乱、不相宜的比较。正确运用类比法，可提高导游讲解的层次，增强导游效果，反之，则会导致旅游者不满甚至恼火。

导游讲解技巧很多，在具体工作中，各种导游技巧不是孤立的，而是相互渗透、相互依存、互相联系的。导游员在学习众家之长的同时，必须结合个人的心得融会贯通，在实践中形成自己的导游风格，并视具体的时空条件和对象，灵活、熟练地运用，这样，才能获得令旅游者满意的导游效果。

第三节　导游语言的运用技能

导游语言艺术形式是根据语言不同的使用领域、目的、方式来确定的。语言，是导游员最重要的基本功之一。通过导游员的讲解，使旅游者感到旅游生活妙趣横生，留下经久难忘的深刻印象。导游工作要求导游员具有比较扎实的语言功底，而正确、优美、得体的语言表达能力对提高导游服务质量是至关重要的。

一、导游语言的艺术形式

(一)口头语言

口头语言是以说和听为形式的语言。

1．独白式

独白式是导游员讲、游客听的语言传递方式。在导游过程中，它的使用频率较高。如致欢迎词或欢送词，独白式的导游讲解、声像导游解说等。

2．对话式

对话式是导游员与一个或一个以上游客之间所进行的交谈，如问答、商讨等。

(二)书面语言

书面语言是口头语言的一种文字符号形式。它依存于口头语言，但又有自己的特点。即精练、概括，并具有严密的逻辑性和时空的广延性。

1. 说明体

说明体是用言简意明的文字，把事物的形状、性质、特征、成因、功用等解说清楚的一种语体。如导游文字介绍、导游图片说明等。说明的方法很多，有介绍说明、诠释说明、引用说明、数字说明等。

2. 散文体

散文体是指运用文学性的语言对事物进行叙述、描写、议论、抒情的一种语言艺术形式。音像导游解说词、图文导游资料上登载的文字导游词等常用散文体。

(三)态势语言

态势语言是以人的动作、表情、服饰等来传递信息的一种无声伴随语言。态势语言也称体态语言、人体语言、动作语言等。

1. 表情语

面部表情分为自然表情和微笑表情两种，导游员的面部表情要给游客一种平直、坦然的感觉，使游客感到可以接近。微笑语对于树立良好的导游员形象，有着十分重要的意义。笑容可掬的导游员总能给人以亲切、友好、热情的印象，使人得到如沐春风的感受。微笑还具有奇妙的魅力，它能表达口头语言所不便或难以启齿的语义，也能在一定的语言环境中消除对方的戒备心理和陌生感，化解不愉快的气氛。

2. 姿态语

姿态分为坐姿和站姿两种，它们是以静态姿势来反映人们的心理状态并传递某种信息。

3. 动作语

(1) 首语。首语是通过头部活动所传递的信息，包括点头和摇头，世界上大部分国家和地区都以点头表示首肯，摇头表示否定。

(2) 手势语。手势语是通过手及手指动作所传递的信息，包括握手、招手和手指动作等。手势语是一种较为复杂的伴随语言，是通过手部动作来表达语义和传递信息的态势语言。在双方理解的基础上，可起到有效的信息传递和相互沟通的作用。但是在不同国家、民族中，由于传统文化和生活习俗的不同，同样的手部动作可能表示不同的或相反的语义。因此,导游员在接待外国游客时,先要对游客所在国及民族的手势语有所了解,以避免误会和尴尬。如竖起大拇指在多数国家表示"好",用来称赞对方了不起、高明,在日本还表示"男人"、"您的父亲",在韩国表示"首领"、"自己的父亲"、"部长",在美国、澳大利亚、荷兰等国表示"祈祷幸运"等。

4．目光语

目光语是通过视线接触所传递的信息。意大利的艺术大师达·芬奇说:"眼睛是心灵的窗户",其意思是透过人的眼睛,可以看到他的心理情感。在导游过程中,导游员常用的目光语应是"正视",让人感到你是自信的、坦诚的、认真的。

总之,导游员在运用态势语言时,一要恰当,符合游客的民族文化和生活习俗;二要自然,不要矫揉造作;三要结合起来运用以增强语义、强化信息传递。同时,导游员还应注意克服某些不良的下意识动作,如耸肩、抓头、手舞足蹈等。要使每一种态势语言能同口头语言和谐地融为一体,增强讲解的吸引力和感染力。

(四)副语言

副语言是一种有声而无固定语义的语言。一般包括两大部分:一是声音要素,它涉及音强、音长、音高、音色;二是功能性发声,包括掌声、笑声、叹息等。

1．重音

重音与音强有关,说话时,为了加深对方所接收的主要信息的印象、感受或对语义的理解,将主要信息的关键部分加大音量,以示说话的主要语义。

2．语调

语调指说话时语气的抑扬高低,语调的升降变化,可以表示不同的语义。如"他能按时来。""他能按时来?"前一句的语调平缓,表示肯定,后一句中语调上升表示怀疑。

3．笑声

笑声是通过出声的笑所表示的语言。同一形式的笑声可能是负载着正信息,也可能是负载着负信息。它是导游交际中必不可少的辅助语言。特别是碰到比较尴尬的场面,笑声能缓和僵局、消除拘谨、改善交际氛围。

第六章 导游员带团及讲解技能

4．掌声

掌声是通过拍手发出声响所表示的语言，在导游活动中，通常用掌声表示"高兴"、"赞成"、"祝贺"、"致谢"等。

二、导游语言的运用原则

(一)正确

正确，是指导游员在导游讲解时要使用规范化的语言，内容正确无误，逻辑性强。导游语言的正确性主要表现在以下三个方面。

(1) 导游讲解的内容正确无误。导游讲解所涉及的各类知识要系统完整，言之有据，信息来源可靠，有关时事政策和对外宣传的说法与国家权威部门保持一致。

(2) 导游语言准确标准。中文导游员要尽量使用标准的普通话，外语导游员不仅要语音标准、语法正确、表达地道，还要尽可能多地掌握中国的历史文化、旅游业务等方面的专业词汇，这样才能更加出色地做好翻译讲解工作。导游员使用俚语时要谨慎，一定要了解其正确含义及使用场合，不要误用和滥用。

(3) 正确使用敬语、谦语、委婉语等。这些用语有助于表达对客人的尊敬和礼貌，传达友谊和感情，有利于减少话语的刺激性，缓和说话的语气，能收到更好的谈话效果。在运用这些语言的过程中应注意尊重对方的风俗习惯和语言习惯，也要注意自己的身份。

以后再也不乱说了

2001年香港某公司选派员工到长春市第一制药厂进行项目谈判。为了使合作更加愉快，药厂特意从旅行社请来王诚担任随车导游，从机场到市区一路进行沿途讲解，主要是想让客人对异地风情有所了解，以促进合作。王诚知道身负重任不敢怠慢，在整个行程中他所提供的精彩的导游服务，让客人们对这个城市留下了深刻的印象。当然旅游活动在车厢内的讲解服务是一种互动，游客听得认真，王诚也越讲越卖力。正在此时，在车子前方出现了一台AUDI牌轿车。小王灵机一动对各位游客说："大家初到我们这里一定要告诉您，我们长春市可是一座'汽车城'。您看在我们车窗的正前方就有一辆一汽刚刚下线的AUDI牌轿车。这款车在市场上供不应求,买车还得排队呢!"忽然,王诚想到前两天刚刚看过一本杂志,介绍香港著名人士李嘉诚先生的次子李泽楷所开的车辆也是AUDI牌轿车。王诚没有多想,拿起话筒对车上的客人说:"更让我们长春人高兴的是,连李嘉诚先生的次子李泽楷开的车也是我们长春第一汽车制造厂生产的轿车。"话音刚落,在车子的前排站起一位中年模样的男士,他非常客气地对王诚说:"王导你前面讲得都非常好,可是刚才你所说的我不同意,李泽楷开AUDI车我没有争议,但我相信这车一定不是一汽生产的。"王诚听完之后非常后悔,杂志上也没有写所开的车是长春第一汽车制造厂生产的。王诚不好意思地向游客们道歉,在内心中也下定决心今后再也不乱说了。

(资料来源:http://www.doc88.com/p-294516680328.html)

【思考题】 导游员王诚的讲解有什么失误之处?

【分析】 导游员在宣传、讲解过程中,在回答游客的问题时,必须准确无误,言之有据、言之有理。

(二)清楚

清楚,是导游语言科学性的又一体现,要求导游员在导游讲解时要注意以下几点。
(1) 文物古迹的历史背景和艺术价值,自然景观的成因及特征必须交代清楚。
(2) 口齿清晰,简洁明了,确切达意;措辞恰当,组合相宜;层次分明,逻辑性强。
(3) 使用通俗易懂的语言,忌用歧义语和生僻词汇;尽量口语化、短句化,避免冗长的书面语;不要满口空话、套话;使用中国专用的政治词汇时要作适当解释。

导游语言要清楚

一日由某大学历史系组织的学生实习考察团来到集安参观,旅行社派王洋去接待。听说游客是历史专业的同学,在讲解上他可不敢有半点的怠慢。对于集安来讲,申请世界文化遗产的成功是一件最值得庆贺的事情,当地旅游管理部门不仅投入了大量的人力、物力、财力对所有的旅游从业者进行专业知识的培训,还对一线带团的导游员进行了严格的筛选,目的只有一个,不能在历史的真实性上犯任何错误。一直以来,许多人都将古代高句丽政权和朝鲜半岛高丽王朝相混淆,甚至连导游员也讲不清楚。集安市政府和旅游部门的这次严格把关培训,就是希望从自身服务下手,使来此游览的客人对这段历史清清楚楚、明明白白。这不仅是对历史的尊重,也是对游客的尊重。王洋在介绍中说:"同学们大家一定要记住高句丽政权与朝鲜半岛上的高丽王朝无论是从族源上、年代上、统治地域上还是王族姓氏等方面都是完全不同的。他们之间没有任何关系。高句丽是我国北方少数民族建立的地方政权。自公元前37年建国到公元668年灭亡共705年。而高丽王朝于公元918年在朝鲜半岛北部建立……"清晰的层次关系使这些学历史的同学也对王洋的讲解大为称赞,一些认真的同学还拿起笔记本进行记录。

(资料来源:http://www.doc88.com/p-294516680328.html)

【思考题】 此案例体现了什么导游语言运用原则?

【分析】 导游员小王的讲解得到了历史系同学们的认可,是因为他在讲解过程中能够清楚和准确地将历史年代和国别差异等层次分明地讲述出来,得到了同学们的称赞。

(三)生动

生动,就是导游讲解要具有活力,要能打动旅游者,引起旅游者的共鸣。"看景不如听景",讲的就是导游员的生动讲解,对景点起了画龙点睛的作用。

(1) 尽量使用形象化的语言,化平淡为生动,化深奥为浅显,化抽象为具体,化冗长为简洁,创造美的意境。

(2) 努力使用生动、流畅、完整的语言。语言生动流畅才能达意,给人以美感,它是导游讲解取得成功的基本保证之一。这就要求导游员思维清晰,语言完整,前后连贯,不拖泥带水。导游员应避免一些不良的语言习惯,比如,有的人语句不完整,说话断断续续,一句话未说完又说另一句话,使人听起来很累;有的人说话时不自觉地机械重复,每说一句话都要重复一遍,或者重复前一句末尾的词语,令人厌烦;还有人喜欢用一些没有意义的口头禅,如"这个"、"那个"、"嗯"、"啊"等,语言啰唆,影响讲解效果和导游员的形象。

(3) 充分掌握导游资料,适当发挥幽默感。幽默风趣的语言如果运用得当,能对活跃气氛、提高导游兴起到很好的润滑剂的作用。它使导游讲解锦上添花,使旅途气氛更加活跃;在团队遇到问题时,幽默可以稳定情绪,保持乐观,淡化忧愁和烦恼;幽默还是一种处理问题的手段,它可以消除人际关系中的不快,可以缓解甚至摆脱窘境。

与此同时,导游讲解也要避免滥用幽默。使用幽默时不要牵强附会,不要伤害旅游者感情,更不要涉及较为敏感的政治、宗教等问题,避免造成误会。

导游实务

案例 6-7

幽默的导游语言

孟小权老师是我国较为知名的高级导游员之一。他以讲解幽默、生动见长获得了很好的评价。一次孟老师带着一个日本团去颐和园参观，路经郊外的一条河渠，一群鸭子正在河中嬉戏。这时一位客人突然问道：请问，鸭子在河里干什么呢？这句话把孟老师给问住了。他心想，你难道不知道鸭子在水里干什么吗？又一想这客人提出这么简单的问题，不回答是不行的。正在犹豫之中，他发现不仅是这位客人在等待答案，几乎全部客人都在盯着他等待着回答。孟老师灵机一动说："鸭子们正在开追悼会呢。"话语一落，全体游客都噢了一声，连一些没太在意的游客也来了精神，走上前来听他如何自圆其说。孟老师笑着说："今天晚上大家的晚餐不就是北京烤鸭吗？这里的几只鸭兄弟要成为你们的盘中餐啦，所以他们正提前为伙伴们开追悼会，你们听那嘎嘎的声音，不正是悼词吗？"哄然一片笑声，接着又是一片掌声和赞许声。

（资料来源：http://www.doc88.com/p-294516680328.html）

【思考题】导游在使用幽默语言时应注意什么问题？

【分析】①切忌取笑他人。"最可靠无误的幽默是把笑的目标对准自己"。②注意适合适宜。"出门观天色进门看脸色"。③幽默不要反复说。"话说三遍狗也烦"。④自己不可先笑。⑤不要预先交底。"现在我讲一个很好笑的笑话，大家一定会笑得肚子痛。"⑥不要当喜剧演员或小丑。导游讲解中的幽默要真实、自然不搞耸人听闻也不哗众取宠。⑦不要一幽到底。⑧杜绝黄色幽默，提高幽默品位。

（四）灵活

导游语言的灵活性体现在导游员应具备语言的应变能力，根据不同的对象和时空条件决定讲解的多少、内容的深浅、语言的层次、声音的大小等，不能一成不变。在讲解中，导游员要灵活使用导游语言，使自己的讲解适应不同旅游者的文化修养和审美情趣，满足他们不同层次的需求。这一要求主要体现在以下四个方面。

(1) 内容灵活。一个优秀的导游员，应该从旅游者的实际情况出发，在大量素材积累和较高语言修养的基础上灵活地安排讲解内容，使其深浅恰当、雅俗相宜，努力使每个旅游者都能获得美的享受。

(2) 表达灵活。在导游讲解的过程中，导游员应当事先了解接待对象的层次和水平，确定合适的表达方式。如对专家、学者，导游员在讲解时要注意语言的品位，要严谨规范；对文化水平较低的旅游者，要力求通俗易懂。对年老的旅游者，力求简洁从容，语速应当慢一些，重要内容可以多重复几遍；对青年旅游者，讲解应活泼流畅，可以使用一些新潮时尚的语言。

(3) 形式灵活。针对不同的旅游者要灵活使用不同的导游讲解形式。对于比较安静、有耐心的旅游者，导游员可以从容地、系统地、按部就班地进行讲解，把景点讲透讲全，满足他们强烈的求知欲。对于文化层次不高，不习惯安静聆听的旅游者，可以运用讲故事的形式进行讲解，调动客人的积极性，较之苍白、生硬的程式化讲解会更有说服力和感染力。对于比较活泼好动的旅游者，可以多采用问答的形式进行讲解，在活泼的气氛中进行互动讲解。

(4) 时间灵活。导游员要根据季节、气候、时间的不同，根据不同团队的实际情况，灵活安排和分配导游讲解的时间。例如按照导游服务的一般程序，导游员接到旅游者后首先致欢迎词，但有时旅游者是夜班飞机抵达，困倦不堪，一上旅游车就只想睡觉，这时如果导游员还喋喋不休地致欢迎词，哪怕再生动，也不会受到旅游者的欢迎，甚至还会遭到厌恶。

第四节　导游词的创作

　　导游词是导游员引导旅游者进行游览观光的讲解词。为了达到讲解时的流畅性，导游员必须像话剧演员一样提前编写剧本，背熟台词。从导游服务工作流程的意义上说，导游词创作是导游服务工作的起始阶段。对于导游员来说，学会导游词的创作既是十分重要的，同时也是十分必要的。

一、导游词的作用

(1) 引导作用。引导旅游者观光游览景区景点，以获得身心愉悦的享受。

(2) 宣传作用。通过导游词的创作和讲解，宣传旅游景点知识、宣传祖国、宣传家乡的重要作用。

(3) 审美作用。有了精美的导游词，辅之以导游员优美、精彩的讲解，通过向旅游者介绍相关知识，引导旅游者审美，帮助他们获得美的享受，使观光游览活动达到最佳效果。

二、导游词创作技巧

(一)博览群书

博览群书就是多读书,多读一些文学、历史、地理、经济等方面的书籍。在此基础上,针对编写理想的导游词的需要,再重点翻阅与景点相关的书籍,对书中介绍的内容进行删节,留下一个基本的构架,再从其他书中补充相关内容。

(二)去伪存真、二度创作

演员拿到剧本后都要进行通盘分析,然后根据自己的风格增删台词,这就叫二度创作。导游员创作导游词也相似。

(1) 导游员收集资料。收集资料是写好导游词的首要步骤,它要求导游员在导游词创作之初,首先要想方设法搜集大量、真实、全面的且与服务线路相关的信息资料,在自己的头脑中形成丰富的"资料库"。

(2) 加工制作。要在大量资料的基础上,通过整理加工,去伪存真,去粗存精的功夫,再把自己的讲解风格、语言运用风格融入导游词,从而编写出具有自己特色的导游词。

(三)整体构架到具体介绍

编写导游词,至关重要的一点,就是要遵循一条从整体构架到具体介绍的创作思路。介绍一处景点,首先要从整体进行概述。所涵盖的创作要素包括景点形成的年代、历史、总面积、高度、相关历史人物、历史沿革等,帮助旅游者对游览景点有一个总体了解,引起游客兴趣和求知欲望;然后确定景区内重点介绍景点(建筑等)和非重点介绍景点,进行相应的导游词编写和整理。

(四)讲究口语化

导游词口语化,是导游词内容展示方式的特定要求。导游词的口语化要求主要体现在以下几方面。

(1) 通俗易懂。导游词通俗易懂并不代表缺乏文化品位。通俗讲解能使旅游者雅俗共赏、喜闻乐见,其语言具有时代性、透明性和大众性的特点,有利于旅游者的理解,同时能够拉近导游员与旅游者之间的感情和心理距离,使旅游者感到导游员是诚恳地为他们讲解服务,是知音、朋友。

(2) 句子精短。导游词一定要多用短句,不用长句,否则会使旅游者无暇回味,影响游览兴趣和导游效果。

(3) 朗朗上口。少用华丽的辞藻,只有这样才能讲解时顺口,旅游者听起来轻松、易懂。

(五)突出趣味性

为了使导游词具有趣味性,可以在原创导游词的基础上,灵活运用多种导游手法,如问答法、引人入胜法、创造悬念法等。必要时可以适当穿插传说故事,但"传说"切忌太多、太滥,否则会引起"知识型"旅游者的反感。

(六)突出"正确性"

许多导游为了使自己的讲解"生动",往往将道听途说来的"小道消息"、"野史"揉进导游词中。这样一来既误导了旅游者,又对历史不负责任,甚至会引起"历史名人"后代的强烈不满。如在讲解山东曲阜的三孔时,有的导游讲得绘声绘色,旅游者听得大快朵颐。但孔家的后代听后却非常地伤感,甚至引起了他们的公愤。他们不得不拿起笔来,澄清史实,并且恳求信口开河的导游口下留情。所以导游词的重中之重是"正确",在"正确"的前提下,巧妙运用各种"技法"才能收到奇效。

(七)实地考察景点

书是前人写的,导游词要尊重专家的研究成果,但不要过分依赖书本。遇到问题,要大胆地问个"为什么?"要敢于向专家挑战。在掌握基本的原始材料的基础上,善于实地考察景点,以获得对书本知识的甄别和鉴证。导游员要养成自己到景点景区采风的好习惯,要多同当地居民、民俗专家交谈,请教他们的知识是很多书本上难以查到的。

与此同时,日新月异的城市面貌,要求导游词的内容也要不断地丰富。所以,不少导游员不得不经常收集报刊上的新闻资料,并不间断地去实地考察来补充自己的导游词。一位老导游感慨地说:"从导游词的变化,可以看到上海50年来的建设成就。只要半年不带团,就会感到很陌生。"

导游实务

案例 6-8

大嗓门、小嗓门

黄金周一到,全国各地的旅游者都聚集到了旅游热点,城市景区里到处是人。许多导游员为了召集旅游者,不得不扯大了嗓门叫喊:"广东的教师团集合啦!""上海的医生团集合啦!""沈阳顶新集团的员工集合啦!"声音之大有失导游员的形象不说,俨然是路边叫卖的商贩。连导游员自己也觉得无奈。他们说:"到处是人,说话要比平时大几倍,一个团下来嗓子都哑了,游客还不见得满意。"

安静的陈列馆里,导游员小丽和风细雨式的讲解就像是无风的天气一样,让人感觉不到她的存在。小丽是个文静的女生,言语很少,选择导游这一行也是生活所迫。不只是一个团的游客反映她的声音太过低柔,几乎听不到讲解。

(资料来源:http://www.doc88.com/p-294516680328.html)

【思考题】 导游员到底保持多大的音量?

【分析】 导游员在控制声音强弱时,要遵循两个原则,根据游客人数的多少和导游地点周围环境来调节音量;根据导游讲解内容来调节音量。

案例 6-9

导游忌讳口头语

"尊敬的各位团友,大家好、大家好,我是××旅行社的导游,我叫许峰。许峰,请大家记住。嗯,在这辆旅游车上一同为大家服务的还有王师傅。王师傅是一位老司机了,驾车经验是非常丰富。嗯,这样,请大家给王师傅一些掌声(大家鼓掌)。嗯,下面我为大家介绍一下……"没等导游介绍完,车上的游客就开始窃窃私语了,有人干脆对许峰说:"导游,你的口头语太多了,听着有点烦,让我们清静一下吧!"这话说完,车厢里的空气似乎被冻结了,大家没有了动静。许峰放下手中的话筒,回到了导游座位上,心里像打翻了五味瓶。

(资料来源:http://www.docin.com/p-449941807.html)

【思考题】 为什么导游讲解忌讳口头语?

【分析】 导游员的讲解应该力求精练简洁、言简意赅、干净利落。一句话一个"啊",两句话一个"那么",不断的"这个这个",无数的"嗯嗯"……会成为一种疲劳,在导游的语言外壳上蒙上一层尘雾，使丰富而有意义的导游讲解失去它应有的光彩。

知识拓展

中西园林的区别

中国造园则注重"景"和"情"，要具有诗情画意般的环境氛围，即"意境"。西方人认为自然美有缺陷，必须凭借某种理念去提升自然美，从而达到艺术美的高度，也就是追求一种形式美。西方造园遵循形式美的法则，刻意追求几何图案美，必然呈现出一种几何制的关系，诸如轴线对称、均衡以及确定的几何形状，如直线、正方形、圆形、三角形等的广泛应用。中国造园走的是自然山水的路子，所追求的是诗画一样的境界。它的素材、原形、灵感等都发掘于大自然，越是符合自然天性的东西便越包含丰富的意蕴，因此中国的造园带有很大的随机性。

本章小结

导游带团、讲解技能是导游员做好导游服务的基本技能。旅游者通过导游精彩的语言讲解，不仅可以增强游览兴致，加深观光印象，还可以获得精神上的享受。因此，导游员应当重视带团技巧及语言艺术和讲解艺术的运用。

习　　题

一、单项选择题

1. 某导游员在讲解苏州园林时，先介绍苏州园林，再讲中国的园林，还谈到世界上的园林，该导游员运用的讲解方法是(　　)。
　　A. 面的讲解　　　　B. 虚实结合　　　C. 线的讲解　　　D. 制造悬念
2. 导游语言的运用四原则是(　　)。
　　A. 简洁、正确、清楚、生动　　　　B. 正确、清楚、生动、灵活
　　C. 恰当、清楚、正确、灵活　　　　D. 简洁、恰当、清楚、生动

3. 虚实结合法里的"实"指的是( )。
   A. 实体、实物、史实、传说　　B. 实物、史实、成因、逸事
   C. 实体、实物、史实、成因　　D. 实体、实物、逸事、传说

4. 导游员在导游讲解时提出令人感兴趣的话题，但故意引而不发，激起旅游者急于知道答案的欲望。这种讲解方法是( )。
   A. 制造悬念法　　B. 触景生情法
   C. 渗透法　　　　D. 突出重点法

5. 下面讲解方法不属于突出重点法的是( )。
   A. 突出景点的特征及与众不同之处
   B. 突出游客感兴趣的内容
   C. 突出"……之最"
   D. 突出景点的特殊物产

二、多项选择题

1. 导游语言运用原则中的"正确"主要表现在( )。
   A. 内容正确无误　　　　　　B. 语言准确标准
   C. 语言风趣幽默　　　　　　D. 敬语、谦语和委婉语使用正确

2. 灵活运用导游方法与技巧是保证导游活动顺利完成的重要条件，导游员在导游活动中应该遵循( )原则。
   A. 因人而异　B. 因地制宜　C. 因事而变　D. 因时而变

3. 实地导游讲解方法不仅不会被图文声像导游方式所替代，而且将永远在导游服务中处于主导地位，这是因为( )。
   A. 导游讲解是一种双向循环运动过程的传播类型
   B. 现场导游可提供因人而异的个性化服务
   C. 更易于情感交流
   D. 可增进双方的了解和友谊

4. 掌握观赏节奏要做到( )。
   A. 有张有弛，劳逸结合　　　B. 有急有缓，快慢相宜
   C. 不管劳逸，只要速度　　　D. 导、游结合

5. 导游讲解中应注意的问题有( )。
   A. 涉及内容要得体　　　　　B. 处理好宗教和迷信的关系

C. 力戒黄段   D. 处理好团队和散客的关系

三、简答题

1. 导游员如何与旅游者交往？
2. 接待大型旅游团的措施。
3. 什么叫即兴讲解？
4. 导游词的创作技巧包括哪些？

四、论述题

导游员如何做好旅游团参观游览的组织工作？

五、案例分析题

导游员小李在带团讲解中，总是爱讲当地居民的饮食习惯和饮食结构，每次都能收到很好的效果。有一次，他在带领佛教旅游团时，又讲到了这个内容。他说这里老百姓比较喜欢吃甲鱼、蟹、乳鸽等。讲到这里，所有客人脸上都已露出不满，有位客人还发话："李导，不要讲这些了，我们不爱听。"当时小李正讲得津津有味，面对游客的怒火摸不着头脑。

(资料来源：http://jpk.hbtvc.com/2012mndy/ee/501.htm)

问题：

小李做的有何不妥？

第七章

旅游故障的预防和处理

【学习目标】

通过本章的学习，了解旅游故障的类型，掌握处理旅游故障的基本原则；熟记旅游活动计划和日程变更、漏接、误机、证件或钱财丢失、旅游安全等旅游故障的定义，掌握这些旅游故障的预防措施、处理方法。

【关键词】

旅游故障　预防措施　处理方法

导游实务

引导案例

少了一位游客

一个60人的旅游团队，在当日游完北京的最后一个景点天安门广场后，次日准备飞往桂林。也许是天安门的雄姿吸引了游客，晚上清点人数时发现有一位日本游客不见了，这可急坏了团队全陪。全陪让团队在长城饭店住好后，迅速通知了饭店值班经理及旅行社经理，并与国际饭店的团队进行电话联络，以期获得游客求助的消息，及时与其联系。此时游客发现自己脱离队伍也急坏了，幸好找到贵宾楼饭店，饭店主管经理依据经验与几家经常接待日本团队的酒店联系，几经周折，终于有了音讯。该团队在得知游客的消息后，迅速前去迎接，终于接回了走失的日本游客，并向游客深深道歉，同时向各家积极提供帮助的单位致以谢意。游客归队了，一场有惊无险的事件结束了，虽然并没有出现什么大的意外，但其中的教训却值得深思。

（资料来源：http://jpkc.xianyangzhiyuan.cn:8026/jdaldisp.asp?id=(245)）

旅游故障不仅给旅游者带来烦恼、痛苦、损失甚至是灾难，给导游员增添工作上的麻烦和困难，甚至还会给旅行社造成损失，直接影响到国家或地区旅游业的声誉。因此，导游员在带团的过程中，要尽力做好服务工作，与各方密切合作，时刻警惕，采取各种必要有效的措施，预防旅游故障的发生。杜绝责任事故，不出或少出故障，处理好非责任事故是保证并提高旅游服务质量的基本条件。

第一节 旅游故障概述

一、导游故障的概念

绝大多数旅游活动均发生在露天野外，不确定因素较多，比如天气、地理环境、交通情况、旅游者的状态和导游员的工作态度等。因此，尽管旅行社和导游员对旅游活动事先做了周密的安排，并对可能出现的问题进行了必要的规避和预防，有时仍不能完全避免一些突发性问题和事故的发生。

旅游故障的发生由多种原因导致，并不都是导游员的责任，但是导游员是独立工作在旅游接待第一线的人员，肩负排除旅游故障的责任。而且，对旅游故障的处理也是对导游员工作能力和独立处理问题能力的重大考验，处理得好，损失小，旅游者满意，导

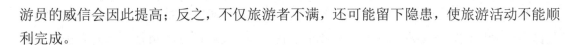

第七章 旅游故障的预防和处理

游员的威信会因此提高；反之，不仅旅游者不满，还可能留下隐患，使旅游活动不能顺利完成。

二、旅游故障的特点

(一)突发性

但有些旅游故障是在人们无法预料的情况下突然发生的，故障何时发生，怎样发生，有极大的偶然性。如气候变化导致日程变更，旅游者的证件在购物时被偷，飞机延误导致行程取消等，多为突发性旅游故障。

(二)危害性

大多数旅游故障的发生都会对旅游者及旅游接待方的利益造成一定的损害。严重的还会危及旅游者的生命和财产安全，对旅游地的形象及声誉产生负面影响。一般而言，旅游故障越严重，其危害也越大，造成的损失也越大。

(三)复杂性

引发旅游故障的原因是多方面的，而处理故障时所涉及的方方面面的环节也比较多。如发生误机时，需要尽快与机场联系，争取改乘最近的班次离开；同时安排好旅游者在滞留期间的食宿，相应调整日程，必要时增加一些游览项目，还要及时通知下一站对后续活动做出相应的变动调整。

三、旅游故障的类型

从不同的角度划分，旅游故障有不同的类型。按责任来划分，有责任性故障和非责任性故障；按状态来划分，有既成故障和将成故障；按危害程度划分，有重大故障和一般故障；按处理时涉及面大小划分，则有单一性故障和复合性故障。

(一)责任性故障和非责任性故障

如果旅游故障是因旅行社、导游员或相关部门的安排不当或工作失责所引起，或者是因为导游员的预见不足，措施不当或制止不力而发生的话，那么该故障就属于责任性故障，否则即为非责任性故障。

如旅行社安排的游览项目过多,导致旅游者不能游遍所有景点;行李员工作不细致,导致两个团队的行李搞混,致使旅游者拿不到行李;离站前导游员带领旅游者去人多的商业区购物,无法在规定的时间内集中,导致误机等。以上事故均属于责任性故障的范畴。而山洪暴发、公路塌陷导致行程受阻;大雾天气、暴风雨、沙尘暴造成航班改期;旅游者患病或猝死等,这类事故属于非责任性故障的范畴。

(二)既成故障与将成故障

既成故障是已经发生的旅游故障,将成故障是旅游过程中出现的,即将成为但还没有成为旅游故障的苗头和倾向。比如,旅游团离开本地前往机场赶乘班机途中,由于时间较紧,又恰巧遇到交通拥堵,这个问题如果不能及时解决,误机将不可避免,这是将成故障。如果经过努力,拥堵迅速排除或请求飞机等候,这起将成故障就会被化解;如果拥堵不能排除或努力了但车子仍在原地不动或机场无法给团队提供帮助,该将成故障就会成为既成故障。

在旅游故障的发生过程中,有些故障会经历将成故障这个阶段,而这个阶段往往是导游员排除故障的重要时机。

(三)重大故障和一般故障

重大故障指严重危害旅游活动正常进行,给旅游者造成重大损失的旅游故障。重大故障发生后会造成很大的经济损失和较大的负面影响。如旅行团集体食物中毒、恶性交通事故、误机(误车、误船)事故等。由于这类故障的危害大,导游员应采取必要的预防措施尽量避免其发生。如果仍无法避免,一旦故障发生,则应尽力采取补救措施,力争将其危害、损失和负面影响降至最低限度。

一般故障则是指旅游活动中经常可能发生的差错和小事故,如旅游者丢失钱物、旅游日程变更、旅游者患病等。一般性故障虽然对旅游活动的整体影响不大,但也要及时采取措施,尽快排除,以免积小成大。

(四)单一性故障和复合性故障

单一性故障指处理时涉及面不大的故障,如个别旅游者丢失钱物、个别旅游者旅行途中患病以及个别旅游者游览途中走失等。此类故障的处理只涉及个别旅游者,情况比较明了,处理相对容易。

复合性故障是指处理时涉及面较大的故障。这种故障的情况比较复杂，有时会出现在发生了某个旅游故障的情况下，继发新的故障。比如旅游者在走失的情况下发生财物被盗，旅游团中多名旅游者对所购旅游商品向导游员进行投诉，分别要求调换、退货等。导游员在处理这类故障时，头绪较多，比较烦琐，要从大局着眼，细部入手，不仅要考虑到眼前的问题，还要想到后续的事情，力争把问题处理得周全而圆满，尽量不要留下后遗症。

四、处理旅游故障的基本原则

(一)损失最小化原则

任何旅游故障都会造成不同程度的损失，导游员在处理这些旅游故障时，首先要考虑的是如何将故障所造成的损失降到最低。

(二)确保旅游日程原则

确保旅游活动按计划日程顺利进行，既是旅行社和导游员的工作目标，也是旅游者的旅游消费需求。导游员在处理旅游故障时，应从这个工作目标出发，尽早妥善地安排好有关事项，努力确保旅游活动的正常进行。

(三)按规章办事原则

导游服务是一项独立性强，且具有一定的政策性的工作，导游员无论在导游服务中还是在处理旅游故障时，都必须具有法纪和政策观念，要遵守国家有关的法律、法规，执行旅行社的规章制度，按照旅游故障处理程序进行处理。遇到自己难以准确把握和判断的情况时，要多请示、多汇报，切忌自作主张，我行我素。

五、处理旅游故障的基本要求

为应对各种突发性的旅游故障，导游员应熟悉和掌握处理旅游故障的基本程序，这样才能最大限度地减少导游工作的失误，从而正确、及时、有效地解决问题。

(一)沉着冷静，稳定旅游者情绪

旅游故障发生以后，由于旅游者情绪激动，旅游团中会出现一定程度的混乱。这时，导游员要具备沉着冷静、处事不惊的心理素质，从容应对旅游故障，并努力稳定旅游者情绪，就有可能将故障所造成的影响和损失控制在最低限度。

(二)拟定、实施处理方案

旅游故障出现后，最要紧的就是根据实际情况寻求解决问题的方案，并及时付诸实施。由于旅游故障的情况五花八门，千差万别，因此其应对和处理方案也无定式可言。旅游故障的处理，除了需要导游员具备良好的心理素质和相应的政策法规知识以外，更加需要导游员急中生智，而导游员的这种能力是可以通过不断的业务学习和长期的导游实践来培养的。

(三)善后处理

有些旅游故障虽然在发生后得到了应急性的处理，但由于受到某些因素的局限，还可能会遗留一些在当时没能得到有效解决的问题，有待导游员在下一步的旅游活动中或者在旅游活动结束后进一步协助处理。导游员对于这些善后问题务必予以高度重视，千万不能因嫌麻烦而采取拖延和敷衍的态度，致使本来可以圆满解决的问题重新扩大和恶化。

(四)记录、总结

一些重大故障和复合性故障在处理结束后，导游员要认真总结故障情况，并向旅行社和相关旅游部门做出书面报告。报告的内容大致包括以下几方面。

(1) 故障发生的原因和经过。
(2) 故障处理过程。
(3) 善后处理情况及赔偿情况。
(4) 事故造成的影响，应吸取的经验教训，今后的防范、改进措施。
(5) 其他需报告的事项。

第二节 常见旅游故障及处理方法

旅游过程中的旅游故障情况各异，给旅游活动带来的影响和对旅游者造成的损失也各有不同。无论哪种故障，导游员都应认真对待，严格按照故障处理程序妥善处理，力

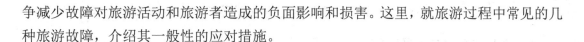

争减少故障对旅游活动和旅游者造成的负面影响和损害。这里，就旅游过程中常见的几种旅游故障，介绍其一般性的应对措施。

一、旅游活动日程和内容变更的处理

(一)旅游团(者)要求变更计划行程

在旅游过程中，旅游团(者)提出变更路线或日程的要求时，导游员原则上应按合同执行，对旅游者做好解释工作。若有特殊情况应上报组团社和地接社，根据组团社的指示和地接社的安排组织好旅游活动。

(二)客观原因需要变更日程和内容

在旅游过程中，因客观原因(如灾害性天气、自然灾害、交通问题等)需要变更旅游团(者)的旅游路线、日程或内容时，一般会出现三种情况。

(1) 延长在某地的逗留时间。

(2) 缩短或取消在某地的逗留时间。

(3) 被迫改变部分游览内容。在某地的逗留时间不变，但被迫取消某项活动，需由另一项活动代替。

导游员这时可采取的一般应变措施有以下几种。

(1) 制订应变计划并报告旅行社。

全陪和地陪应进行协商，取得一致意见，并将具体的变更情况和应变计划如实报告旅行社，根据旅行社的意见修改、实施应变计划。

(2) 做好旅游者的工作。

地陪、全陪应找准机会向领队及团中有影响的旅游者实事求是地说明困难，诚恳地道歉，以求得谅解，并将应变计划安排向他们解释清楚，争取他们的认可和支持，最后分头向旅游者做好解释工作。

(3) 适当地给予物质补偿。

必要时，在征得旅行社领导同意的情况下，可采取加菜、加酒、赠送小纪念品等物质补偿的方法就日程改变给旅游者所造成的不便向旅游者表达歉意，也可以请旅行社领导出面向旅游者表示歉意。

对于以上三种变更行程的情况，导游员还可分别采取以下具体措施予以应对。

1. 延长在某地的逗留时间

旅游团(者)因故提前抵达或推迟离开某地，都会造成在某地逗留时间的延长。此时，导游员应以"充实行程和游览内容"为原则，采取以下措施进行应对。

(1) 与旅行社有关部门联系，重新落实该团用餐、用房、用车的安排，并通知下一站地接社做相应调整。

(2) 调整活动日程，适当延长计划内景点的游览时间；宣传推荐当地新推景点和旅游活动(涉及费用的要事先说明)；在旅游者自愿参加的前提下安排晚间文娱活动，努力使旅游者在当地的旅行生活过得充实。

2. 缩短或取消在某地的逗留时间

旅游团(者)因故提前离开或推迟抵达某地，都会缩短其在某地的逗留时间。遇到这种情况，导游员应以"突出重点，保证观光"为原则来安排旅游者在当地的旅行生活。

(1) 抓紧时间，尽量保证计划内景点的游览；若确有困难，无法保证计划内所有景点的游览，应当优先保证最有代表性、最具当地特色景点或旅游者最感兴趣景点的游览。

(2) 如系提前离开，要及时通知下一站地接社(也可提醒旅行社有关部门与下一站地接社联系)。

(3) 向旅行社领导及有关部门报告，与饭店、车队联系，及时办理退餐、退房、退车等事宜。

当旅游团(者)在某地的计划逗留时间缩短至无法正常观光游览时，组团社一般会及时调整日程，取消旅游团(者)在某地的逗留，直接前往下一站旅游目的地。此时，领队和全陪导游员要如实向旅游者说明情况，耐心做好解释工作以期得到旅游者的谅解。如果旅游者提出费用的退赔问题，导游员不可随便做出承诺，应该报告旅行社，按旅行社的意见进行答复。

3. 被迫改变部分游览内容

有时由于受到某些客观因素(灾害性天气、交通情况、景点封闭维修等)的影响，旅游计划内的某一景点无法前往，只能以另一景点进行替代，这时，导游员应该做到以下方面。

(1) 如实向全体旅游者说明情况，以求得到旅游者的理解和配合。

(2) 要以精彩的介绍、新奇的内容和最佳的安排激发起旅游者的游兴和对新景点的向往。

(3) 在新景点,要以生动的讲解和周到的服务让旅游者感到物有所值,甚至物超所值。

案例 7-1

导游员小李接待了一个旅游团,原计划于 5 月 30 日 16:00 乘××航班离开 H 市去 S 市。临行前的这一天晚上,小李接到计调通知,因机票问题,该团必须提前乘坐 5 月 30 日 8:00 的航班离开 H 市去 S 市。接到通知后,小李立即找到领队说明旅游团将提前结束 H 市游览的原因,并向游客宣布第二天的叫早、行李交接、早餐及出发时间,同时做好其他离店准备工作。第二天一早,游客前往机场,车快到机场时,团内的一名丽莎小姐告知小李,她的一块名贵手表遗忘在饭店客房的床头柜上,要求驱车返回去取。小李看看表,回去取已经来不及了。于是,就对丽莎小姐说,等车到了机场后,他打电话给饭店,如确实是遗忘在饭店,他将让饭店派人送到机场来。

(资料来源: http://www.tvet.org.cn/szzyzs/20/aljx/alfx12_07.html)

【思考题】 导游员的应对妥当吗?

【分析】 此案例涉及两个问题:一个是缩短在某地的游览时间;另一个是游客将贵重物品遗落在酒店,导游员对此事的应对也较为妥当。

二、接团过程中漏接、错接、空接故障的处理与预防

导游员在前往机场、车站或指定地点迎接旅游团(者)时,由于各种原因,有时会发生接团故障。

(一)漏接

漏接是指旅游团(者)抵达某站后,无导游员迎接的现象。漏接故障的发生,对于旅游者的游兴和导游员接待工作都会造成负面影响。

1. 漏接故障的原因

造成漏接的原因是多方面的,比如,导游员未仔细阅读接待计划而搞错了接团时间和地点,或者导游员未按规定的时间提前抵达接团地点等原因造成的漏接故障,都属于

责任性故障;而因交通部门的原因导致旅游团提前抵达,或者导游员在前往迎接旅游团(者)的途中遇到突发性的交通拥堵而造成的漏接故障,则属于非责任性故障。

2. 漏接故障的处理

在发生漏接故障后,旅游者一般都会对导游员抱怨、发火甚至进行投诉。这时,作为导游员应充分体谅旅游者的心情,尽快消除旅游者的不满情绪,为下一步的服务工作打开局面。具体来说,不管是什么原因导致的漏接,导游员都应该做到以下几点。

首先,诚恳地赔礼道歉,力求取得旅游者的谅解。在此基础上根据当时的实际情况对造成漏接的原因做出解释和说明。如果旅游者当时的情绪非常激动、怒气很盛,可以不忙于解释和说明,待其心平气和后,抓住恰当的时机进行解释,效果会更好。

其次,导游员要加倍努力地为旅游者提供更加热情周到的导游服务,力争以实际行动来取得旅游者的谅解。必要时,在征得旅行社领导同意的前提下,可适当采取物质补偿的方法进行弥补,甚至可以请旅行社领导出面向旅游者道歉。

总之,要努力将旅游者的不良情绪化解在当地以消除投诉隐患。

3. 漏接故障的预防

由于漏接故障往往会给旅游者在某地的旅行生活留下不好的第一印象,同时也会给导游员的服务工作带来压力,所以,导游员在接团时应认真做好漏接故障的预防工作,以最大限度地规避此类故障的发生,具体的预防措施有以下几种。

(1) 认真阅读计划。导游员接到任务后,应了解旅游团抵达的日期、时间、接站地点(具体是哪个机场、车站、码头)并亲自核对清楚。

(2) 核实交通工具到达的准确时间。旅游团抵达的当天,导游员应与旅行社的有关部门联系,弄清班次或车次是否有变更,并及时与机场(车站、码头)联系,核实抵达的确切时间。

(3) 提前抵达接站地点。导游员应与司机商定好出发时间,保证按规定提前半小时到达接站地点。商定出发时间时,务必考虑道路交通状况等客观因素,确保一定的提前量。

(4) 做好联络工作。及时和领队、全陪或旅游者保持联络,掌握旅游团(者)抵达的情况。

第七章 旅游故障的预防和处理

漏　接

某日上午 8:00,某旅行社门市接待人员接北京组团社电话,原定于第二日下午 7:50 到达的旅游团,由于出发地订票的原因改为第二日上午 11:40 提前到达,须提前接站。门市接待人员因有急事,在未能和旅行社计调联系上的情况下,在计调的办公桌上留下便条告知此事后离去。计调回社后,没有注意到办公桌上的便条,直到第二日上午 12:00,组团社全陪从火车站打来电话才知道此事。

(资料来源：http://wenku.baidu.com/view/55f28e320912a216147929a6.html)

【思考题】 地接该如何处理？

【分析】 地接应以最快的速度,带车到达火车站；诚恳地赔礼道歉,用更加热情周到的服务,以消除因漏接给游客带来的不愉快。

(二)错接

错接是指导游员在接站时未认真核实,接了不应由他接的旅游团(游客)。错接属于责任事故。

1. 错接的预防

(1) 地陪应提前到接站的地点迎接旅游团。

(2) 地陪要逐一核实旅游客源地组团旅行社的名称,旅游目的地组团社的名称包括旅游团的代号、人数、全陪或领队的姓名(无全陪或领队的团要核实游客的姓名)以及下榻的饭店等。

(3) 提高警惕,严防社会其他人员非法接走旅游团。

2. 错接的处理

若错接发生在同一家旅行社的两个旅游团,地陪应立即向领导汇报,经过领导同意,地陪可将错就错,不再交换旅游团；如果地陪兼全陪,则应交换旅游团并向游客道歉。

若错接的是另外一家旅行社的旅游团时,地陪应立即向接待社的领导汇报,设法尽快交换旅游团,并向游客实事求是地说明情况,并诚恳地道歉。

导游实务

案例 7-3

错　接

导游员小汪按照旅行社的安排去机场迎接一个 20 人的旅游团。班机准时抵达。人数、团号、国籍一一对上号后，小汪就带着这些游客上了车。当车子到达游客入住的饭店门口时，领队突然提出了疑问，说他们要入住的饭店不是这一家。小汪心想，自己的计划怎么会和领队不一样呢？当领队拿出计划跟自己的对照后，小汪才知道自己接错旅游团了。原来这是公司系列团中的一个，境外旅行社今天有两个团发给自己的旅行社，团号、人数都一样，但有 A、B 团区分，所住的饭店也不一样。而原本由小汪接的团则被旅行社的另一名导游员接走了，幸好都是自己公司接的旅游团。最后，经请示旅行社领导后，此团也就由小汪"将错就错"地带下去。虽然这不算什么大差错，但旅游团中的领队却有些不满，因为在他看来，发生这种问题至少说明了导游员的工作不细心、责任心不强。

(资料来源：http://wenku.baidu.com/view/55f28e320912a216147929a6.html)

【思考题】 地陪小汪为什么会接错旅游团呢？

【分析】 小汪没有详细核对旅游团的信息。导游员一定要增强责任心，在核对人数、团号、国籍的同时，还要认真核对领队的姓名、全陪的姓名、所住饭店等信息。

(三)空接

空接是指由于天气等客观原因或某种不可抗拒的因素，旅游团仍滞留在上一站或途中，上一站的接待社并不知道这种临时变化，而全陪或领队又无法及时通知或忘记通知地方接待社，造成下一站的导游员仍按原计划预定的班、车次接站而没有接到旅游团。

1. 空接的预防

导游员在出发接旅游团前再次与对方组团社的有关部门联系，确认旅游团是否准时出发，然后向机场、车站或码头询问班次是否准点到达(特别是飞机气候原因经常会出现停飞或改变降落地点等)。

2. 空接的处理

地陪应立即与本社的有关部门联系并查明原因。如推迟时间不长，地陪可留在接站地点继续等候,迎接旅游团的到来;如推迟时间较长,要按本社有关部门的安排,重新落实接团事宜。

三、误机(车、船)故障的处理与预防

误机(车、船)故障是指旅游团(者)因故没有按原定航班(车次、船次)离开本站而导致暂时滞留的现象。误机(车、船)故障直接会影响到旅游团(者)下一步旅游活动的顺利进行。它不仅给旅游者造成多种损失,还给旅行社带来巨大的经济损失,严重影响旅行社的声誉。所以,此类事故一般都属于重大故障。导游员务必高度认识误机(车、船)故障的严重后果,严格按照导游服务程序的要求,防患于未然,力求杜绝此类事故的发生。

(一)误机(车、船)故障的原因

造成误机(车、船)故障的原因有多种情况,大体上可分为两类:一类是因导游员或旅行社的安排不当和工作失误引起的责任性故障。例如地陪安排日程不当或过紧,使旅游团(游客)没能按时间到达机场(或车站、码头);地陪没有认真核实交通票据,将离站的时间和地点搞错;航班(包括车次、船次)变更但接待社的有关人员没有及时通知导游员。

另一类是由于旅行社和导游服务之外的原因,如旅游者的原因或交通原因等造成的非责任性故障。

(二)误机(车、船)故障的处理

不管什么原因导致即将或已经发生了误机(车、船)故障,导游员都必须迅速、果断地采取措施进行补救,尽量减少各方面的损失。具体处理措施有以下几种。

1. 故障发生前的应急处理

如果旅游团前往交通港口途中,误机(车、船)故障即将发生时,导游员应立即与交通港口联系,简要说明旅游团的基本情况和迟到原因,请求等候,并告知能够抵达的大致时间。如果请求获得同意,导游员应以最为安全快捷的方式组织旅游者赶赴交通港口,同时向旅行社汇报情况,请其协助处理各相关事宜。

2. 故障发生后的善后处理

(1) 导游员应立即向旅行社领导及有关部门报告并请求协助。

(2) 地陪和旅行社应尽快与航空公司(车站、码头)联系,争取让旅游团(者)乘最近班次的交通工具离开本站,以减少滞留时间,降低对后续行程的负面影响。必要时,可以根据旅行社领导的意见采取包机(车、船)或改乘其他交通工具前往下一站。

(3) 稳定旅游团(者)的情绪,安排好旅游者在当地滞留期间的食宿、游览等事宜。

(4) 一旦落实了新的航班(车次、船次),要及时通知下一站地接社。

(5) 向旅游团(者)赔礼道歉,取得旅游者的谅解。

(6) 如实写出事故报告,明确事故的原因和责任,总结教训,责任者应按旅行社的规章承担经济损失和相应的处罚。

(三)误机(车、船)故障的预防

首先,导游员在送团前要提前做好旅游团离站交通票据的落实工作,并核对日期、班次、时间、出发机场(车站、码头)、目的地等。如交通票据没有落实,导游员在带团期间要随时与旅行社的有关部门联系,了解班次有无变化。

其次,送团前,不要安排旅游团(者)到范围广、地域复杂的景点参观游览,也不要安排旅游团(者)到热闹的地方购物或自由活动。要结合实际情况安排充裕的时间去机场(车站、码头),保证旅游团(者)提前到达离站地点。

案例 7-4

避免误机

虽然从旅游团所下榻的饭店到机场的路程只需要半个小时,但对于老导游小方来说,他每次送团时都是把路上的时间估计为 45 分钟,因为他非常清楚,他所在的这个城市的交通状况并不好。这天旅游团飞离的时间是上午 10:05,小方 8:10 就带着游客离开饭店了。

然而意料不到的事情还是让他碰上了:当旅游车行驶到铁路下面的一个涵洞时,他对面的一辆货车与对面开来的一辆车子发生严重的碰撞,幸好小方的驾驶员及时刹车,才没有从后面"贴"上去。但因为这条通往机场唯一的一条路,是这个城市东西交通的要道,本来就是车水马龙的,事故发生后车子立即排成长队,旅游车进退两难,而此时离机场还有七八千米路。

"等交通警察来把事故解决完再上路肯定不能准时赶到机场;如果不及时想办法,旅行社将会有一大笔经济损失。"小方想,怎么办呢?"让旅行社派车来,路被堵住了,

第七章　旅游故障的预防和处理

过不来，绕道又太远，但看来只有带游客步行一段路到前面不堵的地方想法找车子了。"

小方主意已定，他马上用手机和旅行社做了联系，将自己的处理方法请示了旅行社领导并征得了同意，旅行社领导告诉小方，他们将马上与民航联系，争取民航的支持，延迟飞机的起飞时间，并希望小方以最快的速度赶到机场，同时要求小方随时与公司保持联系。

小方带着二十余位游客艰难地走了三十多分钟，总算来到没有塞车的路段。他把队伍集中起来，清点了一下人数，人倒是一个不少，只是有几位手提行李的游客已满头大汗、气喘吁吁了。小方跟游客交代一番，自己则去找旅游车，但因地处城郊农村，只有三轮车和小型的货用车，没办法，小方租了几辆小型货车及三轮车把游客载到机场。到了机场已过了飞机起飞时间，好在公司与民航部门已有联系，客机一直在等旅游团。办好手续，送游客过了安检，小方才松了口气——总算没有给公司造成损失。

(资料来源：　http://www.tvet.org.cn/szzyzs/20/aljx/alfx12_11.html)

【思考题】　旅行团能够避免误机，关键在什么？

【分析】　一是向旅行社汇报，让旅行社出面与民航部门协商，获得他们帮助；二是导游员准确判断，争取时间，迅速赶往机场。

四、旅游者丢失证件、钱物的预防与处理

(一)丢失证件、钱物的预防

(1) 多做提醒工作。在参观游览过程中，无论何时，导游员都要反复提醒旅游者带好贵重的随身物品。尤其在热闹、拥挤的场所和购物时，导游员要提醒旅游者保管好自己的钱包等贵重物品并介绍安全的保管方式；离开饭店时，导游员要提醒旅游者带齐自己的证件、物品。

(2) 导游员在工作中需要旅游者的证件时，要经由领队或全陪收取，用毕立即如数归还，一般不要代为保管；还要提醒旅游者保管好自己的证件。

(3) 每次旅游者下车后，导游员都要提醒司机清车、关窗并锁好车门。

(二)丢失证件的处理

当旅游者丢失证件时，导游员应先请旅游者冷静地回忆，详细了解丢失的情况，尽量协助旅游者寻找。如确已丢失，应马上报告组团社和接待社，根据组团社或接待社的

安排，协助旅游者向遗失地公安部门报失，并到发证机关办理、申领新证件或临时证件的相关手续。所需费用由旅游者自理。

1. 入境旅游过程中丢失证件

(1) 丢失外国护照和签证。

① 由遗失地地接社出具证明。

② 失主本人持证明和相片去遗失地公安局(外国人出入境管理处)报失，由公安局出具遗失证明。

③ 持公安局的遗失证明去所在国驻华使、领馆申请补办新护照。

④ 领到新护照后，再去公安局(外国人出入境管理处)补办签证手续。

(2) 补办团队签证。

须有签证副本和团队成员护照，并重新打印旅游团全体成员名单，填写有关申请表(可由一名旅游者填写，其他成员附名单)，然后到公安局(外国人出入境管理处)进行补办。

(3) 华侨丢失护照和签证。

① 由遗失地地接社开具证明。

② 失主持证明和相片到省公安厅或被授权的公安机关报失并申请办理新护照。

③ 失主持新护照去其侨居国驻华使、领馆办理签证手续。

(4) 丢失港澳居民来往内地通行证。

失主向遗失地派出所报失，由派出所出具遗失证明。失主凭遗失证明到当地公安机关出入境管理部门申领返回港澳地区的证件。公安机关出入境管理部门在核实失主身份后，签发一次性有效的《中华人民共和国入出境通行证》，供失主出境使用。

(5) 丢失台湾居民来往大陆通行证(台胞证)。

失主向遗失地的公安机关报失，公安机关出入境管理部门经核实后发给一次性有效的《中华人民共和国入出境通行证》，供失主出境使用。如果失主遗失台湾同胞旅行证明，可向遗失地中国旅行社或当地公安机关报失。公安机关出入境管理部门经核实后发给一次性有效的《中华人民共和国入出境通行证》，供失主出境使用。

2. 出境旅游过程中中国公民丢失护照、签证

(1) 请当地导游员协助在接待社开具遗失证明，再持遗失证明到当地公安机关报案，取得公安机关开具的报案证明。

(2) 持当地公安机关的报案证明和失主照片及相关资料到我国驻该国使、领馆办理新护照。

(3) 新护照领到后，携带相关材料和证明到所在国移民局办理新签证。

3．国内旅游过程中丢失中华人民共和国居民身份证

由遗失地地接社核实后开具证明，失主持证明到当地公安局报失，经核实后开具临时身份证明，供住宿和机场安检使用。

(三)丢失钱物的处理

旅游者丢失钱财物品，导游员要详细了解丢失物品的形状、特征、价值，分析物品丢失的可能时间和地点并积极帮助寻找。若丢失的是入境时在海关登记备案并须复带出境的或投保的贵重物品，接待旅行社要出具证明，失主持证明到当地公安局开具遗失证明，以备出境时海关查验或向保险公司索赔。

如果客人的贵重物品被盗，属治安事故，导游员须立即向公安部门和保险公司报案，协助有关人员查清线索，力争破案，找回被窃物品，挽回不良影响。若找不回被盗物品，导游员要协助失主持旅行社的证明到当地公安局开具失窃证明书，以便出境时海关查验或向保险公司索赔，同时要提供热情周到的服务，安慰失主，缓解失主的不良情绪。

五、行李破损和遗失的处理

(一)行李破损的处理

1．在机场发现行李破损

在机场当旅游者发现行李破损，导游员应陪同旅游者去机场的行李咨询处填写《行李运输事故记录》。

2．在饭店发现行李破损

行李送到饭店房间后，旅游者发现行李破损，一般应追查饭店行李员的责任。

3．行李破损赔偿

行李破损赔偿，一般先由旅行社垫付，然后向保险公司索赔。赔偿的方式有现金赔付、退旧买新(凭发票报销)、修理后凭发票报销。

导游实务

(二)行李遗失的处理

1. 在机场中遗失行李

旅游者乘坐国际、国内航班抵达旅游目的地机场时,找不到交运的行李,一般都是机场行李员的工作失误所致,但导游员应当予以积极的协助。

(1) 带失主到机场失物登记处办理行李丢失和认领手续。失主须出示机票及行李牌,详细说明始发站、转运站,说清楚行李件数及丢失行李的大小、形状、颜色、标记、特征等,并一一填入失物登记表;将失主所参加团队的行程、各地下榻饭店以及全陪(领队)的联系方式告诉登记处,以便行李找到后能及时交还失主。同时要记下登记处和相关航空公司的电话和联系人,记下有关航空公司办事处的地址和电话,以便随时联系。

(2) 在旅游过程中,导游员要经常与机场失物登记处保持联系,询问行李的寻找进展情况。同时要帮助失主购买必需的旅行生活用品。

(3) 如行李确系丢失,失主可向有关航空公司索赔。

2. 在旅行过程中遗失行李

旅游者在旅行过程中遗失行李,一般是交通部门或旅行社、饭店行李员的失误所致,导游员应予以高度重视,积极配合有关方面进行查找。因此,当旅游者抵达饭店客房,发现行李缺失的时候,导游员应按照"由近及远"的原则,逐个环节地寻找和追查。

(1) 团内寻找。即先从本团行李中查找,看有没有被团内其他旅游者拿错的情况。找到后,要立即将行李交还旅游者,并向旅游者致歉。

(2) 饭店内寻找。在团内没有找到行李的情况下,到酒店行李房与饭店行李员处核查,看是否混入了饭店其他旅游团的行李中。

(3) 当地寻找。如果饭店内没有找到行李的话,就需要和将行李从车站行李房运至饭店的行李员取得联系,请其配合在车站行李房进行协查。此时要注意核对托运行李单上的行李件数。

(4) 上一站寻找。如果在当地没有找到行李的话,就要由全陪与上一站地接社取得联系,请上一站地接社的行李员在当地车站行李房和旅游者曾下榻的饭店内寻找。

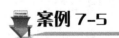 案例 7-5

游客丢失行李

小张是 W 旅行社的导游员。一次,他受该旅行社接待部委派,在当地接待从 Y 市来的一个旅游团,当他将旅游团由火车站接至该团所下榻的饭店,将客人安顿好后,团内李小姐神情紧张地跑来告诉小张:她的行李没有送到她的房间,很可能丢失了,里面有一架高级相机。

(资料来源: http://wenku.baidu.com/view/fd4473d36f1aff00bed51e5b.html)

【思考题】 游客丢失行李,导游员应如何应对?

【分析】 一般情况下,只要导游员和行李员在交接行李的各个环节都能认真清点核实,旅游者交运的托运行李都会准确无误地交还到旅游者手中。万一旅游者的行李因故丢失,导游员应向失主诚恳道歉,安抚失主,并帮助其购买必要的旅行生活用品。要了解丢失行李中有无入境时海关登记备案物品或其他贵重物品,如有,则要协助失主去公安机关报失,请公安机关出具遗失证明,以备出境时海关查验或向保险公司索赔之用。失主有意报案时,导游员必须予以积极的配合,并不时与公安机关取得联系,了解寻查的进展情况。导游员还要注意帮助失主保存交运行李的证据,以备向相关责任部门索赔。导游员在导游工作结束后,要向旅行社写出书面报告。报告中要写清行李丢失的经过、原因、查找过程及失主和其他团员的反映等情况。

六、旅游者走失的处理与预防

在参观游览或自由活动时,时常发生旅游者走失的情况。一般说来,造成旅游者走失的原因有三种:一是导游员没有向旅游者讲清停车位置或景点的游览路线;二是旅游者对某种现象和事物产生兴趣,或在某处摄影滞留时间较长而掉队走失;三是在自由活动、外出购物时旅游者没有记清地址和路线而走失。无论哪种情况,迷路走失都会使旅游者极度焦虑,感到恐慌,严重时会影响整个团队旅游计划的完成,甚至会危及旅游者的生命财产安全。一旦有旅游者走失,导游员应立即采取有效措施。

(一)旅游者走失的处理

1. 游览活动中旅游者走失

(1) 了解情况,迅速寻找。

导游员应立即向其他旅游者、景点工作人员了解情况并迅速寻找。地陪、全陪和领队要密切配合,一般情况下是全陪、领队分头去找,地陪带领其他旅游者继续游览。

(2) 向有关部门报告。

必要时,可以向景点管理部门求助。特别是在面积大、范围广、出入口多的景点,

导游实务

因寻找工作的难度较大，尤其有必要争取当地有关部门的帮助。

(3) 与饭店取得联系。

在寻找过程中，导游员可与饭店前台、楼层服务台联系；请他们注意该旅游者是否已经回到饭店。

(4) 向旅行社报告。

如采取了以上措施仍找不到走失的旅游者，导游员应向旅行社及时报告并请求帮助，必要时请示领导，并向公安部门报案。

(5) 做好善后工作。

找到走失的旅游者后，导游员首先要安慰旅游者，如因导游员没有交代清楚而走失，导游员应向旅游者赔礼道歉；即便是由于旅游者自身的原因，导游员也不可指责或训斥旅游者，而应在对其进行安慰的基础上，做出善意的提醒。

(6) 写出事故报告。

若发生严重的走失事故，导游员要写出书面报告，详细记述旅游者的走失经过、寻找经过、走失原因、善后处理情况及其他旅游者的反映等。

2. 自由活动时旅游者走失

(1) 立即报告旅行社。

旅游者若在自己外出时走失，导游员得知后应立即报告旅行社，请求指示和协助。必要时也可通报辖区的公安局、派出所，并提供走失者可辨认的特征，请求协助寻找。

(2) 做好善后工作。

走失者回饭店，导游员应表示高兴，并了解情况，进行安抚，必要时提出善意的批评，提醒走失者引以为戒，避免走失事故再次发生。

(3) 旅游者走失后出现其他情况，应视具体情况作为治安事故或其他事故处理。

案例 7-6

游 客 走 失

地陪小张带一个来自北京的38人旅游团游览杭州。接待计划的安排是10月3日下午自由活动，10月4日早上坐火车离杭返京。10月3日中午，游客中有很多人要去逛商店，小张告知了他们杭州主要商场及交通等情况，留给了领队自己的手机号码后，就回到公司。

到了晚上21:30左右，小张突然接到领队从饭店打来的电话，说是有一位老年游客在逛商店时走失了，一直没回到饭店。

(资料来源：http://www.tvet.org.cn/szzyzs/20/aljx/alfx08_01.html#)

【思考题】 游客走失，导游员应如何应对？

【分析】 游客走失有可能造成严重后果，导游员应该引起重视。尤其是地陪，要做好预防工作。导游员得知后应立即报告旅行社，请求协助。必要时也可通报辖区的公安局、派出所，请求协助寻找。

(二)旅游者走失的预防

旅游者走失虽然不一定是导游员的责任，但有时往往与导游员的工作责任心不强、工作不够细致有关。为防止此类故障的发生，导游员在带团的过程中应注意采取以下预防措施。

(1) 做好提醒工作。提醒旅游者记住接待社的名称，旅行车的车号和标志，下榻饭店的名称、电话号码以及地陪导游员的手机号码等。团体集体游览时，地陪要提醒旅游者尽量集体行动，万一掉队或迷路要在原地等候；自由活动时，提醒旅游者不要超出活动范围；不要太晚回饭店；去人多拥挤的热闹场所时，要记清地形和标志性建筑。

(2) 做好预报工作。在出发前或旅游车离开饭店后，地陪要向旅游者报告当天的游览行程，包括景点、购物点、餐厅的名称和地址等，以便旅游者万一走失时可以自行赶到相应的地点与团队会合。到景点后，在景点示意图前，地陪要向旅游者介绍游览线路并告知旅游车的停车地点，强调集合时间和地点，再次提醒旅行车的特征和车号。

(3) 时刻和旅游者在一起，经常利用有利地形清点人数，以便万一发生旅游者走失时，可以有效地缩小搜寻范围，减少对团队游览的影响。

(4) 地陪、全陪和领队应密切配合，全陪和领队要主动负责做好旅游团的断后工作。

(5) 导游员要注意业务学习，努力提高讲解水平，争取以高超的导游技巧和精彩的讲解来吸引旅游者随时紧跟导游员。

第三节　旅游突发事件的处理与预防

一、旅游者患病、死亡问题的处理与预防

(一)旅游者患病的预防和处理

由于旅途劳累、气候变化、水土不服、起居习惯改变等原因，旅游者尤其是年老、

体弱的旅游者常会感到身体不适，甚至患病；在旅途中，旅游者突然患病、患重病、病危的事也会时有发生。导游员应尽力避免人为原因致使旅游者生病。如遇旅游者患病、突患重病的情况，导游员要沉着冷静地及时处理，努力使旅游活动继续进行。

1. 旅游者患病的预防

导游员拿到接待计划后，要仔细阅读接待计划，认真分析、研究旅游团的人员情况，结合旅游团成员的年龄、性别和职业等参考因素来安排游览行程。

安排游览路线时，要留有余地，做到劳逸结合，有张有弛。游览项目不能安排得过于紧凑；体力消耗大的项目不要集中安排在一起；晚间活动的安排时间不宜过长。

提醒旅游者注意饮食和饮水卫生，不要买街边小贩的食品、不要到卫生条件差的排档和小饭馆用餐等。同时要认真监督供餐餐厅的卫生状况和餐饮质量，确保旅游者的饮食卫生。

做好天气预报和行程预报工作。提醒旅游者及时增减衣服、观光游览时要穿着合适的服装和鞋、阴雨天要带好雨具等；在气候干燥的季节，提醒旅游者多喝水、多吃水果等。

2. 旅游者患一般疾病的处理

(1) 劝其及早就医并多休息。旅游者患一般疾病时，导游员要劝其尽早去医院看病，并留在饭店内休息。必要时，应陪同患者前往医院就医。

(2) 关心旅游者的病情。如果旅游者留在饭店休息，导游员要表示关心，并安排好用餐，必要时通知餐厅为其提供送餐服务。

(3) 如果需要就医，应向旅游者讲明相关费用由患者自理。

(4) 严禁导游员擅自给患者用药。

3. 旅游者突患重病的处理

旅游者在旅途中突然患重病时，导游员应采取措施就地抢救。可以请求机组人员、列车员或船员在飞机、火车或轮船上寻找医生进行抢救，并通知下一站的急救中心和旅行社准备抢救。

如果旅游者在前往景点游览途中旅游者突患重病，导游员必须立即将其送往就近的医院，或拨打120向急救中心求助。同时，应马上通知旅行社，请求指示和派人协助。

第七章　旅游故障的预防和处理

旅游者在下榻饭店突患重病时，如果饭店有医生，则由饭店医生先行抢救，同时拨打 120 救助。如果饭店没有医生的话，那么就要立即就近送医院抢救，原则上由全陪、领队和患者亲友护送患者到医院抢救。

对于旅游者患病住院的处理，还应特别注意以下问题。

(1) 在抢救过程中，导游员应要求领队或患者的亲友在场，并详细记录患者患病前后的经过、症状及治疗情况，将其同治疗情况一并作文字记录，还需由主治医生出具医院诊断证明。需要签字时，导游员应请患者的亲属或领队签字。

(2) 若患者病危而其亲属不在身边时，导游员应提醒领队及时通知患者的亲属。如患者的亲属是外籍人士，导游员应提醒领队通知所在国使、领馆；患者家属来到后，导游员应协助其解决生活方面的问题；若找不到亲属，一切按使、领馆的书面意见处理。

(3) 患者如是国际急救组织的投保者，导游员还应提醒领队及时与该组织的代理机构联系。在我国设立办事处的国际救援组织有亚洲国际紧急救援中心(AEA)、欧洲急救中心(SOS)，他们在我国设有 24 小时多种外国语言的值班服务。

(4) 地陪应继续组织好旅游团其他旅游者按原定行程进行观光游览，全陪则应视情况决定是继续随团活动，还是留在医院协助处理患者的有关事宜。

(5) 患者经抢救后转危为安，但仍需住院治疗，不能随团离开当地时，旅行社的领导和导游员(主要是地陪)要不时地去医院探望。如果患者是入境旅游者，不能随团出境，地陪还应帮助办理签证分离和签证延长手续，以及出院、订购机票等事宜。

(6) 患者的医疗费用及其亲属在华期间的一切费用均由患者及其亲属自理。患者离团住院时未享受的旅游服务，待患者回到居住地后与报名参游的旅行社交涉。旅行社应按合同约定来处理。

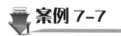

案例 7-7

游客突患重病

导游员小王带团去华东"五市"(即南京、上海、杭州、苏州和无锡)旅游，团队共有 72 人，其中有 22 个孩子，规模是比较大的。当到达第三站杭州准备外出游览时，发生了意想不到的事情，游客中有一位六十多岁的老人突然发病，送医院检查诊断是癌症晚期，随时都有死亡的可能，医院要求通知其家属。面对这突如其来的变故，小王当机立断，要求医生照顾好病人，等待其家属的到来。每天她与另外一个人共同取药、换药，从未单独一人照顾病人，直至家属赶来。经过精心治疗，病情稳定后由其家属接回。对在治病过程中病人的怒骂，她丝毫不介意，因为为游客服务是第一位的，更何况游客得了绝症。同时也没有耽误其他游客的旅游，使这次旅游圆满结束。后来当病人去世后，公司还特意去慰问，病人家属十分感激，使得公司与客户之间建立了良好的关系。

(资料来源：http://jpk.hbtvc.com/ldyy2010/ku/304.htm)

【思考题】 本案例中导游员的应对是否妥当？

【分析】 当游客生病或发病后要及时送医院治疗，并要求游客中留1~2人与导游员共同照顾病人，千万不能单独一个人去取药或照顾病人。另外要与旅行社联系通知其家属，病情严重的可让其家属亲自照顾。同时与地接社商量不能中止旅游活动，可让其他游客继续旅游。旅游活动结束后，对旅游活动中不幸死亡的游客，应及时去死者家中表示慰问，这也是旅行社优质服务的体现，有利于密切旅行社与客户之间的合作关系，从而稳定客源市场。本例中上述处理办法及时妥当，不仅使旅游活动圆满结束，而且还加强了旅行社与客户之间的联系，提高了旅行社的声誉。

(二)旅游者因病死亡的处理

出现旅游者死亡的情况时，导游员应视为重大故障，必须立即向地接社和组团社报告，并按照地接社领导的指示，配合公安、民政等相关部门做好具体的善后工作。如果死者是外国旅游者，还要及时报告该国的驻华使、领馆，并请求联系死者家属。同时，导游员应稳定其他旅游者的情绪，继续做好旅游团的接待工作。

1. 旅游者因病死亡的处理

(1) 如死者的亲属不在身边，导游员必须立即通知其亲属。

(2) 由参加抢救的医师向死者的亲属、领队及死者的好友详细报告抢救经过并写出抢救经过报告、死亡诊断书，由主治医师签字后盖章并复印，分别交给死者的亲属、领队和旅行社。

(3) 对死者一般不做尸体解剖。如果要求解剖尸体，应由死者的亲属或领队提出书面申请，经医院同意后方可进行。

(4) 死者的遗物由其亲属或死者生前好友代表、全陪、接待社代表共同清点，列出清单，一式两份，上述人员签字后分别保存。遗物由死者的亲属或领队带回(或交使、领馆)。

(5) 如有需要，领队应向全团宣布对死者的抢救经过。

(6) 遗体的处理，一般应以在当地火化为宜。遗体火化前由死者的亲属或领队(或代表)写出火化申请书,交中方保留。

(7) 死者的亲属要求将遗体运送回国,除需办理上述手续外,还应由医院对尸体进行防腐处理,由殡仪馆装殓,并发给装殓说明书。灵柩要用铁皮密封,包装结实。

(8) 旅游者死亡地点不是出境口岸,应由地方检疫机关发给死亡地点至出境口岸的检疫证明《外国人员运带灵柩(骨灰)许可证》,然后由出境口岸检疫机关发给中华人民共和国检疫站《尸体灵柩进出境许可证》,再由死者所持护照国驻华使、领馆办理一张遗体灵柩经由国家的通行护照,此证随灵柩一起同行。

2. 旅游者因灾祸、自杀或他杀死亡的处理

(1) 首先报告旅行社领导和当地公安局,查明死亡原因和责任。其他各项处理基本与因病死亡处理相同。

(2) 在处理死亡事故的过程中,导游员和旅行社的人员切忌单独擅自行事。每个重要环节要有文字根据(口头协议或承诺均无效),能经得起事后查证。

(3) 在处理的全过程中,应精确详细记录时间、地点、参加人员、有关事项等,并及时向有关方面请示和汇报。

二、旅游安全事故的处理与预防

国家旅游局在《旅游安全管理暂行办法实施细则》中规定,凡涉及旅游者人身、财产安全的事故均为旅游安全事故。旅行社接待过程中可能发生的旅游安全事故,主要包括交通事故、治安事故、火灾等。

(一)交通事故

交通事故在旅游活动中时有发生,不是导游员所能预料、控制的。遇有交通事故发生,只要导游员没受重伤,神志还清楚就应立即采取措施,冷静、果断地处理,并做好善后工作。由于交通事故类型不同,处理方法也很难统一,但一般情况下,导游员应采取如下措施。

1. 立即组织抢救

发生交通事故出现伤亡时,导游员应立即拨打110和120求助,并立即组织现场人员抢救受伤的旅游者。如有可能,应立即将伤员送往距出事地点最近的医院抢救。

2. 保护现场，立即报案

事故发生后，应注意尽量保护事故现场，以备警方到场后勘察。

3. 迅速向旅行社汇报

在将受伤者送往医院救治的同时，导游员应迅速向地接社的领导报告事故情况，并按照领导的指示安排下一步的善后事宜。

4. 做好全团旅游者的安抚工作

交通事故发生后，导游员应做好团内其他旅游者的安抚工作，继续组织安排好参观游览活动。事故原因查清后，要向全团旅游者说明情况。

5. 写出书面报告

交通事故处理结束后，导游员要写出事故报告。报告内容包括事故的原因和经过；抢救经过、治疗情况；事故责任及对责任者的处理；旅游者的情绪及对处理的反映等。报告力求详细、准确、清楚(最好和领队联署报告)。

导游员在接待工作中应该具有安全意识，尽量协助司机做好安全行车工作。接待旅游者前，提醒司机认真检查车辆，发现故障隐患应及时建议更换车辆。导游员在安排活动日程的时间上要留有余地，切不可催促司机为抢时间赶日程而违章行驶。遇有天气不好(如雨雪天或大雾天)、交通拥挤、路况不好等情况，要主动提醒司机注意安全，谨慎驾驶。导游员应阻止非本车司机开车。如遇司机酒后开车，导游员要立即阻止，并向旅行社的领导汇报，请求改派其他车辆或调换司机。

(二)治安事故

在旅游活动过程中，遇到歹徒行凶、诈骗、偷窃、抢劫，导致旅游者身心及财物受到不同程度的损害的事故，统称为治安事故。

导游员在陪同旅游团(者)参观游览过程中遇到此类治安事故，在保证自身安全的前提下，应尽力保护旅游者，绝不能置身事外，更不得临阵脱逃。

发生治安事故，导游员应做好如下工作。

1. 保护旅游者的人身、财物安全

若歹徒向旅游者行凶、抢劫财物，在场的导游员应毫不犹豫地挺身而出，勇敢地保

护旅游者。尽量将旅游者转移到安全地点，力争与在场群众、当地公安人员缉拿罪犯，追回钱物；如有旅游者受伤，应立即组织抢救。但也要防备犯罪分子携带凶器，所以切不可鲁莽行事，要以游客的安全为重。如有旅游者受伤，应立即组织抢救。

2. 立即报警

发生治安事故后，导游员应立即向当地公安部门报案并积极协助破案。报案时要如实讲明事故发生的时间、地点、案情和经过，提供作案者的特征，受害者的姓名、性别、国籍、伤势及损失物品的名称、数量、型号、特征等。

3. 及时向领导报告

导游员要及时向旅行社领导报告治安事故发生的情况并请求指示，情况严重时可以请领导前来指挥、处理。

4. 安定旅游者的情绪

发生治安事故后，导游员应采取必要措施安定旅游者的情绪，努力使旅游活动顺利地进行下去。

5. 写出书面报告

导游员应写出详细、准确的书面报告，报告除上述内容外，还应写明案件的性质、采取的应急措施、侦破情况、受害者和旅游团其他成员的情绪及有何反映、要求等。

6. 协助领导做好善后工作

导游员应在领导的指挥下，准备好必要的证明资料，处理好各项善后事宜。

导游员在接待工作中要时刻提高警惕，采取有效的措施防止治安事故的发生。

（1）提醒旅游者不要将房号随便告诉他人；不要让陌生人或自称饭店的维修人员随便进入房间；出入房间锁好门，尤其是夜间不可贸然开门，以防发生意外；不要与私人兑换外币等。

（2）旅游者入住饭店后，导游员应建议旅游者将贵重物品存入饭店的保险柜，不要随意放在房间内。

（3）离开旅行车时，导游员要提醒旅游者不要将证件或贵重物品遗留在车内。旅游者下车后，导游员要提醒司机关好车窗、锁好车门。

（4）在旅游活动中，导游员要始终和旅游者在一起，注意观察周围的环境，发现可疑情况，要及时提醒旅游者注意。

(5) 旅行车行驶途中，不得停车让无关人员上车；若有不明身份者拦车，导游员应提醒司机不要停车。

(三)火灾事故

在旅游活动中，为了防止发生火灾事故，导游员应提醒旅游者不要携带易燃、易爆物品，不乱扔烟头和火种。向旅游者讲明交通运输部门的有关规定，不得将危险物品夹带在行李中。

为了保证旅游者在火灾发生时能够尽快疏散，导游员应做到以下几点。

(1) 熟悉酒店楼层的太平门、安全出口、安全楼梯的位置及安全转移的路线，并在介绍酒店设施时向旅游者说明。务必提醒旅游者阅读客房内的安全避难路线示意图。

(2) 牢记火警电话(119)，掌握领队和旅游者所住房间的号码。

万一发生了火灾，导游员应采取以下措施。

(1) 立即报警。

(2) 迅速通知领队及全团旅游者。

(3) 配合酒店工作人员，听从统一指挥，迅速通过安全出口疏散旅游者。

(4) 引导大家自救。

(5) 提醒旅游者不要搭乘电梯或随意跳楼。

(6) 若身上着火，可就地打滚，或用厚重衣物压灭火苗。

(7) 必须穿过浓烟时，用浸湿的衣物披裹身体，捂着口鼻贴近地面顺墙爬行。

(8) 大火封门无法逃出时，可用浸湿的衣物、被褥堵塞门缝或泼水降温，等待救援。

(9) 摇动色彩鲜艳的衣物呼唤救援人员。

旅游者得救后，导游员应立即组织抢救受伤者；若有重伤者应迅速送医院，有人死亡，按有关规定处理；采取各种措施安定旅游者的情绪，解决因火灾造成的生活方面的困难，设法使旅游活动继续进行；协助领导处理好善后事宜，写出翔实的书面报告。

三、旅游交通故障的处理与预防

在旅游过程中，有时会因航班延误、列车晚点、堵车、车辆抛锚以及交通事故等原因而影响到旅游活动的正常进行，甚至影响到计划行程的正常进行，从而给旅游活动造成负面影响。这些干扰和影响旅游活动正常进行的交通因素，统称为旅游交通故障。

(一)航空、铁路等交通运输部门造成的交通故障

此类故障一般属于突发性故障,往往在导游员带团抵达机场、车站时才被告知。这时,导游员首先应向机场和车站工作人员了解具体情况并及时告知领队和旅游者。同时要及时向组团社和地接社进行通报。由于航班延误的时间很难把握,而且机场一般都远离市区,所以在发生航班延误时,导游员可以在讲清集合地点的情况下,让旅游者在候机楼范围内自由活动。同时要提醒旅游者记住所乘的航班号,注意倾听机场广播,不要走得太远。

如果出现列车晚点的情况,要根据具体时间来安排旅游者继续在车站等候或者重新安排旅游活动。如果涉及用餐,还必须请地接社就近落实餐厅安排就餐。是否重新安排旅游者离开车站去游览,要根据车站工作人员的指示行事。原则上不要安排到离车站太远的景点或到人多热闹的地方去活动。如果去有门票费用的景点游览,导游员务必事先向领队和旅游者讲明。

(二)道路交通拥堵造成的交通故障

如果团队在城市间移动过程中,乘坐的旅行车在高速公路上遭遇堵车,全陪要把能了解到的具体情况向下一站地陪做及时的通报并与之保持联系。同时,向旅行者讲明情况,在车内可以组织适当的娱乐活动以缓解旅行者的焦躁情绪。拥堵解除后,要及时通知下一站地陪。

如果团队在前往景点观光的途中遇到堵车,地陪应及时报告地接社,必要时也要告知餐厅和目的地景点的工作人员。同时在车内组织适当的活动,尽量活跃车内的气氛。

如果在送团去机场的途中遇到堵车,导游员要根据实际情况迅速做出反应。时间紧急时,要立即与航空公司和旅行社通报情况以协商应急方案。在拥堵解除后,要提醒司机注意安全行车,切不可一味地赶时间而造成安全隐患。

如果在市内观光时,在城区道路上发生堵车,导游员可以与司机协商改变路线,必要时甚至可以调整行程安排以有效利用时间,如果需要改变行程,一定要如实将情况与旅游者讲明,以免旅游者产生误解。实在难以改变路线时,只能如实地向旅游者讲明情况,以期得到谅解。

(三)车辆机械故障造成的交通故障

在旅游过程中遇到机械故障导致汽车抛锚时,导游员应立即与地接社取得联系,要

求尽快换车。同时，如实向旅游者说明情况，并诚恳地道歉以求得旅游者的谅解。必要时，可以征得旅行社领导的同意，采取适当的物质补偿措施。

如果车辆在市内或郊外、景区等地发生故障，导游员可以在确保安全的情况下安排旅游者下车，在附近的安全地带活动。如果车辆在高速公路等相对封闭且存在安全隐患的地方抛锚，导游员切不可让旅游者下车，以免发生危险。若等候的时间较长，可组织车内活动以活跃气氛。

在旅游过程中，车辆一旦发生机械故障，一般情况下要及时更换车辆以消除旅游者的安全顾虑。

(四)交通事故造成的旅游交通故障

尽管许多旅游交通故障的发生具有偶然性和突发性，难以预料，但导游员在安排行程和观光路线时还是应该根据经验，充分做好预防工作，尽量减少旅游过程中旅游交通故障的发生概率。具体的预防措施包括以下几点。

(1) 安排观光路线要考虑当地的交通路况，参考司机的建议，合理规避交通高峰，减少行车时间，尽量使旅游者的时间有效地用在观光游览上。

(2) 上团前，务必提醒车队和司机对车辆进行全面的检修，杜绝问题车辆上团。在旅游过程中，要提醒司机利用旅游者在景点观光或用餐、购物等时机，对车辆进行检查，发现问题立即处理，尽量不要把车辆的问题暴露给旅游者。

(3) 为了确保行车过程中旅游者的安全，车辆前部的第一排座位尽量不要安排旅游者就座，可作导游工作席用。如有旅游者不理解，要耐心做好说服和解释工作。

(4) 上团前，要向司机通报行程，以便司机充分做好安全行车的各项准备。

案例 7-8

旅游团发生交通事故

某地陪率团从某景区返城，途间，地陪带领旅游团于途中的某旅游商店购物，因耗时较长，地陪怕耽误晚间娱乐活动遂催促司机加快速度。一路上，导游与游客同司机有说有笑，很是开心。在接近城区时，前方有人骑车横穿公路，司机因躲闪不及而将骑车人撞成重伤，旅游车也连人带车滚进了路边的农田里，部分游客被撞伤，车内现时一片大乱，导游员一阵尖叫，吓得手足无措，好几分钟后，才打开车门，给旅行社打电话，惊慌失措地在路边等待旅行社。并立即告诉旅游者晚上的娱乐活动取消了。

(资料来源：http://jpkc.xianyangzhiyuan.cn:8026/jdaldisp.asp?id=(245))

【思考题】 导游员的不妥行为有哪些？

【分析】 不应该在行车过程中为赶时间催促司机加快速度，在行车中不应与司机说笑，分散司机的注意力；发生事故后没有沉着冷静，采取措施解救伤员、安抚游客；没有立即报案和打120急救电话；不应擅自取消晚上的旅游活动，应根据实际情况和旅游团的领队或全陪商量后再做决定。

四、自然灾害的处理与预防

旅游者在不同的环境中进行旅游活动时，由于各地不同的气候和地质、地形等原因，有可能会遭遇各种自然灾害(比如地震、洪水、泥石流、冰雹、龙卷风等)的袭击。旅游者一旦遭遇自然灾害，非但旅游活动难以继续，而且人身和财物安全也会受到很大的威胁。导游员在接团前就要根据不同季节、不同地区的具体情况，防患于未然，充分做好应对当地高发自然灾害的思想准备，将可能遭遇的损失降到最低。在带团过程中，要把如何应对当地高发自然灾害的应急措施和有效的求救方法告知旅游者，以备万一。一旦真的遭遇自然灾害的袭击，导游员务必做到以下几点。

(1) 突出以人为本的救灾理念，以抢救旅游者的生命财产为第一要事。必要时，考虑舍弃行李物品，保证旅游者的人身安全。

(2) 根据不同的地形和灾害特点，采取适当的应对措施以尽量减少损失。

(3) 待情况有所稳定后，导游员要立即分头搜寻、召集旅游者，尽量把大家集合在一起，以免出现人员走失等新的故障。

(4) 出现伤者的情况下，要立即向110、120和地接社求救，尽快把伤员送往就近的医疗机构救治。同时要尽量安抚其他旅游者。在救援人员到达时，要优先把旅游者运送到安全地带，导游员最后离开。

(5) 灾后，要认真配合有关部门对旅游者受灾情况进行调查，提供有关证明材料，积极协助处理善后事宜。要继续关心留下医治的伤员，提供必要的生活帮助。最后要向旅行社写出书面报告备案。

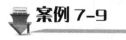

案例 7-9

误　机

某导游员送团赴哈尔滨，有通知说：飞机延迟起飞。于是，地陪就边带团游览，边随时打电话到机场询问，每次回答都是："00:55 起飞"。出于慎重，每次通话地陪都做了完整的记录。当旅游团按照 00:55 的起飞时间提前赶到机场时,飞机早已于 20:55 飞走了。机场人指着地陪说:"你误机啦!"地陪拿出记录讲明情况并请值班领导立即去问讯处查对:原来是某小姐把 20:55 写得过于熟练,龙飞凤舞地写成:00:55。只在第一个 0 字下边带个小尾巴,粗看是 0;细看稍像 2。一画之差导致误机事故,查清了原因后,机场给了该团满意的安排。玩忽职守者受到了深刻的教育。

(资料来源:http://wenku.baidu.com/view/55f28e320912a216147929a6.html)

【思考题】 该案例的启示是什么?

【分析】 由此可见,如地陪不多次问讯并认真记录,就没有证据;而如果地陪一听误机,不去及时查证,最后就会由地接社吞食苦果。所以说认真和沉着是地陪工作的需要。

案例 7-10

行李丢失,稳定失主心态很重要

某年 9 月,北京导游员程先生接待了一个美国 TBI 8 人旅游团。由于航班延误,他在机场等了很长时间,直到那个航班的游客几乎都走完了,才见一位佩戴 TBI 胸牌的男士急匆匆地跑了出来。与他交谈后,程先生了解到,他们中有两个人的行李没有随日航的飞机运过来,刚才是到查询处查找行李去了。程先生闻讯,急忙同该游客一起到国际行李查询处登记并办理行李查询手续,该处工作人员估计行李可能于第二天下午到达,要求必须由失主亲自来取。

由于丢失了行李,一路上失主的情绪十分低落。为了不影响大家的兴致,程先生安慰失主说:"如果行李到北京,就一定能找到。即使真丢失了,日航也一定会赔偿的。"接着,他为大家介绍了此行几天的活动安排,并告诉失主,第二天陪他们到商店先买些急用的物品。

第二天行李还是没有到,要再等一天。失主知道后,很着急。程先生怕影响其他游客的情绪,便尽量调动失主的情绪,在旅游活动中对他们多安慰、多照顾、多突出地位、多给表现机会。其他人见状都很会意,有人开玩笑地说:"程先生真是厚此薄彼啊!要知如此,我也会丢件行李的。"一句话,连失主听后也禁不住开心地笑了。

第三天游览途中,程先生终于得知,行李已运到了北京。晚饭前,他将客人们送回饭店休息,然后要了出租车与失主一同去机场将行李取回。

在临别的风味晚宴上,失主为程先生的热心服务表示衷心感谢。其他客人也纷纷举杯为失主找回行李而干杯。

(资料来源:http://www.fkzz.com/jpwz/dyyw/News.asp-class_id=259&news_id=1015.htm)

第七章　旅游故障的预防和处理

【思考题】　游客丢失行李后，如何稳定失主心态？

【分析】　游客丢失行李后，心情沉重，表现急躁，会对旅游活动失去兴趣，此时的接待工作比平时更加困难。为了稳定失主的情绪，不影响其他游客，一方面，导游员应更注意调动大家的情绪，并用轻松的话题、欢快的气氛去感染失主，使其真正参与到旅游活动中来。另一方面，则应积极与有关部门联系，积极查找行李的下落。这样即使找不到丢失的行李，也能帮助失主恢复常态。如果找回了行李，则可收到一石二鸟的效果，在精神和物质上均让失主满意。

知识拓展

自然灾害避险常识

(1) 海啸。

感觉强烈地震或长时间的震动时，需要立即离开海岸，快速到高地等安全处避难，人群要尽量集中。

如果收到海啸警报，没有感觉到震动也要立即离开海岸，快速到高地等安全处避难。通过当地向导或媒体随时掌握信息，在没有解除海啸警报前，切勿靠近海岸。

(2) 山体崩塌。

夏汛时节，在选择去山区峡谷郊游时，一定要事先收听当地天气预报；雨季时，切忌前往有危岩等崩塌危险的地段；旅行途中，不能在凹形陡坡、危岩突出的地方避雨、休息和穿行，不能攀登危岩。

(3) 泥石流。

切忌在沟道处或沟内的低平处团队集中宿营；如遇泥石流，在最短最安全的路径向沟谷两侧山坡或高地跑，切忌顺着泥石流前进方向奔跑；不要停留在坡度大，土层厚的凹处；不要上树躲避。

(4) 雷雨天。

不要停留在户外空旷处，也不宜进入孤立的棚屋、岗亭等；不宜在大树下躲雷避雨，如万不得已，则需与树干保持3米的距离，下蹲并双腿靠拢。如果在雷电交加时，头、颈、手处有蚁走感，头发竖起，说明将发生雷击，应赶紧趴在地上，并拿去身上佩戴的金属饰品和发卡、项链等，这样可以减少遭受雷击的危险。如果在户外遭遇雷雨，来不及离开高大物体时，应马上找些干燥的绝缘体放在地上，并将双脚合拢坐在上面，切勿将脚放在绝缘体以外的地面上，因为水能导电；当在户外看见闪电几秒内就听见雷声时，说明正处于近雷暴的危险环境，此时应停止行走，两脚并拢并立即下蹲，不要与人拉在一起，最好使用塑料雨具、雨衣等；在雷雨天气中，不宜在旷野中打伞。

本章小结

本章主要介绍了旅游行程中常见的旅游故障的处理技巧。强调导游员在带团过程中要增强责任心，多做预防和提醒工作，与各方密切配合，尽力避免事故。当事故发生后，不管责任在谁，导游员都必须全力以赴，合情、合理、合法地处理，将问题和事故的影响和损失降到最低限度。

习　题

一、单项选择题

1. 在旅游过程中，由于客观原因需要变更旅游团的旅游路线、日程或内容时，导游员应(　　)。

　　A. 缩短或取消在某地的逗留时间

　　B. 延长在某地的逗留时间

　　C. 用另一活动代替被迫取消的行程

　　D. 制订应变计划并报告旅行社

2. 发生交通事故后，导游员应首先(　　)。

　　A. 向旅行社汇报　　　　　　B. 做好全团旅游者的安抚工作

　　C. 保护现场并报案　　　　　D. 组织抢救伤员

3. 出现旅游者死亡的情况时，导游员应配合公安、(　　)等部门做好善后工作。

　　A. 旅游　　　B. 卫生　　　C. 法院　　　D. 民政

4. 旅游者在旅行途中产生的患病就医费用，应由(　　)承担。

　　A. 导游员　　B. 旅游者　　C. 组团社　　D. 地接社

5. 对漏接事故的正确处理方法是(　　)。

　　A. 只要不是导游员的责任，导游员可以当作没发生过

　　B. 立即吊销该导游员的导游证，并做出罚款处理

第七章 旅游故障的预防和处理

C. 诚恳地赔礼道歉，加倍努力地为旅游者提供更加热情周到的服务

D. 一切都应该让旅行社出面解决，导游员不宜自作主张

二、多项选择题

1. 一位境外客人在商店购物时钱包被盗，内有现金、信用卡等物。导游员的错误做法包括(　　)。

   A. 告诉旅游者这种现象经常发生，所以不用大惊小怪

   B. 劝旅游者让家人给他汇款

   C. 立即向公安部门或保险公司报案，并协助查清线索

   D. 让旅游者以后不要再去购物

2. 为了预防错接事故的发生，地陪应该认真核对(　　)。

   A. 团名团号　　　　　　　　B. 组团社信息

   C. 地接社信息　　　　　　　D. 游客人数

3. 导游员对旅游者走失的预防措施包括(　　)。

   A. 地陪要主动负责做好旅游团的断后工作

   B. 做好提醒和预报工作

   C. 时刻和旅游者在一起，经常清点人数

   D. 以高超的导游技巧和精彩的讲解来吸引旅游者

4. 旅行团将要乘坐的班机被确认将晚点较长时间，导游员下列做法中正确的是(　　)。

   A. 安排游客到市中心购物，从而一举两得

   B. 重新落实该团用餐、用房、用车的安排

   C. 通知下一站地接社做相应调整

   D. 调整活动日程

5. 为预防旅游者患病，导游员应该(　　)。

   A. 分析、研究旅游团成员情况

   B. 适当减少游览项目及时间

   C. 安排游览路线时留有余地

   D. 做好天气预报和行程预报工作

三、简答题

1. 旅游故障有哪些类型？
2. 旅游团延长在某地的逗留时间，导游员应如何应对？
3. 漏接的预防措施包括哪些？

四、论述题

发生治安事故，导游员应采取什么处理措施？

五、案例分析题

一天，全陪发现一位每天准时用早餐的住单人房间的游客没有来吃早饭，他有点纳闷，但以为客人已起身外出散步，没有在意。但集合登车时还没有见到该游客，他就找领队询问，领队也不知道。于是全陪立即给客人打电话，没人接，他们俩就上楼找。敲门，无人答应；推门，门锁着；问楼层服务员，回答说没见人外出。于是请服务员打开门，发现游客已死在床上。两人吓得跑到前厅，惊恐地告诉大家该游客死亡的消息。地陪当即决定取消当天的游览活动，并赶紧打电话向地方接待旅行社报告消息，请领导前来处理问题。然后就在前厅走来走去，紧张地等待领导。

(资料来源：http://jpkc.xianyangzhiyuan.cn:8026/jdaldisp.asp?id=(245))

问题：

(1) 在上述描述中，导游员在哪些方面做得不对？应该怎么做？
(2) 游客死亡后，导游员应该做些什么？

第八章

旅游者个别要求的应对

【学习目标】

通过本章的学习,掌握处理游客个别要求的原则,熟悉常见的处理游客个别要求的技巧,正确处理好游客食宿、购物、自由活动、探亲访友、终止旅游等方面的个别要求。

【关键词】

个别要求　应对措施

导游业务

引导案例

吃到家乡菜

全陪小曾和一个来自德国的旅游团乘坐长江豪华游船游览长江三峡,一路上相处得十分愉快。游船上每餐的中国菜肴十分丰盛,且每道菜没有重复。但一日晚餐过后,一位游客对小熊说:"你们的中国菜很好吃,我每次都吃得很多,不过今天我的肚子有点想家了,你要是吃多了我们的面包和黄油,是不是也想中国的大米饭?"旁边的游客也笑了起来。虽说是一句半开玩笑的话,却让小熊深思。晚上,小熊与游船取得联系,说明了游客的情况,提出第二天安排一顿西餐的要求。第二天,当游客发现吃西餐时,个个兴奋地鼓掌。

(资料来源:http://jpkc.xianyangzhiyuan.cn:8026/jdaldisp.asp?id=(245))

随着旅游业的发展和旅游市场的日益完善,旅游者作为旅游市场的消费主体,其消费理念日益成熟,消费水平也在不断提高。与此同时,旅游者的消费个性也在逐步得到彰显,越来越多的旅游者的自我意识在显著增强,表现在旅游活动中就是旅游者向导游员提出的个别要求变得越来越多。导游员普遍认为现在的团比以前难带,旅游者也不像以前那么听话了。这种现象恰恰反映了当前买方市场条件下旅游者个性消费的张扬和消费水平的提高。因此,导游员务必正视这些发生在旅游者身上的变化,进一步调整心态,完善服务理念,将努力满足旅游者的正当要求视为导游工作的一部分,在不违背旅游合同和不影响全团旅游活动的前提下,重视旅游者提出的每个合理要求,并予以认真对待。

第一节 旅游者要求的应对原则

导游员应该怎样应对旅游者提出的种种特殊要求,这是对导游员处理问题能力的考验,也是保证并提高旅游服务质量的重要条件之一。对旅游者提出的要求,不管其难易程度、合理与否,导游员都应给予足够的重视并正确、及时、合情合理地予以处理,尽量满足那些合理而可以满足的要求,对不合理或无法予以满足的要求,要耐心做好解释,以期得到旅游者的理解,避免产生误会,力争使大家愉快地旅行游览。

旅游者提出的要求多种多样,应对方法也各不相同。本节只介绍应对旅游者的个别要求的基本原则。

一、认真倾听，尽量满足原则

对于旅游者提出的个别要求，导游员首先要做到的就是认真倾听，积极应对。只要是合法、合情、合理，而又能够予以满足的，或是通过努力能够满足的要求，导游员都要积极地想办法予以最大限度的满足。满足旅游者的个别要求就是尊重旅游者的个性，会激发其内心的感念心理，从而在某种程度上积极地支持和配合导游员进一步做好导游服务工作。俗话说"细微之处见真情，莫因事小而不为"。对于旅游者提出的要求，即使是很细小的要求，如果导游员都能认真倾听，尽量满足，必将对调动旅游者的积极性，更好地做好导游服务工作起到良好的促进作用。

二、合理而可能原则

虽说导游员对于旅游者提出的个别要求要尽量予以满足，但有些要求尽管合法，也近乎合理，却由于客观因素的局限而无法予以满足或全部满足。因此，导游员在接到旅游者提出的个别要求时，切不可盲目地满口答应，以免造成被动，而是应该在认真分析其要求合理性的基础上，积极动脑筋，想办法，尽量创造条件来努力满足旅游者的合理要求。对于完全不具备满足可能的，或经过努力实在无法予以满足的要求，要向旅游者说明情况，耐心解释，以取得旅游者的理解。总之，要让旅游者理解，其要求是由于客观原因而不能得到满足，而不是导游员主观上不愿意予以满足。

三、尊重合同，耐心解释原则

旅游者提出的要求多数是合情合理的，但也会有一些不尽合理的苛求，甚至是不符合旅游合同内容的要求。而旅游合同是旅游者与旅行社订立的一种商业契约，规定了双方的责权利关系，也是导游员提供导游服务的依据。如果让不符合旅游合同内容的要求得到满足，在某种程度上就是侵害了全体旅游者的消费权益与旅行社的利益。因此，当遇到这类个别要求时，导游员应在仔细倾听的基础上，向旅游者进行耐心的解释，把道理讲透。一般情况下，听了导游员的解释旅游者都会主动收回自己原先提出的不当要求。对于少数不理解的旅游者，导游员切不可与之发生争执或者做"冷处理"，应该从服务的理念出发，耐心沟通，晓之以理。必要时也可请领队或全陪出面做旅游者的工作。

四、请示汇报原则

导游员在应对旅游者提出的个别要求时，有时会碰到一些政策法规界限不明确，或者明知有可能产生不当后果而旅游者又强烈要求予以满足的要求。在这种情况下，导游员应该多向旅行社的领导进行汇报请示，并将领导的意见向旅游者进行解释和说明，努力按照领导的指示和要求来应对旅游者提出的要求。必要时也可以让旅游者直接与旅行社的领导进行沟通。对于那些明显违反国家法律法规和旅游合同的要求，导游员应当明确予以拒绝，但务必注意措辞和方式方法，以免造成不必要的误解。

第二节 旅游者生活方面个别要求的应对

一、餐饮方面的个别要求

(一)食物特殊要求

由于个人生活习惯、宗教信仰、民俗习惯、身体状况等方面原因，旅游者会提出一些特殊的饮食要求，如不吃猪肉或牛肉，食物要全熟或半熟，不吃辣味等。

这些特殊要求如在旅游协议中有明文规定，导游员应严格按照执行。如果是旅游团抵达后旅游者临时提出的，导游员应在可能的情况下，与餐厅商量解决。如餐厅确有困难，要向旅游者解释清楚，也可协助旅游者自行解决。

(二)换餐要求

旅游者提出换餐，如把中餐换成西餐、更换用餐地点、改变餐饮标准等，导游员可尽量满足旅游者的要求。但要提醒旅游者一定要在用餐前三小时提出，由此造成的损失或差价费用，要事先向客人说明，由客人自己承担。如客人要求退餐，一般不宜接受，若客人坚持要退，损失由客人负责。

(三)单独用餐要求

游客由于生活习惯或其他原因，不愿意与大家一起用餐，要求自己单独用餐，导游员要予以劝阻，并告知领队出面处理。如客人坚持己见，餐厅也可满足其要求，但餐费要其自理，并告知该游客未享受的综合服务费用不退。

第八章　旅游者个别要求的应对

旅游者因病不能去餐厅用餐时，导游员可通知餐厅提供送餐服务，一般不收服务费。若其他旅游者也想在房间用餐，导游员可满足其要求，但需另付服务费。

(四)自费品尝风味要求

旅游团要求在饭店餐厅之外自费品尝风味餐时，导游员可协助且与有关餐馆联系订餐。

(五)其他餐饮要求

旅游者由于生活习惯或活动安排原因，要求提早或推迟用餐时间，导游员应事先向餐厅打招呼，视餐厅的具体情况办理。在一般情况下，导游员要向旅游者说明餐厅有固定的工作时间，推迟用餐需另加服务费，旅游者若同意付费，则可满足其要求。

案例 8-1

游客要求上水果

××国际旅行社的导游翻译张先生接待了一个20人的美国旅游团，在S市进行两天的游览，入住饭店为S市的一家开业不久的四星级标准的饭店。张先生接到旅游团时已是午餐时间，依计划到饭店用午餐，然后开始游览。半天下来，张先生凭借其纯正的美国英语、精彩生动的讲解、娴熟的导游技巧，赢得了游客的赞赏。在回饭店的途中，张先生重申了晚餐地点、时间。这时，有几位游客却提出，要求换个地点就餐，因为他们对饭店的餐饮不满意。张先生觉得纳闷，照常理美国游客习惯于在住店用餐的，而这个团却有些特别。于是他向游客讲了餐厅退餐的有关规定，并说大家如果有什么意见可向他反映，然后由他去与餐厅协调，相信一定能让大家满意。经过张先生的一番热情的解释，游客们不再坚持换餐的要求。就餐时，张先生带他们去餐厅用餐，并就游客对用餐不满做了个别了解，原来既不是口味问题也不是菜肴数量问题，而是餐桌上缺少对美国人来说关键的一道水果。了解真相后，张先生立即与餐饮部经理联系，要求晚餐一定要补上水果，并与其商量对午餐未上水果向游客表示歉意。餐厅经理爽快地答应了张先生的两个要求，并主动提出将为该团每个客房送上免费水果。这样一来，游客们非常高兴。离开S市时，领队留下了一封热情洋溢的表扬信，对张先生热情周到的服务和饭店精心的安排表示赞扬。

(资料来源：http://jpk.hbtvc.com/ldyy2010/ku/305.htm)

【思考题】 导游员张先生疏忽了美国人的什么饮食习惯？

【分析】 掌握不同国家、不同地区游客的喜好、习惯，也是做好导游工作的保障之一。案例中的美国人，其饮食习俗是宁可少一道菜，也是不可缺水果的。尤其是对于苹果，喜欢得甚至到了迷信的程度，他们信奉的一句谚语是"An apple a day keeps the doctor away."对于导游员来说，最好能把有针对性的服务工作做在游客说出来以前。

二、住房方面的个别要求

(一)住房标准原协议标准不符

旅游者在某地旅游时，有时由于季节原因或工作差错，导致安排的住房低于原协议标准，或只能用同等级的其他酒店客房代替，旅游者对此可能会提出异议，导游员对此应积极协商解决。若一时解决不了，应详细说明原因，并表示歉意，请旅游者原谅，必要时给予某种补偿。

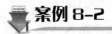

旅行社降低了住宿标准

大学教师王某等20人参加了××旅行社组织的九寨沟、三峡旅游团，每人交费3400元。根据旅游合同规定，住宿是带独立卫生间的双人标准间。但旅游团到九寨沟后，双人标准间变成了简陋的木板房，更谈不上什么独立的卫生设备及其他设施，因而引起游客的强烈不满。王某等教师认为，旅行社的这种行为，属于欺诈行为，侵犯了游客的合法权益，要求加倍赔偿损失。旅行社对王某等提出的要求不予理睬。行程结束后，王某等遂向旅游局质检所投诉，要求维护自己的合法权益。旅游局质检所在收到王某等人的投诉后，通过调查，确认投诉属实，做出了裁决。

(资料来源：http://www.mdjdx.cn/jpk/dyyw/class.asp?id=16)

【思考题】 旅行社应当赔偿游客的损失吗？

【分析】 应当，旅行社降低住宿标准，主观上存在着故意，属于欺诈行为。旅行社不仅应退还给王某等旅游者住宿费的差价，同时还应赔偿相同数额的违约金。

(二)因不满房间条件要求换房

旅游者由于房间条件差，不干净，用具破损，要求换房时，导游员要尽力维护游客的利益，坚持要求宾馆换房满足其要求。若由于朝向不好、观景角度不佳、楼层不理想等原因要求调换房间，若酒店有空房而且不存在档次差别，在与酒店商量并得到同意后，可满足客人要求，或请领队出面在游客中互相调剂。实在无法满足时，应向游客致歉，请其谅解。

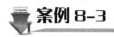

饭店设施陈旧

经过近6个小时的颠簸，小盛的旅游团总算乘旅游车从黄山抵达了最后一站——H市，小盛也由全陪变成了全陪兼地陪。游客们拖着疲惫的身躯下了车，进了下榻的饭店——一家建造于30多年前的计划经济时代专用于接待国内一些领导干部的饭店。该饭店占地面积大，环境也很幽雅，是一家地地道道的老饭店。然而游客进入客房不久，就有几位跑来抱怨。这个说客房冷气不足，那个说客房太潮湿，还有的说客房没热水，纷纷要求换房。当时是旅游旺季，小盛非常清楚这个时节饭店的客房供需状况。怎么办呢？他先来到反映有问题的几间客房，发现冷气不够是因为刚进客房，冷气才打开，且温度开关没有调到位；没有热水是因为热水龙头坏了；而客房潮湿则是因为这间房紧挨山崖。小盛想："水龙头坏了可以修，客房不一定要换；但潮湿房一定要换。"于是，小盛来到饭店销售部，销售部人员开始声称没有空余客房，但在小盛一再要求下，加上小盛平时也很注意和他们建立良好的关系，最后，销售部人员在请示经理后，终于让小盛的游客换了客房。问题总算得以圆满解决。

（资料来源：http://www.mdjdx.cn/jpk/dyyw/class.asp?id=16）

【思考题】　导游员小盛为什么能够较好地解决了难题？

【分析】　小盛积极寻找游客换房的原因，解决这些房间存在的问题，此外还在于饭店人员的帮助。导游员平时需要与饭店、餐馆、民航、铁路、游览点等部门的工作人员搞好关系，与之"善交"，有时在非常时刻是很能起作用的。

(三)要求住高于协议标准的房间

有些旅游者的要求较高，要住高于协议规定标准的房间，而不惜房价。如酒店内有此类高档客房，应满足其要求，但需要收取房费差价和原房间的退房手续费。

(四)住标准客房的客人要求换住单间

同住的游客在生活习惯、个人爱好、性格脾气上有很大的不同,以至闹矛盾,或个别游客晚上打呼噜厉害,造成另一方无法入睡,游客会提出换住单间的要求。导游员首先要问清游客换住单间的原因,然后与领队、全陪商量换房的办法。先在其他的游客之间调剂;如果调剂不成,导游员应和宾馆服务台联系要求增加住房,但事先要和游客讲清楚,换住单间的费用需要自理(一般由提出换单间的游客承担)。

(五)购买房内物品

有时旅游者会看上客房内的某一装饰物品或使用物品,要求购置。导游员可代为与酒店联系,照价出售。

三、娱乐活动方面的个别要求

(一)计划内的娱乐活动

计划内的娱乐活动一般在协议书中都有明确规定。娱乐是开展旅游活动的六大要素之一,所以一般来说,游客比较乐意参加计划内的娱乐活动。旅行社已安排观赏文娱演出后,游客要求观看另一场演出,若时间许可又可能调换时,旅行社应积极帮助调换。游客若坚持要去看别的演出,导游员可予协助,但计划内的文艺节目费用不退,其他费用均为自理。在交通方面,应尽量提供方便。若两个演出地点在同一条线路上,导游员可与司机商量,尽量顺路接送;若在不同线路,导游员则应另外安排车辆,但车费由游客自理。

(二)计划外的娱乐活动

有些旅游者提出自费观看文娱节目或参加某项娱乐活动,导游员可帮助其联系票券、车辆等,但通常不陪同前往;必要时,可将联系电话告诉旅游者。

若旅游者要求去情况较复杂的场所或去大型娱乐场所,导游员应提醒客人注意安全,必要时应陪同前往。

(三)其他娱乐方面的要求

(1) 游客要求去不健康的娱乐场所和过不正常的夜生活时,导游员应断然拒绝,严肃指出不健康的娱乐活动和不正常的夜生活在中国是禁止的,是违法行为。导游员不应该提供任何不健康场所的信息，更不能一同前往。

(2) 在演出过程中，个别游客要求中途退场，对此情况，导游员应劝说客人看完。如客人不听劝告，定要退场，导游员可安排其自费乘车返回，并做好其他客人的安定工作。

(3) 有的旅游团观看完计划的文艺节目后，要求再增加文艺节目。只要条件许可，导游员可与接待社有关部门联系，请其报价，并将其报价告诉旅游者。若旅游者认可，请接待社预订，导游员要陪同前往。也可由导游员帮助旅游者联系购买门票，请旅游者自己乘车前往，一切费用由旅游者自理。

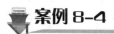

游客提出计划外的文娱活动

某旅游团 17 日早上到达 K 市，按计划上午参观景点，下午自由活动，晚上 19:00 观看文艺演出，次日乘早班机离开。抵达当天，适逢当地举行民族节庆活动，并有通宵篝火歌舞晚会等丰富多彩的文艺节目。部分团员提出，下午想去观赏民族节庆活动，并放弃观看晚上的文艺演出，同时希望导游员能派车接送。

(资料来源：http://www.docin.com/p-436980707.html)

【思考题】 导游员应如何应对？

【分析】 导游在未请示旅行社领导做好变更安排之前，切勿答应游客的要求。应做好的准备工作包括：问明具体情况；请示旅行社领导，看是否有变更计划的可能；落实好车、餐的安排；强调观赏节庆活动的注意事项和安全问题；晚上应在就寝之前落实游客到位情况。

四、购物方面的个别要求

(一)要求单独外出购物

有的旅游者在团队统一购物时间之外，提出要单独外出购物，只要时间许可，导游员要予以帮助并当好参谋。了解其所需购买物品，推荐理想商店，必要时为旅游者写张中外文便条(包括商店名称、地址、简单购物用语)备用。但在旅游团快离开本地时，应劝阻游客不要单独外出购物。

(二)要求退换商品

旅游者在购物之后发现购买的商品是残次品,计价有误或对所购的商品不满意等,要求导游员帮助退换,导游员责无旁贷,应积极协助,想方设法帮助解决,必要时陪同前往。

(三)要求再去商店购物

旅游者欲购某种商品,出于对商品的价格、款式、颜色等犹豫不决,当时没有购买。回饭店后,下决心购买,要求导游员协助时,导游员应热情相助,如有时间可陪同前往,车费由旅游者自理。若因故不能陪同前往可为旅游者写张便条(商店地址、欲购商品的名称、请商店协助等留言),请其乘车前往。

(四)要求购买古玩或仿古艺术品

有些旅游者对古玩或仿古艺术品很感兴趣,要求购买,导游员应带其到国家文物商店购买,并嘱其保存好发票,不要将物品上的火漆印(文物允许出口标志)弄掉,以便海关查验。如果旅游者要到地摊上或其他非法地点购买古玩,导游员应予以劝阻,一是在地摊上买文物易上当受骗,二是即使买到了真的,也无法带出境。

(五)要求购买中药材、中成药

旅游者想购买中药材、中成药,导游员应告知中国海关的规定,即入境旅客出境时可携带购买的数量合理的自用中药材、中成药,我国海关凭盖有国家外汇管理局统一印制"外汇购买专用章"的发票放行,同时告知旅客严禁携带虎骨、犀牛角、麝香等物品出境。

(六)要求代办托运物品

旅游者购买了大件物品,要求办理托运手续。导游员可告知一般商店都可办理托运业务,购物后当场即可办理。若商店无此项业务,导游员可协助游客去其他地方办理托运手续。

(七)要求代购商品

如果旅游者想购买某种商品,但当时无货,旅游者离开前想委托导游员代为购买并托运,导游员一般应婉言拒绝。但如果委托者是重点旅游者或实在推托不掉,应请示旅

第八章 旅游者个别要求的应对

行社有关领导获准后办理委托事宜：收取足够的钱款(包括货款、托运费、手续费)；余额交旅行社退还委托者；发票、托运单及托运费收据寄给委托人，复印件由旅行社保存以备查验。

案例 8-5

导游推销商品

某旅游团在 N 市由地陪王小姐负责接待，午后参观某佛寺后，王向大家介绍本地一家新开业的珍珠馆，说："店主是我的好友，保证价廉物美。"当姓朱的女士对标价 4000 元的珍珠发生兴趣时，王立即主动介绍识别真假珍珠的方法，并为其讨价还价，最终以 900 元成交。16:40 旅游团游览某景点。因景点即将关门，大家匆匆摄影留念后即离去。在返回饭店途中，数名男士提出去书店购买中国地图，王小姐表示将可以安排。次日出发前，朱女士手持前日所购的项链，要求王小姐帮其退换，说："一内行人认定它是残次品。"王小姐表示不可能退换。上午结束参观后，她又带全团去一家定点工艺品商店，许多人只在车中坐着，王小姐恳求说："大家帮帮忙，不买东西没关系，进店逛一圈也可以。"13:30 赴机场途中，数名游客又提起购地图一事，王小姐说："没有时间了。"一周后，旅行社接到新加坡组团社发来的传真，申明该社今后若有团赴 N 市，不能由王小姐带团。

(资料来源：http://www.360doc.com/content/10/0825/17/2903271_48722727.shtml)

【思考题】 导游员王小姐在带团过程中做错了哪些事情？

【分析】 不应该带旅游团到非定点商店购物，违反了有关带团购物的规定；介绍商品不实事求是，以次充好。拒绝帮助游客退换残次商品。游客要求退换所购商品，导游员应积极协助；没有满足客人的购物要求，部分游客去书店买书的要求没有实现；强行推销，多次安排购物，影响游客在该市的游览效果。

第三节 旅游者其他要求的应对

一、旅游者要求自由活动的应对

(一)一般情况下允许旅游者自由活动

(1) 游客不愿随团活动，而其要求又不影响整个旅游团队活动，一般情况下，导游员应该满足游客自由活动的要求。但要提醒游客记住饭店的地址、电话,并告知自己的手机号码,并对其进行安全提醒。

(2) 到某游览点后,个别游客不愿按照规定的线路游览而希望自由游览、摄影,若此时游览点的人不太多,秩序又不乱,可以允许旅游者适当地自由活动。但导游员要提醒其团队集合时间、地点及团队旅游车的车号,必要时留一张字条,写清这些信息以及饭店的名称、电话号码,以备急用。

(3) 晚上游客要求自由活动时,导游员可以同意,但应提出相关建议和注意事项,如不要携带贵重物品,返回饭店不宜太晚等。

(二)应劝阻旅游者自由活动的几种情况

(1) 旅游团即将离开本地时,按计划前往下一站目的地的当天,导游员要尽力阻止旅游者自由活动,以免误机误车。

(2) 旅游者要求去治安较混乱、有危险存在安全隐患、情况较为复杂的地区,导游员应予以劝阻。

(3) 旅游者要求去那些不对外开放的地区、单位参加游览,导游员应向其讲明有关规定,不能答应此类要求。

(4) 旅游者身体状况不佳、行为能力不强的情况下,导游员要尽量劝阻其离团,以免发生不测。

案例 8-6

游客自由活动迟到被甩

从某地到成都旅游的杨天明老师与同事们一起参团参加了西岭雪山二日游。然而,因为他和同事们的迟到,被导游"甩"在风雪交加的西岭雪山,并在风雪中"饥寒交迫"三个小时后,才得以踏上回成都的车。昨日,杨天明拨进了本报热线,投诉"甩团"的四川××国际旅行社。

杨天明称,26 日,他与同事及小孩一共 9 人参团参加了西岭雪山二日游。27 日,他们随团上了西岭雪山,随团导游员胡某安排大家自由活动,并向他们介绍,阴阳界雪景很美,到了西岭雪山不到阴阳界很可惜。杨天明及同事当即决定到阴阳界,由于阴阳界较远,他们从阴阳界返回滑雪场时已是下午 3 时了。一行人在滑雪场刚滑了十多分钟,导游员便打进了他们的手机,催促他们马上下山到停车场上车准备返回成都。杨天明一行人匆匆忙忙退掉滑雪用具，赶往停车场。由于当天游客很多，从滑雪场到下山索道的公交车、下山索道都很拥挤，杨天明等人赶到停车场时，已是下午4时45分，旅行车和导游早已没了踪影。

见此情形，杨天明一行马上掏出手机与导游员联系，导游员告诉他们，旅行团已经回成都了，让他们自己想办法回成都，有什么意见可以直接与旅行社联系。对西岭雪山完全陌生的一行人开始想办法离开，由于当时已没有了回成都的公交车，他们只得打省、市旅游执法部门的投诉电话，寻求帮助。最后，在西岭雪山、省市旅游执法部门的联系下，大邑县城终于开来一辆客车将杨天明一行人载回了成都，杨天明等人为此支付了租车费400元。在此期间，没吃午饭的9个人在下着雪的山上又冻又饿了三个多小时，晚上十时许才到达成都。由于在风雪中又冷又饿待了几个小时，9个人中有4个人出现感冒症状。

昨日，四川××旅行社导游员胡某面刚记者也是连连叫苦。她说，在游客自由活动之前，她已经告诉游客集合上车时间是下午3时，从下午1时30分左右，她一直拨打游客的手机让他们尽快下山，但手机不是没人接，就是断线，直到下午3时30分左右才同游客联系上。在等杨天明他们时，车上的另外19名游客也是怨声载道，声称如导游员继续拖延时间，他们也要向旅行社索赔。在游客们的埋怨声中，旅游车才不得不离开了西岭雪山。

昨日中午，9名游客联名向成都市旅游执法大队投诉，经过两个多小时的调解，最终旅行社补偿了9名游客的午餐费、租车费、医药费、违约金共1440元。

(资料来源：　成都晚报2004年1月29日)

【思考题】　导游员做法不妥之处有哪些？

【分析】　导游员胡某应该着重强调集合返回时间；在景点介绍上，应考虑去阴阳界的可行性。

二、旅游者要求转递物品的处理

(1) 请示旅行社的领导后，按领导的指示和有关规定办理。

(2) 问清转递物品是何物，若是食品，应婉拒，请其自行处理。

(3) 请旅游者写委托书，注明物品名称、数量、当面点清、签字，并留下详细通信地址及电话。

(4) 将物品及时交给收件人后，请收件人写下收条并签字盖章。

(5) 将委托书和收条一并交旅行社保留，以备后用。

(6) 若是转交给领导或有关部门的物品，经旅行社的领导同意后，让委托者当面打电话，经对方同意后方可接收，并尽量让对方派人前来领取。

(7) 若是转交给外国驻华使、领馆人员的物品，应婉拒。

案例 8-7

游客要求转递物品

某旅游团离境前，一老年游客找到全陪小李，要求他将一个密封的盒子转交给一位朋友，并说："盒里是些贵重东西。本来想亲手交给他的，但他来不了饭店，我也去不了他家。现在只得请你将此盒转交给我的朋友了。"小李为了使游客高兴，接受了他的委托，并认真地亲自将盒子交给了游客的朋友。可是，半年后，老年游客写信给旅行社，询问为什么李先生没有将盒子交给他的朋友。当旅行社调查此事时，小李说已经把盒子交给了老人的朋友了，并详细地介绍了整个过程。旅行社的领导严肃地批评了小李。

（资料来源：http://jpkc.xianyangzhiyuan.cn:8026/jdaldisp.asp?id=(245)）

【思考题】 游客要求转递贵重物品，导游员应如何应对？

【分析】 对待游客转交贵重物品的要求，导游员一般要婉言拒绝。

三、旅游者要求探视亲友

导游员应设法满足旅游者探视亲友的要求。如游客知道亲友的姓名、地址，导游员应协助联系，并向游客讲明具体乘车路线；如游客只知道亲友姓名或某些线索，但地址不详，导游员可以通过旅行社帮助寻找；如游客慕名来访某位名人、领导，导游员应了解游客要求会面的目的，并向领导汇报，按规定办理。

四、要求亲友随团活动

(1) 首先要征得领队和旅游团其他成员的同意。

(2) 与旅行社的有关人员联系，如无特殊情况，请随团活动的人员办理入团手续：出示有效证件、填写表格、交纳费用等。办完随团手续后方可随团活动。

(3) 随团活动的"团友"，导游员应一视同仁，平等对待，同时要求随团活动者遵守团队活动规定，不得妨碍团队正常旅游活动。

(4) 若是外国驻华使馆人员或外国记者要求随团活动，一般应婉拒。特殊情况，要请示接待社的领导，按照我国政府的有关规定办理。

五、要求中途退团或延长旅游期限的处理

(一)要求中途退团

(1) 游客因患病、家中有事或工作急需等正当理由，要求提前离开旅游团并中止旅游活动，经接待社与组团社协商后可予以满足。未享受的综合服务费，按旅游协议书中的规定，部分退还或不退还。

(2) 游客因个人要求未得到满足，或与其他团员闹矛盾等非正当原因提出退团，导游员应配合领队尽量做说服工作，劝其随团继续活动；如因接待方服务质量太差，则应尽快告诉有关接待部门，设法提高服务质量。不论什么原因，若劝说无效，游客坚持退团，导游员应协助国外游客办好分离签证、退团手续，为退团游客重新订机票。所需费用由退团游客自己解决，未享受的综合服务费不予退还。

游客要求中途退团

某旅行社导游员小郭接待一个来自美国旧金山的旅游团，该团原计划9月27日飞抵D市。9月26日晚餐后回到房间不久，领队陪着一位女士找到小郭说："玛丽小姐刚刚接到家里电话，她的母亲病故了，需要立即赶回旧金山处理丧事。"玛丽小姐非常悲痛，请小郭帮助。

(资料来源：http://jpkc.xianyangzhiyuan.cn:8026/jdaldisp.asp?id=(245))

【思考题】 导游员应如何应对？

【分析】 导游员应表示哀悼，安慰玛丽小姐；立即报告接待方旅行社，由其与国外组团社联系、协调后满足玛丽小姐的要求；协助玛丽小姐办理分离签证，重订航班、机座及其他离团手续，所需费用由其自理；通知内勤有关变更事项。

(二)要求延长旅游期限

1. 中途退团后继续在某地逗留

对无论何种原因中途退团并要求延长在某地旅游期限的旅游者，导游员应帮助其办

理一切相关手续。对那些因伤病住院，不得不退团并需延长在某地期限的旅游者，除帮助办理相关手续外，还应前往医院探视，并帮助患者和其陪伴家属解决生活上的困难。

2．不随团离开某地或出境

旅游团队在某地游览活动结束后，由于某种原因，旅游者不随团离开某地或暂不出境，要求延长逗留期限，地陪应酌情处理。若无须办理延长签证的，一般可满足其要求；若确有特殊原因需要留下且需要办理签证延期的，导游员应请示旅行社的领导，向其提供必要的帮助。离团后的一切费用均由旅游者自理。

案例8-9

游客要求不随团出境

某外国旅游团持集体签证入境，在该团出境前两天，团员罗杰向地陪提出旅游结束后要去该团未经过的另一地办事，地陪未予理睬。在该团出境前一天，罗杰再次提出并申述了特殊原因，要求旅行社办理赴另一地的委托服务，地陪以时间紧迫予以拒绝，引起了罗杰先生的强烈不满，并通过领队向旅行社提出了投诉。

(资料来源：http://jpk.hbtvc.com/ldyy2010/ku/305.htm)

【思考题】 导游员应如何应对？

【分析】 ①地陪在罗杰提出要求时即应问明原因，向旅行社请示予以回复。②在出境当日，罗杰已申述特殊理由，地陪应立即报告旅行社，再根据旅行社指示进行处理。③如旅行社同意罗杰的要求，地陪应陪同罗杰持旅行社证明、罗杰先生的护照与集体签证，到当地公安局为其办理分离签证和延长签证手续。④地陪应协助罗杰先生到旅行社办理赴另一地的委托服务。

第四节　旅游者不当言行或越轨行为的应对

越轨行为一般是指游客侵犯一个主权国家的法律和世界公认的国际准则的行为。外国旅游者在中国境内必须遵守中国的法律；中国旅游者在国内或出国旅游也应遵守目的地的法律法规。国内外旅游者无论谁触犯法律，都必须受到法律的制裁，并承担相应的责任。游客的越轨言行系个人问题，但处理不当却会产生不良后果。因此，处理这类问

第八章　旅游者个别要求的应对

题要慎重，事前要认真调查核实，处理时要特别注意分清越轨行为和非越轨行为的界限，分清有意和无意的界限，分清无故和有因的界限，分清言论和行为的界限，分清正常交往和非正常交往的界限。

在游览过程中，导游员应积极向游客介绍中国的有关法律及注意事项，多做提醒工作，以免个别游客无意中做出越轨、犯法行为。处理这类问题要严肃认真，实事求是，合理、合情、合法。

一、攻击和诬蔑言论的处理

对于海外游客来说，由于其国家的社会制度与我国的不同，政治观点也存在差异，因此，他们中的部分人可能对中国的方针政策及国情有误解和不理解，在一些问题和看法上产生分歧，这是正常现象，可以理解。因此，导游员要积极友好地宣传中国，认真回答游客的问题，阐明我国对某些问题的原则、立场、观点，多做工作，求同存异。

但是，若有个别游客站在敌对立场上进行恶意攻击、蓄意污蔑挑衅，作为一名中国的导游员要严正驳斥，驳斥时要理直气壮、观点鲜明、立场坚定，但不要与之纠缠；必要时报告有关部门，查明后严肃处理。

二、对违法行为的处理

社会制度和传统习惯的差异导致各个国家的法律不完全一样。因此，对这个问题的处理首先要分清违法者是对我国法律法规缺乏了解，还是明知故犯。

中外旅游者中若有人窃取国家机密和经济情报，宣传邪教、组织邪教活动，进行走私、贩毒、盗窃文物、倒卖金银、套购外汇、贩卖黄色书刊及录像制品、嫖娼、卖淫等犯罪活动，一旦发现应立即汇报，并配合司法部门查明罪责，严肃处理。

三、对散发宗教宣传品行为的处理

旅游者若在中国散发宗教宣传品，导游员一定要予以劝阻，并向其宣传中国的宗教政策，指出不经我国宗教团体的邀请和允许，不得在我国布道、主持宗教活动和在非完备活动场合散发宗教宣传品。处理这类事件要注意政策界限和方式方法，但对不听劝告并有明显破坏活动者，应迅速报告，由司法、公安等有关部门处理。

四、对违规行为的处理

(一)一般性违规的预防及处理

导游员要懂法、守法,在旅游活动中要向外国旅游者宣传中国,宣传中国的法律和旅游地区的禁忌习俗,向旅游者介绍、说明旅游活动中涉及的具体规定,防止旅游者因不知而说错了话、做错了事或违了法。例如参观游览中某些地方禁止摄影拍照、禁止进入等,都要事先讲清,并随时提醒。若在导游员已经讲清了、提醒了的情况下明知故犯,当事人要按规定受到处罚。

(二)对异性导游员越轨行为的处理

当发生旅游者对异性行为不轨时,导游员应正气凛然、言行有度地对其进行阻止,并告知中国人的道德观念和异性间的行为准则;对不听劝告者应严肃指出问题的严重性,必要时采取断然措施。

为尽可能避免此类事情发生,导游员应做到自尊自爱,不单独去异性的房间,不单独与异性相处,对异性的越轨要求委婉但明确表示拒绝,并设法找借口避开。

(三)对酗酒闹事者的处理

导游员对酗酒闹事者应先规劝并严肃指明可能造成的严重后果,尽力阻止。不听劝告、扰乱社会秩序、侵犯他人、造成人身和物质损失的肇事者必须承担一切后果,甚至是法律责任。

案例 8-10

学会委婉拒人

导游员小陆带团华东 5 市 6 日游的行程即将结束了,在临上飞机用餐时地陪导游员特意安排大家在南京特色旅游酒店里用餐,希望大家对华东留下一个美好的回忆。在吃饭时酒店老板拿着一包东西走了过来,很客气地对小陆说"我听地陪说大家是从兰州来的,我有个兄弟也在那儿,您能不能帮我把这包东西带回去交给他?"小陆是个热心肠问了一句:"行,你这是什么啊?""这是南京的特产盐水鸭。""是吃的啊? 这个?"

第八章 旅游者个别要求的应对

小陆犯了难,心想:"大家坐火车回兰州,万一食物变质了可怎么办呢?"

(资料来源:http://www.doc88.com/p-607859370267.html)

【思考题】 导游员怎样才能婉言拒绝酒店老板的请求呢?

【分析】 导游员在带团的时候常常会遇到游客或其他人员提出的请求或委托。但是根据实际情况并非所有的请求和委托都能应允。这里有许多制约因素。例如本案例中酒店老板托小陆传递食品一事,小陆是不能应允的。因为食物的保质期很短,无法保证到达目的地后食物的品质。所以学会婉言拒绝就成为导游员必须掌握的一项技巧。"婉言"即婉转之言,字典上解释为"说话温和而曲折但不失本意"。善说"婉言"就是在表情达意的时候要有意识地将可能 "刺"人的话转换成温婉的话来表达,以避免不必要的语言伤害。

游客当地亲友随团活动的要求

一个印尼旅游团从广州入境。一到广州,一位老年华人对全陪说:"我有一个妹妹在北京,已失散了30多年,请协助找找。"全陪马上将此要求转告给北京的地接旅行社。当旅游团抵达北京时,地接旅行社已按照游客提供的线索,通过户籍部门找到了老人的妹妹。当兄妹在饭店相拥会面时,喜极而涕,场面十分动人。他们一再感谢全陪和北京的地接旅行社。然而,第二天早晨,老人将他妹妹带上了旅游车,地陪以为是领队同意的,而领队则以为是中方导游员同意的。相互一问,原来谁都没有同意,但都感到很为难,因为兄妹已30多年不通音讯,多相聚一些时间无可厚非。但……

最后,地陪还是上前为难地告诉老年游客,他的妹妹不能随团活动,否则费用不好解决。老人却说:"门票我买,至于吃饭,大家挤一挤就行了,以前饭菜总吃不完,所以多一人少一人没什么关系。"地陪无奈,只得撒谎,说其他旅游者有意见。老人很不高兴地让妹妹下了车,自己也下了车。此后两天他没有随团活动。从此,他与旅游团其他成员的关系一直处不好,还写了投诉书,说地陪不近人情。

(资料来源:http://www.fkzz.com/jpwz/dyyw/News.asp-class_id=259&news_id=1015.htm)

【思考题】 地陪的做法是否恰当?

【分析】 有些旅游者在探视亲友后,希望能多一些相处的时间,要求亲友随团活动,一般情况下若条件允许(如车上有空位,不影响其他人),此类要求应予以满足,但须事先了解情况并征得其他游客及旅行社的同意。

知识拓展

酒店换房程序

客人进入客房后,由于各种不同原因,也许会出现要求换房的情况,作为酒店服务员在合理情况下应尽量满足客人的要求:客房有吵声;客房的方向;客房的层次高低;远离朋友的房间;要求不同的床位;要求不同价目的房间。

换房:客房的价格有区别,应技巧性地向客人说明(一般是同等调换);将迁出的房间应向客房部了解是否清洁,如有应通知管家部优先清洁,并让客人稍等;没有清洁的房,绝不能换给客人;礼貌地预先请客人收拾行李,以便行李生的搬运;前厅接待员将房间变更单及即将迁入房间钥匙交与行李生及时带领客人更换;行李生替客人变换房间后应将已搬出房间钥匙还至接待处;接待员在计算机中更换住宿资料;通知总机同客房部(洗衣)。

本章小结

在导游员带团的过程中,游客可能由于多种原因而临时提出各式各样的个性化要求,导游员要掌握处理游客个别要求的技巧,尽可能满足游客的合理要求,并在此后实践工作中不断总结完善。

习 题

一、单项选择题

1. 旅游者购物后发现是残次品、赝品、计价有误或对所购商品不满意,要求导游员帮其退换时,导游员应(   )。

    A. 帮客人叫车,让他自己去换　　B. 帮客人联系,请司机陪同前往

    C. 告诉客人,离店的物品不能退换　　D. 积极协助,必要时陪同前往

2. 一外国游客在离境前,请导游员将一盒精美的巧克力转交其居住在北京的朋友,导游员应(   )。

    A. 欣然同意　　B. 予以婉拒

    C. 请旅行社代为转交　　D. 设法让游客当面转交

第八章 旅游者个别要求的应对

3. 在( )的情况下，应满足旅游者调换房间的要求。
   A. 旅游者所住客房低于协议标准　　　B. 旅游者不喜欢房间的布局
   C. 旅游者要住高于协议标准的客房　　D. 旅游者要住单间
4. 某旅游团需要将原定团餐改为当地风味小吃，他们提出换餐要求的时间应在( )。
   A. 用餐前 1 小时　　　　　　　　　B. 用餐前 3 小时
   C. 用餐前 12 小时　　　　　　　　 D. 用餐前 24 小时
5. 下列旅游者的要求中导游员一般情况下不应婉言拒绝的是( )。
   A. 要求传递一块名贵手表　　　　　B. 要求提供客房送餐服务
   C. 要求代购一件大衣　　　　　　　D. 要求传递一盒精致的寿司

二、多项选择题

1. 某旅游团结束了郊外的游览返回市内用餐，快到餐厅时，一位旅游者提出换餐，地陪应该( )。
   A. 做好解释工作并向旅游者表示歉意
   B. 根据情况建议其下一餐换餐
   C. 直接满足其要求
   D. 在旅游者坚持的情况下说明综合服务费不退且餐费自理
2. 旅游团在景区游览时，一游客提出希望单独划船游湖，导游员的错误做法是( )。
   A. 同意其要求，但陪同一起划船
   B. 尽量劝阻并如实说明情况
   C. 若游客坚持则不必阻拦，但说明后果自负
   D. 让游客去问领队，由领队决定
3. 旅游者无特殊原因要求提前离团，导游员要( )。
   A. 告诉他离团后如果发生意外，责任自负
   B. 配合领队了解情况，尽量做好劝说工作
   C. 告诉他如无特殊原因，不能退团
   D. 执意要退，可以满足，说明由其自行承担全部责任和后果
4. 旅游者要求单独外出购物，导游员应( )。
   A. 予以协助，帮助叫车
   B. 告知若买到不满意的商品，责任自负
   C. 做好必要的安全提醒

D. 把自己的联系方式告诉旅游者以便联系

5. 旅游者提出自费参加某计划外的文娱活动,导游员的错误做法是(　　)。

  A. 婉言拒绝

  B. 请全陪或领队劝阻

  C. 推荐"加点"项目

  D. 请旅游者记住饭店的名称和导游员的联系方式

三、简答题

1. 对旅游者要求的应对原则是什么?
2. 游客要求住单间,导游员该如何应对?
3. 游客要求购买古玩和仿古艺术品,导游员要提醒游客注意哪些事项?
4. 导游员允许游客自由活动的情况包括哪些?

四、论述题

游客要求中途退团,根据不同的情况,导游员应如何应对?

五、案例分析题

  美国某旅游团一行18人参观湖北某地毯厂后乘车返回饭店。途中,旅游团成员史密斯先生对地陪小王说:"我刚才看中一条地毯,但没拿定主意。跟太太商量后,现在决定购买。你能让司机送我们回去吗?"小王欣然应允,并立即让司机驱车返回地毯厂。在地毯厂,以1000美元买下地毯,但当店方包装时,史密斯夫人发现地毯有瑕疵,于是决定不买了。两天后,该团离开湖北之前,格林夫妇委托小王代为订购同样款式的地毯一条,并留下1500美元作为购买和托运费用。小王本着"宾客至上"的原则,当即允诺下来,格林夫妇十分感激。送走旅游团后,小王即与地毯厂联系办理了购买和托运地毯的事宜,并将发票、托运单、350美元托运手续费收据寄给格林夫妇。

(资料来源:http://jpk.hbtvc.com/ldyy2010/ku/305.htm)

问题:

小王处理此事过程的不妥之处是有哪些?

参 考 文 献

[1] 国家旅游局人教司. 导游业务[M]. 北京：旅游教育出版社，1999.

[2] 全国导游人员资格考试教材编写组. 导游实务[M]. 北京：旅游教育出版社，2001.

[3] 赵鹏. 导游业务[M]. 北京：北京燕山出版社，2001.

[4] 蒋炳辉. 导游带团艺术[M]. 北京：中国旅游出版社，2001.

[5] 杜炜，张建梅. 导游业务[M]. 北京：高等教育出版社，2002.

[6] 王连义. 导游技巧与艺术[M]. 北京：旅游教育出版社，2002.

[7] 侯志强. 导游服务实训教程[M]. 福州：福建人民出版社，2003.

[8] 赵湘军. 导游学原理与实践[M]. 长沙：湖南人民出版社，2003.

[9] 陶汉军，黄松山. 导游业务[M]. 北京：旅游教育出版社，2003.

[10] 黄明亮. 导游实务[M]. 北京：高等教育出版社，2004.

[11] 本书编写组. 导游服务技能[M]. 北京：中国旅游出版社，2004.

[12] 赵丽，王丽飞. 导游实务[M]. 哈尔滨：哈尔滨工业大学出版社，2005.

[13] 张建融. 导游服务实务[M]. 杭州：浙江大学出版社，2005.

[14] 魏小安. 导游实务[M]. 北京：中国人民大学出版社，2006.

[15] 杜伟，张建梅. 导游业务[M]. 北京：高等教育出版社，2006.

[16] 郭书兰. 导游原理与实务[M]. 大连：东北财经大学出版社，2006.

[17] 熊剑平，董继武. 导游业务[M]. 武汉：华中师范大学出版社，2006.

[18] 袁俊，夏绍兵. 导游业务[M]. 武汉：武汉大学出版社，2008.

[19] 徐堃耿. 导游概论[M]. 4版. 北京：旅游教育出版社，2008.

[20] 冯霞敏. 导游实务[M]. 上海：上海财经大学出版社，2008.

[21] 姜文宏，赵爱华. 导游服务规范[M]. 北京：旅游教育出版社，2008.

[22] 易伟新，刘娟. 导游实务[M]. 北京：清华大学出版社，2009.

[23] 方海川. 导游原理与实务[M]. 成都：西南财经大学出版社，2009.

[24] 赵爱华，朱斌，张岩. 导游概论[M]. 北京：中国旅游出版社，2009.

[25] 陈巍. 导游实务[M]. 北京：北京理工大学出版社，2010.

[26] 窦志萍. 导游技巧与模拟导游[M]. 2版. 北京：清华大学出版社，2010.

[27] 车秀英. 导游服务实务[M]. 大连：东北财经大学出版社，2012.

[28] 朱斌. 导游实务[M]. 大连：大连理工大学出版社，2012.